中国生物能源发展研究

丁声俊　屈凌波　著

中国农业出版社

图书在版编目（CIP）数据

中国生物能源发展研究 / 丁声俊，屈凌波著．—北京：中国农业出版社，2018.2
ISBN 978-7-109-23529-8

Ⅰ.①中…　Ⅱ.①丁…　②屈…　Ⅲ.①生物能源-产业发展-研究-中国　Ⅳ.①F426.2

中国版本图书馆 CIP 数据核字（2017）第 279410 号

中国农业出版社出版
（北京市朝阳区麦子店街 18 号楼）
（邮政编码 100125）
责任编辑　姚　红

中国农业出版社印刷厂印刷　　新华书店北京发行所发行
2018 年 2 月第 1 版　　2018 年 2 月北京第 1 次印刷

开本：720mm×960mm　1/16　　印张：14.5
字数：213 千字
定价：45.00 元

让能源焕发绿色

——代序言

丁声俊

撰写《中国生物能源发展研究》这本书，起因于我主持的国家能源局的一个重大软科学研究项目。从2008年到2009年年底，在系统调研的基础上，数易其稿，完成最终总体研究报告（19万字），受到专家评审组的高度肯定和鼓励，并希望进一步补充、提高，形成一部专著。后来，因为我又承担国家发展和改革委员会"十二五"招标课题——以民为本，创新国家粮食安全战略，以及其他重要研究任务，就把《中国生物能源发展研究》这本专著一推再推了。到2016年，我彻底退休后便抓紧时间投入了专著的撰写工作。这时候已是2016年初秋了，晚于研究课题完成时间数年。

"晚"，也有晚的好处。从我国"十三五"以来，以"五大发展新理念"引领新常态，实施"五位一体"建国方略，推进以"供给侧"结构性改革为主线，大兴绿色经济，开辟持续发展道路。在新的道路上，我国能源产业，包括生物能源产业砥砺奋进，成就显著：能源消费结构改善，能源资源消耗强度大幅下降；行业能源利用效率明显提升；生物能源进一步发展。当然，我国能源产业在前进中还面临着新挑战。站在新时代的高度，我在学习新理念和新实践的基础上，对我国生物能源发展的地位与意义、战略与策略，以及必要举措进行了进一步思考和研究，与屈凌波校长共同研究，对本书的立意和内容进行了全新的设计。本专著的基本框架主要包括：

其一，着力阐述生物能源学术理论知识。理论是实践的先导，知识是发展的力量。特别是产业经济理论是振兴生物能源产业经济的先行力量。本书确定以开“软科学之花”、结“硬着陆之果”为写作路线，花大量笔墨阐述再生能源及生物能源理论和内涵；生物能源的分类和主要产品，生物能源产业的特点和优点，以及转变资源观，向生物能源资源的广度、深度进军，开拓和加强其持续发展的基础，为全书提供新思维、新观点、新方法的支撑。

其二，全面阐述生物能源产业经济的创新性。创新是振兴生物能源经济和保障能源安全的强大动力。生物能源是在人类对粗放利用化石能源、给世界带来严重危机的警醒时应运而生的新产业，是具有深远意义的、战略性产业经济。它开发利用由无限的太阳能转化而来的生物能源，为转变能源消费结构、防止大气污染、改善生态环境带来新希望。其发展始终要贯穿能源生产方式与生活方式的创新，特别是能源科技创新。

其三，评析了我国发展生物能源道路的最佳选择。道路决定兴衰和成败。从坚持“不与人争粮”和“不与粮争地”的正确方针出发，我国必须坚持有限度的生产以粮油为原料的“第一代生物燃料”。与此同时，应该走大力发展“第二代生物燃料”，即走开发取之不尽、用之不竭的各类纤维素原料、发展纤维素燃料乙醇的道路。为此，要尽快攻破其商业化生产的科技难关。

其四，探索把生物能源提升为“四链融合”的新模式。各类实体经济是发展生物能源的主体和基础，而产业化是实体经济必由之路。鉴于生物能源原料资源丰富，产品具有清洁、再生、环保等化石能源无可比拟的优越性，有条件探索、发展一个新兴大产业。遵循现代市场经济的发展规律，要积极探索生物能源的“产业链、物流链、资金链、价值链”“四链融合”发展的新模式，把价值链推向中高档。

其五，探索创新我国现代生物能源产业经济体系。本书从建立和发展产业经济理论的新视角出发，阐述了振兴生物能源产业经济的首要举措，创立现代经济体系。为此，最根本的是要发挥市场在资源配置中的决定性作用和更好地发挥政府作用。在此过程中，要坚持“质量第一、效益优先”的方针；坚持“供给侧结构性改革”的主线；坚持建立“市场机制有效、微观主体有活力、宏观调控有度”的新体制新机制。

其六，强调多元开发各种生物能源原料资源。开发资源是产业经济的基础工程。我国发展生物能源产业经济拥有多种多样的丰厚资源，除了开发利用小麦、稻谷、玉米、棉花等多达9亿吨的农作物秸秆之外，森林工业副产物、包括木屑、枝条、加工业下脚料等也是数量巨大的资源。还不可忽略的是，利用酿造业、餐饮业的下脚料生产生物柴油也大有作为。由于这些资源极为分散，体积又大，收集和存放是大难题。解决这个难题的最佳方式，就是发展多种形式的农民专业合作组织。

其七，阐明振兴生物能源产业与实施乡村振兴战略息息相关。生物能源的原料主要来自农村和农林牧渔等业。“三农”兴，生物能源资源丰。生物能源产业经济越发展，为“三农”带来多方面的经济利益就越多。包括实施乡村振兴战略，兴办乡村新产业，增加农村新的经济增长点，增加农民增收门路、推动精准扶贫脱贫，以及保护生态环境，建设兴旺、繁荣、幸福、和谐、美丽的新农村等，都会获益多多。

其八，综述了国外生物能源的发展概况。作为工业革命发源地的西方，较早发现化石能源带来的消极性、危害性的端倪，反思经验与教训，开始探索发展生物能源，在其科学研究、技术进步、原料开发、生产发展、销售市场、推广利用等方面都获得明显进展和可供借鉴的经验。尤其是，欧美等地制定较完备的生物能源的法律法规，为其顺利发展提供了准绳。

其九，呼唤生态文明，让能源焕发绿色。这是本书追求的战略目标。在走向现代化的过程中，伴随工业文明的豪迈脚步，导致生态危机加速走来：自然资源和环境惨遭掠夺和肆虐，气候变暖，森林锐减，河流干枯，面源污染，土地沙漠化，严重灾害频仍。连续不断的严峻挑战敲响了全球性危机的“警世钟”。人类在痛苦中感悟，在教训中沉思，猛然惊醒与觉醒：为保护苍穹之蓝，为守护家园之安，为探索可持续发展，需要全人类共同行动起来，呼唤生态文明，让能源焕发绿色！

本书高举绿色旗帜，迎接新时代——建设生态文明的新时代。人类遵循自然规律，防止和减少对自然的损害和危害，就是保护人类自己。鉴于这一先进理念，本书大力倡导振兴绿色能源：绿色，象征着生机与力量，象征着温馨与祥和，象征着活力与希望！现在世界已进入这样的时代，在人类历史经历了“给文明注入能源”的时代之后，必须“给能源注入文明”，也就是开辟低碳经济和绿色经济发展模式，开拓让能源焕发绿色的生态文明新时代。

良好生态文明环境是公共产品。它关系人民福祉、关系民族未来大计，是实现人与自然和谐发展的新要求。人因自然而生，人与自然共生，是生命共同体。基于此，人类各项活动必须尊重自然、顺应自然、保护自然，否则就会遭到大自然的报复和惩罚。人们越来越认识到，环境就是民生，青山就是美丽，蓝天也是幸福，必须把生态环境保护放在更加突出位置，像保护眼睛一样保护生态环境，像对待生命一样对待生态环境。从目前看，小康全面不全面，生态环境质量是重要一环，必须补上生态文明建设、绿色发展的短板。对此，必须从转变发展观的高度上认识生态文明建设的革命性意义，创新发展理念，转变发展思路，促进形成绿色发展方式和生活方式。这包括转变能源结构，促进能源绿色化。无疑，这是发展包括能源在内的整体发展观的一场深刻革命，其要义包括：要坚持节约资源和保护环境的基本国策；要坚持节约优先、保护优先、自然恢复为主的方针；要坚持配置节约资源和保护环境的空间格局，为人民创造良好生产生活环境；要坚持和贯彻新发展理念，正确处理好经济发展同生态环境保护的关系，坚定走生产发展、生活富裕、生态良好的文明发展道路，坚定迈向绿色能源的新时代。

2017 年 11 月 5 日　凌晨

目录

第1章 绪 论

怎能设想，假若没有能源，人类是否还处于茹苦含辛的狩猎社会？假若没有能源，人类是否还生活在茹毛饮血的野蛮时代？提出这两个设问，意在突出能源与人类社会文明、能源与人类社会生活的紧密关系。能源存在于自然界，并随着人类智力的发展而不断地被发现、被开发利用。每一种新能源的发现和利用，又强有力地推动了人类文明的发展，能源的变迁史同人类社会文明发展史息息相关、相互辉映。能源注入人类社会发展，成为其发展的不竭动力，推动并影响着人类文明；而文明注入能源，不断发现和发展新能源，扬其“利”，避其“弊”。

1.1 能源：点燃人类文明和光明之火

自人猿揖别，能源是人类发展的基础和动力；能源与人类生活更是须臾不可分离：若无能源，锅里的饭只能生而不熟；炉里的水只能生而不开；路上的车只能停而不动；万家灯火也会变成万户黑暗。存在于自然界中的能源，随着人类智力的发展而不断被发现、被开发和被利用，又强有力地推动了人类文明的发展。远古人类最早开发与利用的就是火——取火与用火是一个划时代的标志，它开辟了人类文化的起源，给人类社会生活发展点燃起文明之光。

自人猿揖别（约700万～500万年前），在极其漫长的历史时期，原始人类只靠狩猎，以及采集野生果实和植物维持原始生活。那时候，原始人类为维持生存和繁衍完全依赖自然界太阳的光热能。大约到250万年前，在远古人类进化史上发生了两大重要事件，对促进人类进化发挥了革命性作用。这就是：开始取火与用火；制造与使用工具，尤其是铁制农具。

1.1.1 火，点燃起人类文明之光

取火与用火是一个划时代的标志：能源给人类社会生活发展点燃起文明之光。因为火的使用，创造了人类生活的福祉，开辟了人类文化的起源，催生了人类发展史上翻天覆地的巨变。

火，使人类由吃“生食”转变为吃“熟食”，原始人开始享受到美味、易消化、更卫生的食物，从而促使他们健体质益长寿。火，使人类在难耐的严冬中获得温暖；火，使居住在洞穴中的原始人类通过在洞穴入口处燃烧火堆避免野兽袭击的危险，以保人身安全；火，尤其是夜晚的熊熊堆火，激发了人类的艺术感悟，由蒙昧转变为原始艺术的萌芽。如果快速回溯火的漫长而惊心动魄的历史，便使人生动感受能源的威力。

中国一致的传说是燧人氏钻木取火，大约在50万年以前，中国猿人开始自觉用火。古人类最早是用火把野兽赶到旷野进行猎取，又偶然在饥饿时尝到未及逃走而被火烧死的兽肉，于是发现以火烤肉的美味，由此进而演化到用火加工肉食品。火，越来越进入到古人类的生活中，用于寒冬取暖和夜晚照明。人类对火的利用，一直延续到前资本主义时期。这时期，木材作为主要燃料，被用来做饭、取暖、照明，也用来烧制器具。由于人类用火作为新的能源，有力和有效地改善了人类生存和发展的环境条件。火的使用创造了饮食烹饪之根本，有了火才有了饮食文化。在火没有诞生之前，先民们只能过着“食草木之食，鸟兽之肉，饮其血，茹其毛”的生活。火的使用是人类从茹毛饮血的原始生活迈向文明的第一步，成为人类从动物界最终分化出来的标志之一。

1.1.2 火，炼制出促进生产力猛进发展的铁制工具

火的发现和使用，使人类第一次有意识地使用自然力——火能，并大大增强了人类驾驭自然的能力。这种能力得以加强的主要手段在于，借助于“火能”、兴起冶炼（炼铁）技术，进而推动铁制工具的制造与使用。随着火更有意义地进入技术领域，为冶金提供了所需要的能源，促使人类进入金属时代。随着冶金技术的提高，古人类开始制作和利用铁制农具，为逐步形成“刀耕火种”的原始农业创造了最重要的条件。正是在火的无

穷能量推动下，人类才迈开了大发展的步伐，由石器时代进入铜器时代，再进入铁器时代。至今，我国开始使用铁器的年代尚无定论。但考古发现，我国最早使用铁器在春秋时代，其中多数发现于湖南省长沙地区。战国中期以后，出土的铁器遍及当时的七国地区，应用到社会生产和生活的各个方面，在农业、手工业部门中已占据主要地位，楚、燕等地区的军队，装备基本上也以铁制武器为主。战国时期的铁器还经由朝鲜传入日本。西汉时期，应用铁器的地域更为辽阔，种类、数量显著增加，质量又有提高，对社会生产和生活的方方面面，特别是对农业、手工业产生了历史性的、划时代的作用，中国在东汉时期铁器最终取代了青铜器。由于人类用火作为新的能源有效地改善了人类生存和发展的环境条件，使人类逐步发展成为造物者、革新者，也成为人类自身的改造者。

1.2 能源：推动时代奔腾前进之力

人类利用能源的历史，也就是人类认识和征服自然的历史。如果对人类能源的利用史略加梳理和概括，可以洞察到，能源是推进人类历史时代的不竭动力。迄今，人类对能源的利用主要有四大转换，可分为五大阶段。“四大转换”是指：第一次是煤炭取代木材等成为主要能源；第二次是石油取代煤炭而居主导地位；第三次是20世纪后半叶开始出现的多能源结构的转换；第四次是21世纪初期开始的能源体系的革命性转换。“五大阶段”是指：一是火的发现和利用；二是畜力、风力、水力等自然动力的利用；三是化石燃料的开发和热的利用；四是电的发现及开发利用；五是原子核能的发现及开发利用。在对能源“四大转换”和“五大阶段”的回溯中，可以看到能源发展的“四个时代”。

1.2.1 煤炭取代木材时代

18世纪前，人类只限于对风力、水力、畜力、木材等天然能源的直接利用。其中主要是木材，它在世界一次性能源消费结构中长期占据首位，可以称为“木材时代”。至今在世界广大的地区，木材仍是用来取暖、烹饪的重要燃料之一。

随着蒸汽机的发明和使用，加速了18世纪开始的产业革命，促进了煤炭的大规模开采和利用。到19世纪下半叶，出现了人类历史上第一次的能源转换。1860年，煤炭在世界一次能源消费结构中占24%，1920年上升到62%。这标志世界进入了“煤炭时代”。

1.2.2 石油时代

19世纪70年代，电力代替了蒸汽机，电器工业迅速发展，煤炭在世界能源消费结构中的比重逐渐下降。1965年，石油首次取代煤炭占据首位。1979年，世界能源消费结构的比重是：石油占54%，天然气和煤炭各占18%，油、气两项之和高达72%。这表明石油取代煤炭出现了能源的第二次转换，世界进入了“石油时代”。其作用越来越重要，甚至成为地缘政治的工具，爆发“石油战争”。

1.2.3 多能源结构时代

由于地球上石油资源的储量有限，而消费量却是无限的增长，致使其供应严重短缺，甚至趋向枯竭，进而产生“能源危机”。严峻的压力迫使世界能源向石油以外的能源转移和扩大。能源消费结构从以石油为主要能源，逐步向多元能源结构过渡，被称为“多能源结构”。它们包括地热、低品位放射性矿物、地磁等地下能源，还包括潮汐、海浪、海流、海水温差、海水盐差、海水重氢等海洋能和风能、生物能等地面能源，以及太阳能、宇宙射线等太空能源。当前正在进行中的第四次能源转型是在全新的时代背景下出现的。

1.2.4 能源体系转换时代

经过马拉松式的、艰难曲折的协商与谈判，达成了联合国气候变化《巴黎协定》，并于2016年11月4日正式生效。根据协定，各相关方必须采取共同行动措施，以应对气候变化的威胁，把全球平均气温较工业化前水平升高幅度控制在2℃之内，并为把升温控制在1.5℃之内而努力。《巴黎协定》中提出的气温变化控制目标，必将加速包括中国在内的全球能源体系的革命性变革。能源体系的革命性转换是在管控气候风险的同时，实现可持续发展的根本途径和战略选择，使用清洁能源和低碳发展已成为世界潮流。适应这种新潮流，绿色发展方式和生活方式必然普遍兴起，促进绿色发展和绿色经济，形成“两型社会”。无疑，这将开辟人类利用能源的又一个漫长的转换过程。

1.3 能源的内涵与分类

1.3.1 能源的内涵

关于“能源”，迄今至少有20多种定义。举其要者：如《科学技术百科全书》：“能源是可从其获得热、光和动力之类能量的资源”。《大英百科全书》：“能源是一个包括所有燃料、流水、阳光和风的术语，人用适当的转换手段便可让它为自己提供所需的能量”。中国的《能源百科全书》：“能源是可以直接或经转换提供人类所需的光、热、动力等形式能量的载能体资源”。《现代汉语词典》：“能产生能量的物质，如燃料、水力、风力等”。概括这些具有权威性定义的实质内涵，能源是以多种形式、可以相互转换的能量的源泉。确切而简单地说，能源是自然界中能为人类提供某种形式能量的物质资源，是指含有和提供可利用能量的资源。

在人类生活与生产中，能源需要通过一定形式加工和转化成为适于不同行业需求的能量。从这个意义上也可以说，能源是为人类提供某种形式的自然资源及其转化物。一部人类文明史，就是一部能源开发利用史。自人类钻木取火、发现木质能源之后，人类社会的生产与生活发生了突飞猛进的变化。在农业文明时代，人类主要以传统的再生能源、即以草木、秸秆等生物质能维持生产与生活。到工业革命之后，人类的生产与生活逐步转向利用煤炭、石油与天然气等化石能源，整个传统工业文明成长和发展的历程，就是开发利用化石能源的过程。没有化石能源，就谈不上工业文明。正因此，曾经有学者提出一个著名观点：“给文明注入能源。”还有的学者提出：“应当把每个人、每年利用能源的总量看作是人类文明的里程碑。”这有一定道理。

历史和现实生动地揭示：能源，是人类生产与生活动力的本源，是世界经济生存和发展的血液。换言之，能源是人类社会经济赖以存在和发展的必不可少的物质基础，也是社会经济可持续发展和国家安全的必要保障。不堪设想，没有能源，世界将陷入黑暗，自然将陷入沉寂；没有能源，机器将停止运行，车辆将停止转动；没有能源，人类将无法生存，走向末路。毫不夸张地说，能源具有多么重要的战略地位和战略意义，怎样估价都不过分。当今，正向人类走来的低碳经济时代要求发展新能源，逐步摆脱已历经几百年的化石能源，走向“后石油能源时代”，即新的绿色能源的时代。为迎接绿色能源时代，开展包括生物质能源在内的新能源研究，占领新能源科学技术的制高点，对转变全国能源消费结构、改善生态环境、增强国家综合竞争力、提高民众生活质量等，都极具迫切性、必要性和深远意义。

1.3.2 能源的分类

能源，以不同的形式广泛存在于自然界中，其形态多样且可以转变。由于能源形式多种多样，所以它有多种不同的分类方法。主要按照形态、特性、转换或利用的层次进行分类。世界能源委员会推介的分类包括：固体燃料、液体燃料、气体燃料、水能、核能、电能、太阳能、生物质能、风能、海洋能和地热能等。

按照能源的形成分类，可分为从自然界直接取得且不改变其基本形态的一次能源或初级能源，如煤炭、石油、天然气、太阳能、风能、水能、生物质能、地热能等。经过自然的或人工的加工转换成另一形态的二次能源，如电能、汽油、柴油、酒精、煤气、热水、氢能等。按照能否再生，可分为能够不断得到补充供给使用的可再生能源，如风能；必须经漫长的地质年代才能形成而无法在短期内再生的不可再生能源，如煤、石油等。按对环境影响程度，可分为清洁型能源，如风能；污染型能源，如煤炭。按照能源利用的历史状况划分，有常规能源和新能源。

开发利用可再生能源和新能源，将开辟解决人类完全依赖“耗竭性能源”及生态环境恶化问题的广阔途径，将对解决人类能源发挥划时代的作用。如述，在能源的分类中，一次能源是指从自然界直接取得、而不改变其形态和性质的能源，又称天然能源。二次能源是由一次能源经过加工、转换或改质而得到的另一种能源产物。常规能源是已经广泛利用的能源（表1-1）。

表1-1　能源的分类

一次能源		二次能源
（一）常规能源	（二）新能源	
再生能源		焦炭
水能	海水温差能	煤气
生物质能	海洋波力能	电力
	海洋动力能	氢
	太阳能	蒸汽
	风能	酒精
	地热能	汽油
	潮汐能	柴油
非再生能源		煤油
煤炭	核能燃料	重油
石油		石油液化气
天然气		沼气
油页岩		

资料来源：笔者根据相关文献资料编制。

在新能源中，某些种类的“新能源”实际上并不新，甚至是人类利用的很古老的能源。多种生物质能就是属于这一类能源。像在原始社会，人们就会利用晒太阳取暖；在农业经济时代，人们已会初步利用风能和水能，至于柴草、木材等生物质能更是早已被广泛利用。这些生物质能具有数量巨大性、可再生性、存在普遍性，以及对改善环境的有利性等特点。只不过在过往时代的利用方式分散、规模很小、利用效率很低罢了。

这里要强调的是，在新能源中，主要是通过新技术和新材料开发利用的能源产物，像太阳能、海洋能、地热能、潮汐能、电能、氢能、核能等非生物质能。据文献资料介绍，我国陆地年太阳能资源总量的理论值约相当于7 949亿吨标准煤，其中可采量相当于3 964亿吨标准煤，约为我国2000年生产能源总量的363倍。我国风能资源总储量为32.26

亿千瓦，可开发量为2.53亿千瓦，目前开发量仅为50万千瓦，仅为德国的8.2%。再以地热能来说，估计全世界地热能总量相当于4 948万亿吨标准煤，据推测我国地热能总储量为116.6亿吨标准煤，现已探明的储量为31.6亿吨标准煤。海洋能通常是指海洋中所特有的依附于海水的可再生的自然能源，具有广阔开发利用的前景。

1.4 各国把能源安全上升到国家战略安全层面

在当今世界，能源对人类社会活动来说比任何历史时代都更加至关重要。特别是在两次石油危机之后，能源发展及其结构，能源市场的风云变幻，能源消费对环境的影响，成为全人类共同关心的热点和焦点。自18世纪工业革命以来，能源安全问题就初露端倪、且愈来愈明显。随着全球经济的高速猛进，能源消费量猛增，能源消费结构失衡，人类在享受能源带来的经济发展、科技进步、多种物质文化文明成果的同时，也遇到一系列无法避免的能源安全挑战，能源短缺、资源争夺以及过度使用能源造成的环境污染等威胁着人类的生存与发展的严峻问题。当今，国际能源安全问题越来越严重，已上升到了国家安全的高度，各国都制定了以能源供应安全为核心的能源发展战略和策略。

进入新世纪以来，在中央的多个文件中都明确提出和强调：中国面临对外维护国家主权、安全、发展利益，和对内维护政治安全和社会稳定的“双重压力”，必须推进国家安全法治建设，制定国家安全工作方针政策，研究解决国家安全工作中的重大问题。包括能源安全、粮食安全、环境安全等都是保障国家安全的重要内容。换言之，这些都是当代人类必须应对的重大经济、社会和生态环境的严重挑战。

现已形成的共识是：能源是无可替代的。现代社会经济与民众生活是完全架构于能源之上的。虽然能源可以像任何其他货物一样进行市场买卖，但它并不仅仅是一种货物而已，而是一切货物的先决条件，是和粮食、空气、水、土同等重要的要素资源。包括各种形态的能源是人类活动的重要物质基础，社会越发展，人类对它的依赖程度就越高。历史进入到当代，能源安全已提升到国家安全、甚至人类安全的层面。

所谓能源安全，它具有最基本的内涵，即一个国家或地区可以持续、稳定、及时、足量和经济地获取所需要的能源资源的状态或能力。其中，包括两个主要方面：一是能源资源的供给安全；二是能源的生产安全、消费安全及环境安全。如果进一步分析，前者是指：能源资源的供应量必须确保国家经济运行与社会生活的总需求，不能短缺；后者是指：能源资源消费过程必须防止和避免产生各种危害，必须趋利避害。如果把两方面综合起来，那么，能源安全的内涵就是资源供应安全和资源加工与使用安全的有机统一。它完整体现了能源安全的内涵。

1.4.1 能源安全与环境安全

自工业革命至今，确保能源安全与环境安全越来越成为人类面临的重大课题。也可以说，人类正面临着发展与环境的双重压力。经济社会的发展以能源为不可或缺的动力，经济越发展，能源消耗越多，造成的危害越重。例如，在进入“石油时代”以来，化石燃料的消费迅猛增加，导致产生两个突出问题：一是造成生态环境污染日益严重，全球气候变暖，严重自然灾害频仍，大面积面源污染；二是地球上现存的化石燃料资源趋向枯竭，总有一天要被“掘空”。就后者而言，相关专业机构以消费量推算，世界石油资源在未来50年到80年将消耗殆尽。到2059年，即世界上第一口油井开钻二百周年之际，世界石油资源大概所剩无几。就前者而言，由于过度消费化石燃料，不仅过快、无限地消耗了这些有限的资源，而且在此过程中，释放出大量的多余能量和碳素，严重损害了自然生态环境，打破了自然界的能量和碳的平衡，是造成臭氧层破坏、全球气候变暖及酸雨等灾难性后果的直接原因。这警示人们，能源安全与环境安全相互制约、相互影响，确保能源安全是保证环境安全的必要条件；而保障环境安全是能源安全的题中应有之意义。

1.4.2 能源安全与能源消费结构

国内外大量实践证明，能源安全与其消费结构是互为因果的关系。简言之，能源安全的内涵就要求改善和优化能源消费结构；而合理的能源消费结构则有利于保障能源安全。进入新世纪以来，中国高度重视国家能源安全，不断提高能源消费结构合理化水平。

统计表明，我国能源消费结构严重失衡，中国以石化能源为主的消费结构亟待改善，2015 年我国传统的石化能源消费占比高达 81%，见图 1-1。

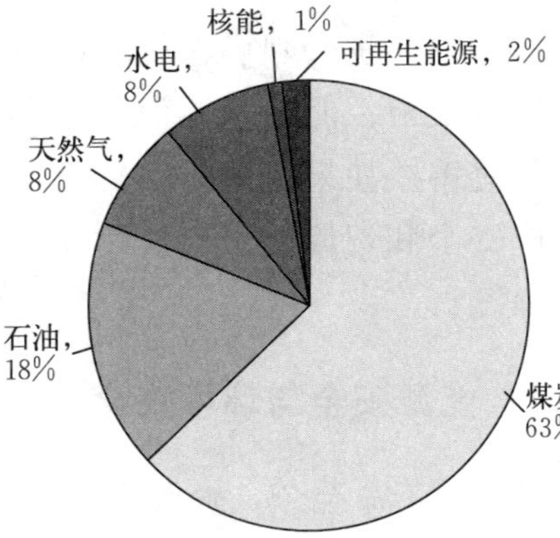

图 1-1　2015 年中国能源消费结构

自党的十八大以来，能源安全被提升到国家安全层面，能源消费结构逐步趋于合理化。根据电力规划设计总院 2017 年 3 月 30 日发布的《中国能源发展报告 2016》，在当年，我国能源消费总量低速增长，能源消费结构更趋合理，清洁能源比例继续提高。其中，煤炭消费比重下降约 2 个百分点；非化石能源和天然气消费比重分别提高 1.4 个百分点和 0.3 个百分点。非化石能源的快速发展是中国能源结构改善的主要驱动力，对清洁能源消费比重提高的贡献率高达 64%。同年，我国终端能源消费约为 32.3 亿吨标准煤，同比增长约 2%，其中交通用能约为 5 亿吨标准煤，同比增长 3.9%，建筑用能约为 5.2 亿吨标准煤，同比增长 7.0%。2017 年全国能源消费将上升 1 个百分点，延续低速增长态势。同年，一次能源生产总量较上年有所回升，将达 36.5 亿吨标准煤。这反映了我国经济结构持续优化、产业结构加速升级，国内消费对经济发展的拉动作用继续增强。

中国能源消费结构的持续优化，也得益于能源替代的发展。我国交通领域“以电代油”发展迅速，成为 2016 年能源替代发展的亮点。随着经济的发展和人民对生活质量要求的提高，建筑体内能源替代稳步发展，但是，在工业领域“以气代煤”进展缓慢。如述，2017 年全国能源消费总量约达到 44 亿吨标准煤，同比增长 1%，呈现“两升、一降、一平稳”的发展格局：非化石能源和天然气消费仍保持增长，其消费比重将升至

6.7%和14.8%；煤炭消费占一次能源消费的比重继续下降；石油占一次能源消费比重保持稳定。虽然全国能源消费结构趋向合理化，但化石能源的消费仍然占主要地位。这种以化石能源为主的能源消费结构需要继续改善。按照我国《能源发展战略行动计划2014—2020》，到2030年，传统化石能源消费占比将从2015年的81%下降至68%，而清洁能源占比将从19%升至32%，其中核电占比将从2015年的1%升至5%。这一变化对优化能源结构有重要意义。中国2030年（预计）能源消费结构见图1-2。

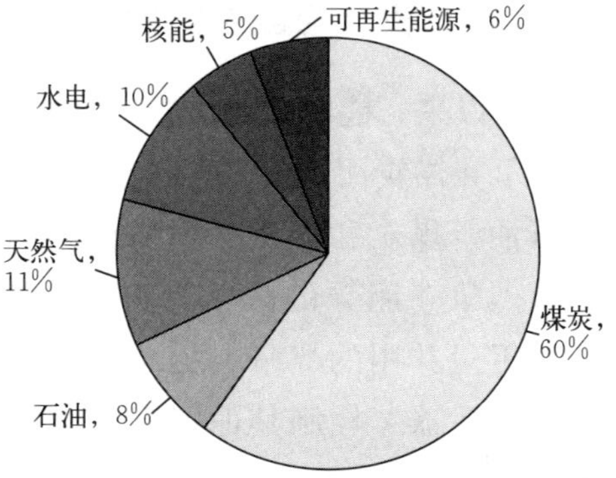

图1-2　2030年中国能源消费结构（预计）

1.4.3　能源安全与可持续发展

自工业革命以来，矿物能源（包括煤炭、石油、天然气等）消费量不断迅猛增加，在为社会经济创造巨大物质文明的同时，也导致其发展跌入了“陷阱”，走上“高投入、高消耗、高污染、低效益”的歧路，越来越威胁着社会经济、生态环境乃至人类的发展。没有近虑，必有远忧。由于矿物能源是堆积在一起的有机物经地质作用形成的，属于不可再生能源。因此，地球上化石能源的矿藏量是有限的，无度地消费和浪费，即使“金山”也会被“挖空”。一旦能源资源枯竭，社会经济发展将失去生机和动力。这就是说，如果不发展新的能源以取代化石等常规能源，并在能源结构中占据主导地位，那么在不遥远的未来必将发生严重的、灾难性的能源和环境危机。实际上，能源紧缺、环境污染的时代已经快步到来。鉴于此，在新世纪开发和利用新能源已不是一个未来的话题，而是关系到人类子孙后代的共同命运，关系到人类可持续发展的大事。

所谓可持续发展，是指在开发自然、利用自然资源时，既满足当代人生存、发展的需求，同时又不损害后代人并满足其需求的能力。换言之，采取这种发展方式，既能保证当前经济的适度增长和结构优化的需要，又能保持资源永久利用和环境优化，从而做到环境与经济的有机协调，实现持续共进、有序发展。

1.4.4 能源安全与国家安全

近代以来，能源成为国际列强争夺最烈、抢掠最多的战略物资。19世纪为争夺煤炭而战；20世纪为争夺石油而战；21世纪的今天，国际上对石油、煤炭和天然气等能源的争夺依旧愈演愈烈。试看今日之环球，激烈争夺能源的战争，包括军事的和经济的，金融的和外交的，或几种手段并用的战争，更是此起彼伏，烽火连绵。少数超级大国以石油为“武器”控制其他国家，由此而展开“控制”与“反控制”的斗争。

回顾漫长的能源演化史，从柴薪到煤炭、石油，再到电能、核能，乃至太阳能、生物能的利用进程，也是人类科技进步和工业文明成长发展的进程。在其发展进程中，经历了“给文明注入能源”的时代之后，现在到了“给能源注入文化”的时候了。这意味着，人类开始了“后石油能源时代”，即新能源时代的研究。实际上，按照世界公认的“石油能源时代”，即：石油在世界一次性能源消费结构中的比例达到39.4%，略高于煤炭的39%的比例，依此确定世界进入“石油能源时代”的标准。以此标准衡量，中国至今还没有踏入这个“门槛”。截至2009年，在中国一次性能源消费中煤炭约占70%以上，比世界平均水平高40多个百分点。能源消耗结构严重不合理，给中国环境造成沉重压力。

当今世界各国，仍然主要以消耗不可再生的化石能源为主，而且这种能源消费结构在短时期内还难于根本转变。目前，全球每年的能源消耗总量超过150亿吨标准煤，其中90%左右为化石能源。然而，如前述这种不可再生的能源储量有限，无法可持续利用。据专业机构预测，按照目前的能源消耗水平，到21世纪中叶，全球主要化石能源大部分将消耗殆尽。据《世界能源统计》（2008年）的预测，按照已探明的储量，煤炭、石油和天然气等能源仅能分别满足全球130年、40年和60年的消费需求（表1-2）。

表1-2 三大化石能源探明储量、产量和储量产量比

能源种类	探明储量	单 位	产 量	单 位	储量产量比
煤 炭	8 474.88	亿吨	31.356	亿吨油当量	133
石 油	12 379.00	亿吨	81 533	千桶/日	41.6
天然气	177.36	万亿立方米	2.94	万亿立方米	60.3

资料来源：Renewables 2007 Global Status Report。

更为严重的是，大规模以传统方式开发利用化石能源，必然导致一系列严重的环境问题，诸如气候变化、环境污染及生态破坏等，直接威胁着人类社会经济的可持续发展。以石油为例，这种比煤炭更优越的能源在20世纪广泛普及应用，成为这个世纪最大的商品，并造就出庞大的跨国石油企业。到了21世纪，石油几乎等于金钱，许多石油垄断企业暴发成“金元帝国”。与此同时，作为商品的石油与地缘政治和国家战略紧密交织在一起，“石油权利”得到无限膨胀。难怪美国那位具有世界影响的老博士说：“如果你控制了石油，你就控制了所有国家。”由此产生了一个“碳化氢社会”。化石能源在给人类带来无可比拟的物质财富和社会进步的同时，也给经济发展、社会进步、生态环境带来严重的负面效应和沉重负担，给人类敲响了警钟。尤其是在20世纪70年代世界爆发石油危机之后，人类开始反思和纠正自身不科学利用能源的行为，并开始探索、开发自然界的第四大能源——可再生能源。

固然，在传统矿物能源之外，人类可以采用高新技术手段获得核能源，甚至从外太空获得能源，但其中可能发生的危害性和危险性也是客观存在的。迄今，世界上发生的核电厂事故给世人敲响了警钟，核能源的负面效应极可能给已经不安的世界带来新的不稳定因素，甚至直接威胁到人类的生存环境。至于太空能源，在人类直到下世纪技术水平所能到达的规模是有限的；还可以预见到，外太空区域内进行的能源开发，也不可避免地会引发新的争夺或争端，其祸福不言自明。

1.5 新时代：新能源方兴未艾

不管人们意识或没有意识到，人类已进入到生态文明的新时代。随着新时代前进的步伐，新能源将方兴未艾。简言之，所谓“新能源”指一切新出现的能源形式。当然，不同种类的新能源，有不同的概念。例如：清洁能源指的是这种能源方式不会排放对环境有害的物质；可再生能源指的是用来产生这种能源的原料是可再生的。

1.5.1 各种形式的新能源

按照能源利用的历史状况划分，有常规能源和新能源。前者如石油、天然气、水能和核能等。目前大力倡导推广使用的新能源，如太阳能、海洋能、地热能、生物质能等。新能源大部分是天然和再生的，是未来世界的持久能源系统。

新能源又称非常规能源，即传统能源之外的各种能源形式。1980年联合国召开的联合国新能源和可再生能源会议，对新能源定义为：以新技术和新材料为基础，使传统的可再生能源得到现代化的开发和利用，用取之不尽、周而复始的可再生能源取代资源有限、对环境有污染的化石能源，重点开发太阳能、风能、生物质能、海洋能、地热能和氢能。一般而言，新能源主要是指在新技术基础上加以开发利用的可再生能源，包括太阳能、生物质能、水能、风能、地热能、波浪能、洋流能和潮汐能，以及海洋表面与深层之间的热循环等。此外，还有氢能、沼气、酒精、甲醇等。这里特别提出，过去一直被视作垃圾的工业与生活有机废弃物的资源价值，越来越受到重视，并作为一种能源资源化利用的形式受到深入的研究和普遍的开发利用。因此，大量有机废弃物的资源化利用，也可看作是新能源技术的一种形式。这些以环保性和再生性为特质的新能源越来越得到各国的重视，被置于重要战略地位。

目前在中国，可以或已经形成产业的新能源主要包括水能（主要指小型水电站）、风能、生物质能、太阳能、地热能等。这些都是可循环利用的清洁能源，具有重大的经济生态意义：既是整个能源供应系统的有效补充手段，也是环境治理和生态保护的重要措施，是满足人类社会可持续发展需要的最终能源选择。

1.5.2 生物质能源的概念

生物质能（biomass energy）属于新能源范畴。它是指以生物质为来源的各种形式的可再生能源。生物质是由生物体所产生的有机物质，包括植物、动物及其排泄物、垃圾及有机废水等几大类组成。关于生物质能的概念有多种，这里列举三种：一种是，以含淀粉丰富的农作物或有机废物做原料加工生产的再生能源；另一种是，以生物质为载体，将太阳能以化学能的形式储存在生物质中的能量形式；还有一种是，以农业、林业产品和加工废弃物，以及工业废水与生活垃圾等为原料生产的能源。以上三种表述的方式不同，但实质相通。生物质能源直接或间接地来源于绿色植物的光合作用，可转化成常规的固态、液态和气体燃料。从广义上讲，生物质是植物通过光合作用生成的有机物。据生物学家估算，地球上每年生长的生物质能的总量约为 1 400 亿～1 800 亿吨（干重），相当于目前总耗能量的 10 倍，而迄今生物质能作为能源的利用量还不到它的总量的 1%。考虑到自然条件下光合作用的转化率较低，按全年平均计算约为太阳全部辐射能的 0.5%～2.5%，若在提供理想环境条件下，光合作用的最高效率可达 8%～15%。因此，生物质能源的开发及其利用的潜力是极为巨大的。一般而言，生物质都可以作为生产生物质能的原料，但是必须具有可获得性和商业价值性，即兼具自然属性和经济属性。生物质能源亦称可再生能源，包括战略性产品生物燃料、生物动力、生物热等。

在可再生能源中，生物质能源受到广泛的、高度的重视，近年来几乎聚焦了世界的目光。这是因为：一方面生物质能具有多种优越性；另一方面，生物质能资源极为丰富，价格低廉。发展生物质能源，既开拓改善了我国能源结构的广阔新路径，又开辟农业可持续发展的战略道路。中国生物质能资源丰富，品种多样。包括资源丰厚的“三柴”等相关农产品，以及取之不竭的秸秆和薪炭林、农产品加工废弃物等。据估算，目前全国每年农作物秸秆年产量多达 9 亿多吨，可利用的约占 50%以上。通过工业化加工，可以生产出数量可观的清洁能源。可想而知，其经济社会生态效应多么可观。

1.5.3 生物质能的战略产品及其优越性

生物质燃料是指利用可再生或可循环的有机物质，以包括农作物、树木和其他植物及其残体、畜禽粪便、有机废弃物等为原料，通过工业方式加工转化生产的生物基产品、生物燃料和其他生物质能源。在发展生物质能的过程中，采用循环经济发展模式，是发展生物质能的必由之路。也就是把大量农业材料和工业有机废物无害化、资源化循环利用，既加工出具有高价值的生物质能，又避免环境污染。目前，世界上许多国家除了大规模开发利用可再生的非生物质能之外，还积极开发生物质能，其产业规模不断扩大，技术水平日趋成熟，形成了各具特色的、多种形式的生物质能的发展模式。

采用不同的技术手段对不同的生物质材料进行加工，可以得到不同形态的生物质能源。其中，可供选择的战略产品有三大类、五大品种。这三大类包括：第一类是液体生物燃料，包括生物燃料乙醇和生物柴油。像利用淀粉类、糖类和纤维类生物材料生产的多种产品，包括玉米燃料乙醇、“三薯”（甘薯、马铃薯和木薯）燃料乙醇和纤维素燃料乙醇，以及利用动物和植物油脂生产的生物柴油等。第二类是气体生物燃料，包括沼气、生物质汽化、生物质制氢和沼气等。例如，在农村利用秸秆、粪便和其他材料转化生成的沼气，广泛应用于农户生活。第三类是固体生物燃料，主要包括成型燃料与“热电联产”产生的电力等。例如，把秸秆、林木废弃物等生物质固化为成型燃料，再进一步直接燃烧发电转化生成电能，或利用生物质汽化生成燃气燃烧发出电能。

从中国的丰富资源和借鉴国外经验出发，中国适宜发展的生物质能源有五大战略产品，即燃料乙醇、成型燃料、工业沼气、生物塑料和生物柴油。中国生产燃料乙醇的资源十分丰富，在研究提高其商业化价值之后，它是发展生物质能源的首选产品，是等待开辟和建设的巨大无比的“绿色油田”。实际上，中国发展生物质能源这一新兴产业的起步，并不比美欧国家的起步时间晚。但是，目前在基础工作、国家和企业的推进力度方面，以及提出的发展指标和速度上差距正在拉大。鉴于此，国家应尽快从政策上引导、从措施上支持、从改革上增强动力，以促进发展生物质能源，特别是要加大支持科技创新的强度和力度。

这里，不厌其烦再梳理一下开发和利用生物燃料的多种优越性：一是减少温室气体排放，从而减轻和防止污染，有利于环境保护。有关资料表明，使用生物燃料乙醇的车辆对环境的污染程度仅为使用汽油汽车的三分之一，被称为“清洁能源”。二是可以再生，永续利用。不管是玉米燃料乙醇，还是甘蔗燃料乙醇，以及纤维素燃料乙醇，都是可以再生的生物燃料乙醇，被称为“再生能源”。三是转变和改善能源消费结构。它作为化石能源的重要替代品促使化石能源消费量减少，改变和优化能源消费结构，减轻生态环境恶化的压力。四是开发利用纤维素燃料乙醇，可开发利用边际土地种植林木或能源植物，可产生取之不竭的生产生物燃料乙醇的原料，既不与人争粮，又不与粮争地，还可绿化大地，美化祖国山川。五是增加农村新的经济增长点。包括开发和建立生物能源原料基地，收集和运输原料，以及其他服务业，将为繁荣农村经济和农民增加收入开辟了多条新门路。综合以上所述，通过发展生物质能源，增加了农业的一项新功能，赋予了农业一个新概念：“能源农业”。

科技人员曾对几种生物燃料乙醇的主要技术经济指标进行了对比，其结果表明：利用纤维素生物燃料乙醇，在减少温室气体排放和能量输入产出比方面，都远远高于玉米和甘蔗燃料乙醇的效果。利用纤维素乙醇减少的温室气体排放量高达91%，同时依据生产方法不同、最高能量输入产出比可达36。与此相对照，玉米乙醇和甘蔗乙醇的温室气体减排的效果分别只是纤维素燃料乙醇的24%和62%，其能量输入产出比分别为1.3和8。数据对比，更坚定了大力开发和发展纤维素燃料乙醇的方向。

迄今，三类生物能源产品的生产技术日臻成熟，所替代的化石能源的数量逐步增加，对促进环保、改善民众生存环境发挥的作用日益巨大。这里必须再次强调指出的是，按照“不与人争粮、不与粮争地”的原则，要以大力发展后者为更佳选择。但当前，必须加强科技攻关，尽快解开纤维素燃料乙醇大规模商业化运用的关键难题。可以预言，随着这个世界性难题的解决，第二代生物燃料乙醇产业必将展现出日益广阔的发展前景。

1.6 中国能源产业经济蔚为壮观

产业经济是应用经济学领域的重要分支。它从作为有机整体的“产业”出发，探讨国民经济发展中各个产业间的关系结构、产业内企业组织结构变化的规律以及研究这些规律的方法。其主要研究对象包括产业结构、产业组织、产业发展、产业布局和产业政策等。

1.6.1 能源产业经济内涵

迄今，还未看到关于能源产业经济的定义，至于从“产业经济”的视角研究能源问题的更是凤毛麟角。本节试对“能源产业经济”进行简要阐释。基于产业经济学原理，本节试对“能源产业经济”提出如下界定：它是在新理念指引下，科学发展、综合开发、循环利用各种能源资源，并保障国民经济持续稳定发展和满足民生日益增长的需求，确保国家经济安全乃至国家安全，保障民生不断改善，促进生态环境优化的重要经济产业和行业。具体而言，能源产业经济包含以下必要基本要素：以采用新体制新机制的各类企业为依托；以现代高新科技为支撑手段；以科学开发、循环利用、各种能源资源为发展基础；以积极节能减排、开辟替代能源、合理调整能源结构为广阔途径；以开发利用包括生物能源在内的新能源为动力；以清洁、安全、环保为消费方式；以经济、社会和生态效益为总体目标。简而言之，正阔步迈向四个现代化的中国，既是能源生产大国，又是消费大国，还是贸易大国，能源产业已经成为与社会经济环境持续发展、息息相关的国民经济的一项重大战略产业。

1.6.2 中国能源产业经济谱写新篇章

进入新世纪、特别是党的十八大以来，以科学发展观和“五大发展新理念”为引领，国家明确制定关于发展的战略方向、战略方针、战略重点，以及改革措施：要着力变过去的粗放型增长为集约型发展方式；加快建设资源节约型、环境友好型的“两型社会”；推动形成绿色生产方式与生活方式，促进人与自然和谐共生；推动低碳经济发展，全面节约和高效利用资源，加大环境治理力度，提高节能降耗成效，筑牢生态安全屏障。中央确定的新理念、新方针、新措施对于全国调整优化能源消费结构、节能减排和生态建设发挥了举足轻重的作用，谱写出中国能源产业经济改革与发展的、引人注目的新篇章。

1.6.2.1 能源产业经济趋向“四大转变”

能源消费结构优化和能源利用效率提升，是能源产业经济向大、向强和向优发展的基本标志。进入新世纪、特别是从党的十八大以来，中国能源产业经济以新发展理念为引领，总体上转向以低含碳燃料逐步替代高含碳燃料的趋势，有力促进了“四大转变”：能源结构优化；能源消费总量有效控制；能源保障能力加强；能源利用效率提升。2015 年，中国一次能源消费总量为 43.0 亿吨标煤，其中，煤炭消费量占能源消费总量的 64.0%，比上年下降 1.6 个百分点；水电、风电、核电、天然气等清洁能源消费量占能源消费总量的比重为 12.0%，提高了 0.9 个百分点。到 2016 年，一次能源消费总量 43.6 亿吨标煤，其中，煤炭消费量占能源消费总量的 62.6%，下降 1.4 个百分点。非化石能源消费占一次能源消费比重达到 13.2%，提高了 1.2 个百分点。

与能源消费结构优化相对应，能源利用效率不断提升。从单位 GDP 能耗看，2014 年中国能耗强度同比下降 4.8%。这是近年来的最大降幅，延续了自“十二五”以来单位产值能耗降幅逐年扩大的态势。随着能源消费增速下降、单位 GDP 能耗降低，能源消费总量也有所控制。按照国家能源战略行动计划，到 2020 年一次性能源消费总量控制在 48 亿吨标准煤，煤炭消费总量控制在 42 亿吨。从“十二五”以来，我国国内生产总值能耗率趋于降低，是指通过发展清洁能源、替代煤炭、石油等化石能源的燃烧，减少二氧化碳排放量实现的。所谓清洁能源包括风能、太阳能、核能、地热能、水能、空气能和生物质能等。由于清洁能源消费量占能源消费总量的比率趋升，因而全国 2011—2015 年万元国内生产总值能耗降低率走势趋降，依次降幅为：2%、3.6%、3.7%、4.8%、5.6% 和 6.4%。与此相对照，同期清洁能源消费量占能源消费总量的比率趋升，依次增幅为：13.0%、14.5%、15.5%、17.0%和 17.9%。

1.6.2.2 中国发展成为一个能源大国

当今世界上，中国已成为一个名副其实的能源产业经济大国，这是毋庸置疑的客观事实。绿色低碳循环发展是当今时代科技革命和产业变革的方向，也是最有前途的发展领域，潜力巨大，前景广阔。进入新世纪以来，中国在实施“五位一体”建国方略的进程中，以“绿”为底色，谱写出中国发展成为一个能源产业经济大国的壮丽诗篇。今昔对比，中国能源产业经济变化显著、发展巨大。包括能源生产、消费和进口等重要方面，都在世界上名列前茅。适应国民经济对能源供应量大幅度增加的需要，能源资源开发突飞猛进。随着工业化、城市化的历史进程加快，全国对能源的需求量还将持续大幅度增加。从2005年到2008年，我国能源生产总量由20.59亿吨标准煤增长到26.0亿吨标准煤，增加5.41亿吨标准煤，增幅达到20.84%。同期，全国能源消费量由22.47亿吨标准煤增长到28.5亿吨标准煤，增加6.03亿吨标准煤，增幅达21.16%。能源消费的增幅超过生产的增幅。在能源生产总量结构中，不可再生的一次能源占91%，可再生能源仅占9.0%。与此相对照，在能源消费总量结构中，不可再生的一次能源占91.2%，可再生能源仅占8.9%。如今，中国在世界前10的能源生产国中，高居第二位，其中，原煤产量居首位；水电发电量居第二位；石油居第六位；天然气居第16位。

1.6.2.3 中国新能源在世界上异军突起

作为人类经济社会生活重要物质基础的能源，是全球竞争最激烈、变革最着力的行业之一，尤其是严峻的世界能源安全和环境安全问题倒逼人们探索和开拓各类新能源。2015年是世界能源界具有里程碑意义的年份，可再生能源首次超过煤炭，成为全球最大的新增电力来源。新能源、新动态、新气象促使“2016全球新能源企业500强”榜单发生了新变化，呈现出以下特点：一是入围门槛大幅提高。2016年新能源500强上榜企业最低营业收入再迈上新台阶，达到了7.58亿元人民币，比2015年的新能源500强的6.25亿元提高了1.33亿元，企业入围门槛提升幅度是2015年0.55亿元的2.42倍。二是总营业收入突破3万亿元大关。2016年新能源500强企业的总营业收入迈上一个新台阶，达到30 666亿元人民币，首次突破3万亿元人民币，比2015年的28 329亿元增加了2 337亿元人民币。三是新兴市场国家登上主角舞台。在2016年的500强企业中，新兴市场国家上榜企业多达250家，比2015的234家增加了16家；发达国家上榜企业数也为250家，比2015的266家减少了16家。新兴市场国家与发达国家二者之间上榜企业数之比为1：1，而2015年这一比例为1：1.17。在上述变革中，最引人注目的是中国新能源产业经济异军突起，在2016年全球新能源企业500强的榜单上，中国新能源企业雄踞龙头地位。

据相关统计数据，中国新能源企业在竞争力、产业链完整性方面都快速成长，在新能源500强企业中占据193家，比2015年的168家增加了25家。中国入选企业数占据绝对优势，是排名第二的美国企业（65家）的近3倍；是排名第三的日本企业（46家）的4.12倍。从收入规模看，2016年中国入选企业总营业收入达9 915亿元，比2015年的6 784亿元增加了3 041亿元。随着中国在新能源产业投资的增加，特别是光伏电站装机容量大幅增加，在新能源500强企业中，中国企业的营业收入增加也跟着增加，企业的竞争力相应增强（图1-3）。

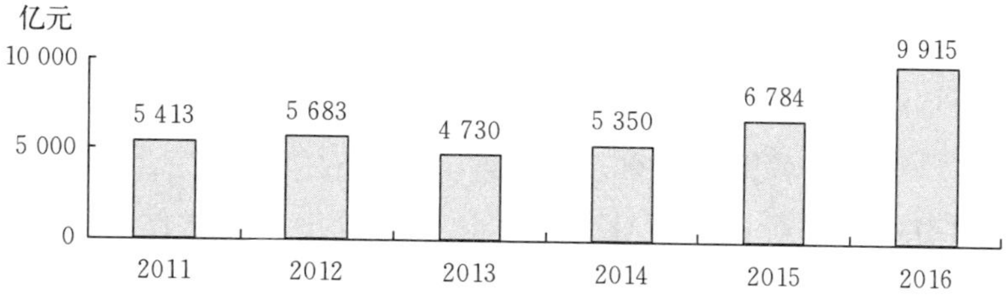

图1-3 2011—2016年全球新能源企业500强中国企业总营业收入

1.7 全球视角下中国能源面临的挑战和展望

多年来，一段著名讲话一再被广泛引用：如果你控制了石油，你就控制住了所有国家；如果你控制了粮食，你就控制住了所有的人；如果你控制了货币，你就控制住了整个世界。假若广义地把粮食也视为能源，那么就更加表明，能源对于人类生存与生计、变革与变迁是无比重要和必要，现代能源产业与现代人类社会经济更加息息相关。正由这种关系决定，在社会经济迈向现代化的不断变革和变迁进程中，能源产业经济也相应不断出现新情况、新挑战与发展新趋势。

1.7.1 当今世界能源面临的新特点

当今，全球能源格局面临着新形势和新趋势：能源供求关系和定价机制不断变革；近年来能源价格持续低迷；需求导向全球能源结构不断转变；能源产品的金融属性凸显，对全球金融市场产生深远影响。在这种新趋势下世界能源面临着值得关注的“五化”的新特点：①世界一次能源消费量呈稳增化。迄今，一次能源还是世界的主要能源，其消费量仍然稳定增长。这是世界经济继续发展和人口增长的必然和使然，但增幅有所降低，是可喜变化。②世界能源消费呈差别化。经济发达国家在进入后工业化社会后，经济向低能耗、高产出的产业结构发展，能源消费增长速率明显低于发展中国家。③世界能源消费结构趋优质化。为应对全球环境危机，绿色能源消费量迅增，促进能源消费结构趋优化，但不同地区差异明显。④世界能源资源争夺激烈化。虽然世界能源资源数量仍比较丰富，但伴随能源消费的持续增长和能源资源分布集中度的增大，对能源资源的争夺日趋激烈化，争夺的方式也更加复杂化。⑤加强对化石能源消费危害治理措施的制度化。鉴于化石能源消费对环境造成的污染和对全球气候的负面影响日趋严重，各国都注重建立制度，以有效应对。综合上述，世界能源供应和消费将继续向多元化、清洁化、高效化、全球化和市场化趋势发展。

在世界能源格局不断变革中，中国是能源产销的重要一极。近年来，中国不仅是重要的能源生产大国，而且是能源消费大国，还是贸易大国。2016年，中国能源消费总量达43.6亿吨标准煤（折合30.5亿吨油当量），增速1.4%，能源“供给侧”结构改革初见成效，能源结构进一步优化。与此相对照，全国能源消费量的持续剧增导致能源供求失衡，石油消费量快速攀升，2000年，中国石油消费量2.33亿吨。2016年，中国石油表观消费量为5.56亿吨，比2000年猛增3.23亿吨。若与2015年相比，则只增长2.8%，增速较上年下降1.5个百分点。剔除原油库存变动因素，实际消费增速约为0.7%，消费增速放缓。同年，原油对外依存度超过65%。

与能源消费量猛增相对照，中国成为世界能源进口大国。据中国海关总署公布的数据，从2005年到2008年的4年间，中国原油的进口量依次达到17 163.2万吨、19 453.0万吨、21 139.4万吨和20 067.0万吨。2009年是个分水岭，当年原油进口量突破2亿吨大关，对外依存度首次突破50%的警戒线。2011年再升为2.5亿吨；2013年达到2.82亿吨，对外依存度达到58%；2014年，中国原油进口量猛增到3.1亿吨，同比增幅达到9.5%。原油对外依存度达到了59.6%，较2013年的57%高出了2.6个百分点。从2015年下半年开始，中国的原油进口量超越了美国。2016年，中国原油进口创下6年间最大增速，原油进口量攀升13.6%，达到3.81亿吨，增幅为2010年以来的6年间的最大年份（图1-4）。2013年，中国原油、天然气、煤炭三大主要能源的进口量均呈现快速增长态势，对外依存度也相应攀升。这里，着重考察和分析原油进口量跳跃式演变的状况。当然，中国石油进口量连续快速增长的原因是显而易见的，其中一个直接的重要原因是国际油价低迷，刺激进口量猛增。

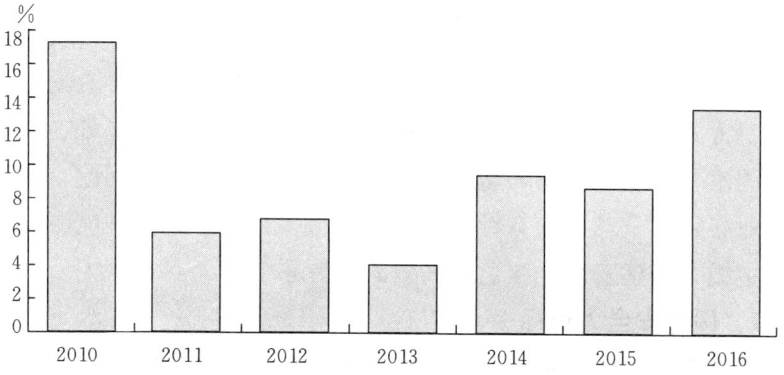

图1-4　2010—2016年中国石油进口增速演变

1.7.2　中国必须采取的应对新方略

随着世界经济社会环境与地缘政治的剧变，促使人们对能源安全观的理解也不断深化和强化。它至少具有以下重要特征：一是具有整体性。即指能源安全着眼于全国和全局，而不是指某一地区或局部。二是具有自主性。即指国家必须掌握本国能源安全的主动性，包括决策自主性和能动性，决不受制于他人。三是具有战略性。即确保国家长远的能源战略利益，制定科学的能源发展的规划，包括战略方向、战略对策、战略重点，以及战略措施。四是具有前瞻性。即对关系国家能源安全的规划、决策，以及重大举措必须有预见性，对能源风险防患于未然。五是全面性。即指充分注重能源安全的丰富的内涵。既有能源的数量安全，又有能源的质量安全；既有能源产品的加工安全，又有能源商品的供应安全。能源安全观的特质规定了中国能源产业经济发展的方向和道路，必须从国情和客观规律出发采取应对举措。

随着中国能源产业经济的突飞猛进，特别是能源需求的猛增，产生了必须研究的新情况及必须解决的新问题：一是，能源需求增长压力巨大。全国能源供求形势多年来呈现紧张状态，而且呈加剧之势。二是，能源结构长期呈畸形状态。全国化石能源、尤其是煤炭在中国的能源消费结构中占据的比重至今依然过高。三是，GDP 能源消费强度依然偏高。近年来，中国 GDP 能源消费强度虽然有所下降，但仍然很高，经济发展方式必须进一步改变。四是，某些高耗能行业盲目扩张。这导致能耗过高，损失浪费和环境污染严重。五是，农村能源商品化程度很低。迄今，农村能源一直是薄弱环节，甚至有些地区生产与生活用能还严重短缺。六是，能源生产和消费方式落后。国内许多地方的能源生产与消费方式还处在简单、甚至原始的水平，导致生态环境遭到严重破坏。这些严峻的问题，倒逼中国能源产业必须以全球视角有针对性地采取重大措施，以推动能源发展方式转型为主线，构建安全、绿色、高效的能源系统。

1.7.2.1 保障安全为目标

国家能源安全体系可定义为，在任何情况下都必须满足本国社会经济持续发展、民生改善和环境保护等对能源的不断增长的需求，并不给当代和后代遗留隐患。建立和完善国家能源安全体系，关系国际经济安全、乃至国家安全。这是振兴中国能源产业经济的头等大事。为此，必须“多管齐下”：其一，切实做到“三坚持”：一是坚持立足国内的方针，加大新能源和天然气的开发力度，避免能源自给率长期过猛下降。二是坚持安全、有效利用国际资源。以保障安全为目标，明确提出控制石油、天然气进口的战略目标，避免石油进口过多地依赖某个地区。三是坚持提高储备和应急能力，健全国家、贸易、社会多层次的石油储备体系，避免急需时出现被动。其二，切实建立和完善“三个体系”和“三种机制”。前者指，借鉴国际先进经验，完善能源法律法规体系，建立能源市场信息统计体系，以及加强能源科技研发和先进成果推广体系。后者指，建立健全中国能源安全预警机制、能源储备机制，以及能源危机应急机制。其三，积极拓展多元化市场。包括能源供应的来源地、能源品种、贸易渠道、运输方式等实现多元化，在全过程中，注重加强市场配置资源的决定性作用，扩大能源供应网络，实现能源的全球化，把能源安全建立在更广阔的“两个市场、两种资源”配置的基础上。

1.7.2.2 节能减排为优先

节能减排关系中国坚持高效化、清洁化能源发展道路。鉴于中国人口众多、能源消费量巨大、优质能源资源有限，特别是正处于工业化进程中经济社会发展时期，提高能源效率，寻求能源清洁化利用途径，减轻生态环境污染，具有极大迫切性和现实必要性。实现“节能减排”的关键途径在于，必须依靠科技进步和政策引导，致力于“四提高”：一是有针对性地控制主要化石能源的消费总量，进一步提高清洁能源使用率；二是制定节能约束性目标，进一步提高能源利用率；三是坚持绿色工业化、城镇化和农业现代化，提高生产与生活低碳率；四是发展能源循环经济，对能源加工、消费过程中的废弃物进行无害化、资源化处理，进一步有效利用，实现生态的伦理化，伦理的生态化。

1.7.2.3 优化结构为主线

能源是国民经济的重要组成部分，中国经济发展进入新常态后，供给侧存在的结构性矛盾凸显出来。其解决的主要途径在于，抓住能源供给侧结构性改革的“牛鼻子”，有力减少无效供给，扩大有效供给，化解防范产能过剩，着力补齐供给短板，以及创新生产消费方式。这要求标本兼治，综合施策，贯彻好落实“三去一降一补”五大任务。当前，要转变能源发展方式，重点取得四方面实质性突破：一是化解防范产能过剩，减少低端无效供给；二是实施重大战略工程，推进能源结构调整；三是着力补齐供给短板，提高能源协调发展能力；四是创新生产消费方式，培育创新发展动能。实现优化能源生产、转化、利用结构，推动能源供应体系变革，大幅度优化能源供应结构。优化能源使用结构，优化能源转化结构，形成安全可靠、经济高效、绿色智能的电力系统。

1.7.2.4 绿色低碳为途径

走绿色低碳发展路径，主要包括大兴绿色生产和低碳生活方式。是贯彻落实科学发展观、五大新发展理念、构建社会主义和谐社会的重大举措；是转变发展方式、转型升级的必由之路；是建设资源节约型、环境友好型“两型”社会的必然选择；是推进经济结构调整，转变增长方式的必由之路；是维护中华民族长远利益的必然要求。

走绿色低碳发展路径，必须建立低碳产业体系：包括火电减排、新能源汽车、建筑节能、工业节能与减排、循环经济、资源回收、环保设备、节能材料等。当前，我国正进行中的经济转型升级的实质就是通过节约能耗、降低废气排放而转向低碳产业经济的过程。特别是从党的十八大以来，中国在推进供给侧结构性改革中，把生态文明建设摆在更加突出的位置，全面推进绿色发展、低碳发展、循环发展，推广使用清洁能源，助推能源结构优化；推动“碳市场”建设和低碳技术开发，建立健全绿色低碳产业体系，有力推进绿色、低碳、环保产业的发展。

1.7.2.5 科技创新为动力

能源科技对能源经济的发展至关重要，其中大量的高新科技更是举足轻重的要素。所以，必须以科技创新为动力、以供给侧结构性改革为重点，既狠抓“追赶”，又着力“跨越”。特别要大力实施“三创新”措施：一是创新能源技术路线。狠抓能源科技创新，增强核心竞争力，由目前需求拉动的创新，逐步向需求拉动与技术推动的双重作用的转变，发挥科技支撑和技术引领作用。二是创新能源发展策略。加大对能源战略性前沿技术和重大应用技术的研发支持力度；在供给侧方面，重点支持风力发电、光伏发电、生物能源技术等；在需求侧方面，重点支持电动汽车、分布式能源系统、热电联产系统技术等。三是创新组织形式，建设公共研究开发平台，支持和引导组建产业创新联盟，构建创新链，形成利益共享、风险分担的联盟机制，推进能源产业协同创新，持续化、绿色化发展。

1.7.2.6 完善体制为前提

能源产业是关系国民经济命脉的部门。通过深化改革、转型升级建立健全市场经济体制和机制，是振兴能源经济的重大课题和前提条件。尽管目前对能源经济体制机制还有不同的理解，但比较认同的一种看法是，一个完整的能源体制机制是指一个国家、一定区域内能源资源配置的方式、市场运行以及监管制度模式等各种关系的综合。为完善能源体制机制，当前要进一步坚持能源市场化改革的方向；建立健全法律体系和财税体制，完善能源市场制度环境；坚持深化能源价格改革，由市场形成能源价格；

破除垄断、引进竞争、培育主体，完善竞争性市场结构；转变政府对能源的管理方式，创新体制机制和组织形式，建设公共研究开发平台，构建创新链，形成利益共享、风险分担的联盟机制，推进协同创新。

1.8　漫漫历史轨迹与启迪

从遥远的历史脉络着眼和着手，挖掘和梳理隐藏于当代各种能源战略和策略背后的、人类百万年以来的演变轨迹，就会深入思考和解读能源与人类的生活与生机、生产与生态、生计与生路的不可分割的关系，启迪和激发人们认知：一部人类走过的漫漫历史轨迹，在很大意义上就是一部能源发展的变迁史。

轨迹与启迪之一：在古代，能源是温暖、光明、福祉的化身。

人类最早利用的能源是太阳能，以及钻木取火、伐薪烧炭，后者实际上就是生物能源。生物能来源于太阳能，后者生生不息，前者渊源不竭。尽管生物质直接燃烧获得能量是低效而不经济的，但在遥远的古代，还是一种重大进步。重温能源的上古发展史，不禁使人浮想联翩：在遥远的蛮荒寒冷的古代，太阳能赏赐人类的是福音和福祉、光明和光辉、温暖和温馨；在遥远的茹毛饮血的古代，偶尔发现、继而自觉使用的火能，赐给人类的是烤肉和烤火、美食和美味；在遥远的刀耕火种的古代，能源威力推动了冶炼和制造出铁制农具，促进农业跳跃性变革，更把人类推进到农耕文明时代。以此为契机，引发了人类社会的大分工。遥想千万年之前，能源对古代人类的生产与生活，乃至社会的进步产生了多么强大的推动力量。由此联想到，蒙古族把太阳奉为神明，正是出于太阳给人类带来温暖、光明和福祉之故吧！

轨迹与启迪之二：近代以来，化石能源演变成“双刃剑”。

伴随人类历史进入近代、乃至现代、当代的脚步，世界跨进了化石能源时代。所谓化石能源，又称矿物燃料或化石燃料。从19世纪到20世纪近200年来，化石能源支撑了人类文明的进步和经济社会发展，成为人类生存和发展的重要物质基础，创造出难以估价的物质财富和精神财富。然而，大量化石能源的消费利用，是造成环境变化与污染的重要根源。现已形成广泛共识：①增多温室气体排放，使大气中温室气体浓度增加、温室效应增强，导致全球气候变暖。据报道，1860年以来，全球平均气温提高了0.4℃～0.8℃，其中二氧化碳为温室气体的主要部分，约有90%以上的排放是人为化石能源消费活动产生的。②化石能源，特别是煤炭燃烧产生的大量的二氧化硫和烟尘排放，也是造成我国大气污染的主要来源。尽管应对措施取得了明显效应，但大量消费化石能源的消极效应依然严重。包括：机动车尾气污染日益严重，特别是在大城市，煤烟型空气污染已开始转向煤烟与尾气排放的混合型污染。③大量不合理使用化肥、农药等，导致面源污染和水源污染，对农业粮食生产造成“三高一低”消极结果。大量事实催人觉醒，使人们认识到：化石能源在助力人类不断进步、发展的正面作用的同时，也带来了严峻的负面问题。它是一柄“双刃剑”，人类必须科学理智地使用，扬其利，避其害。

轨迹与启迪之三：当今能源演化成为地缘政治的工具。

在现代，能源越来越成为国计民生的战略物资，越来越成为每个家庭和个人的日用必需品，甚至成为超级大国的外交工具。在当今，能源更成为世界上地缘政治的工具，许多人更多地把能源与“危机”“短缺”“争夺”等令人神经紧张的词语联系在一起。所谓“地缘政治”，发端于瑞典地理学家克节伦，意指国家所处的地理环境与国际政治的关系。它是政治地理学中的一种理论，是一种探讨个人、组织或团体，因为空间分布等地理因素，经营政治的手段及方法。它根据各种地理要素和政治格局的地域形式，分析和预测世界或地区范围的战略形势和有关国家的政治行为，把地理因素视为影响甚至决定国家政治行为的一个基本因素。自20世纪末以来，石油等大宗产品每每成为“地缘政治”的工具。

在当今的国际环境条件下，作为世界经济系统的内生变量，东西方不同政治经济制度的国家，为本国的利益而展开激烈竞争；作为世界经济系统的外生变量，由于主要化石能源在全球分布很不平衡，使各国能源生产和消费结构与本国的社会经济发展需求很不适应，导致国际能源供求结构的扭曲和激烈的争夺战。“地缘政治”因素也成为促使能源博弈的原动力。世界上发生的“石油战争”与“粮食危机”的实质，都是“地缘政治”的理论折射。多次发生的“石油禁运”与“粮食禁运”，以及西方国家挥舞的“制裁大棒”等都表明，能源等这些大宗资源，都屡屡是一些西方国家挥舞的“地缘政治”的大棒。

轨迹与启迪之四：不可再生的化石燃料还能燃烧多久？

当今，世界能源消耗中以石油、煤炭、天然气等为主体的化石燃料，其消耗量迅猛增长。人们越来越清醒地认识到：在自然界经历几百万年逐渐形成的这些宝贵资源，很可能短则几十年、长则几百年内被人类消耗殆尽。研究表明，当今未发现在地下形成新的煤和石油。它的不可再生性和人类的巨量消耗的矛盾，使化石能源正在逐渐走向枯竭。据美国地质局估计，全世界最终可采石油储量为 3 万亿桶。由此推算，世界石油产量在 2030 年达到顶峰后开采难度增大，石油产量会快速下降。世界煤炭可采总储量约为 8 475 亿吨，按当前的消费水平计，最多也只能维持 200 年左右。世界天然气总储量约为 177 万亿立方米。如果年开采量维持在 2.3 万亿立方米，天然气将在 80 年内枯竭。

就中国而言，化石类能源探明储量约 7 500 亿吨标准煤，总量较大，但人均能源拥有量却远低于世界平均水平。煤炭、石油、天然气人均剩余可采储量，分别只有世界平均水平的 58.6%、7.69%和 7.05%。国人必须正视化石能源面临的日趋严峻的形势，中国的主要化石能源也有消耗殆尽之日。对此，决不可掉以轻心，必须早谋划、早行动、早采取战略对策。

轨迹与启迪之五：保障能源安全是国计民生的头等大事。

在当今的社会经济条件下，严峻的气候变暖、生态环境问题，倒闭世界各个国家和地区，都把确保能源安全置于国计民生头等大事的地位。在国际能源发展新格局和应对全球气候变化新形势下，能源安全的含义也在不断扩展。传统的能源安全以单一的石油安全为核心，到 20 世纪 70、80 年代，稳定供应和合理价格成为能源安全的核心内容，各国以提高能源自给率为主要目标。到 20 世纪 90 年代，能源安全的内涵又逐步加入了环境安全的概念。再到 21 世纪，能源安全的内涵进一步丰富，能源的清洁化、低碳化成为重要内容。随着新能源技术和互联网技术结合为特征的能源技术革命的新突破，能源信息安全又成为能源安全内涵的重要组成部分。

根据国内外能源发展的新形势和能源安全观的新变化，按照新时代和新发展理念的要求，中国的能源安全观也不断丰富和扩展，主要包含供给数量有保障、价格总体平稳、生态环境友好、网络和运输通道保持安全运行等内容。换句话说，保障国家能源安全就是要保障国家能源的供应安全、价格安全、生态安全和网络安全，实现能源绿色发展、开放发展、多元发展、互联互通、高效运行。

轨迹与启迪之六：顶层设计，构建国家能源安全保障方略。

所谓“顶层设计”，是借用建筑学的一个概念，喻义要从宏观、全局、系统的高度、广度和深度指导经济改革和发展，以避免片面性、局限性和短视性。对于涉及地位重要、范围广大、行业多样、技术复杂的能源产业，实施全方位改革和推进持续发展，客观上极需要政府当好“总设计师”，做好顶层设计，对政府和市场做出准确定位，既要避免市场失灵，又要防止政府失当，有效降低改革的风险成本。与顶层设计相适应，还必须采取切实的、可行的必要措施。即：依照顶层设计，以保障能源安全为目标；以有效节约能源为优先；以优化能源结构为主线；以科技创新攻关为动力；以完善能源体制机制为前提，迈上绿色低碳的可持续发展大道，走向转型升级、提质增效的广阔前景。

当今，中国与世界面临着类似的问题，必须有力、有效应对资源负担沉重、环境污染严重、气候压力加重等全球性严峻挑战。应对挑战的根本举措在于，以顶层设计构建国家能源安全保障方略。其要点可概括为：①明确主旨。以五大新发展理念，尤其以创新、绿色和开放发展理念为引领，谋划中国能源安全战略为主旨，树立以供应安全、消费安全、开放安全、生态安全、网络安全为主要内容的新型能源安全观为目标。②明确主题。以明确能源体制机制改革的方向，促进能源体制改革、转型升级为主题，发挥市场机制配置资源的决定性作用，规范能源宏观调控和行业管理，有力促进能源生产和流通基本实现市场化，还原能源的商品性、竞争性和安全性。③明确主线。以能源供给侧结构性改革为主线，全面推进创新发展、绿色发展、低碳发展、循环发展，把生态文明建设摆在更加突出的位置，大力推广使用清洁能源，推进能源结构优化，促其与需求侧结构升级相适应。④明确主攻。集中主要力量创建现代能源安全体系，提高我国能源供应能力、需求调控能力、风险应对能力和国际市场影响能力，建立我国能源安全的保障系统。⑤明确主向。以大力创新开拓生物能源，即绿色能源。生物能源是一种可再生的清洁能源，开发和使用生物能源，符合可持续发展观和循环经济的理念。因此，利用高新技术手段开发生物能源，已成为当今世界发达国家能源战略的重要部分。当前生物能源的主要产品包括：燃料乙醇、生物柴油、生物沼气、生物丁醇和生物质发电等。

这里，特作强调：必须把开发利用再生能源、加快发展生物质能作为能源战略的重要内容，以发挥其重大的经济社会生态作用：其一，它是中国调整能源结构、增加能源供给、填补常规能源不足的客观必需；其二，它是应对气候变暖、减少温室气体排放、减轻环境污染、促进社会经济可持续发展的重要举措；其三，它是促进资源节约型和环境友好型社会建设，促进农民增收和新农村建设的广阔途径；其四，它是转变经济发展方式、调整产业结构、扩展和充实“能源农业”、增加新经济增长点的改革创新；其五，它符合时代发展的趋势。在经过木材时代、煤炭时代、石油时代，以及多元结构能源时代，当今人类进入生态文明时代，与之相适应必须让能源焕发绿色，即开发利用生物质能源——即无限的太阳能转化而来的绿色能源。总而言之，发展生物能源产业经济即通过现代高新科学技术手段把蕴含在生物原料中的能量转化成各种生物能源产品，包括至今已生产的各种液态、气态和固态生物燃料。打一个比喻，振兴生物能源产业经济，就好比种植一片根深、枝繁、叶茂的“生物能源树”，在满足必要的条件下，这片富有生命力的“树林”吸纳源源无穷的太阳能，发育、成长、生产出包括谷物、薯类、林木等各种农林牧业产品，以及“能源植物”。人类在为满足衣食住行等基本需求的过程中利用了这些农业产品的可用部分，剩余的副产品经过处理又变成再生资源；采用先进科技手段把再生资源转变成前述的各种液态、气态、固态等形态的生物能源。如是，这一良性循环的过程就如同“长生的绿色能源树”，以广阔的大地为“母体”，周而复始地把无穷的太阳能转化为多种形态的清洁能源——生物能。

第2章　生物燃料乙醇：燃起清洁能源的希望（上）

在能源结构的坐标中，生物燃料属于再生能源、生物质能的范畴。生物燃料包括生物燃料乙醇、生物柴油，以及沼气等。生物燃料具有其他能源不可比拟优势和优点，即它的再生性和环境友好性。这种优势和优点，将燃起中国、乃至人类未来能源的希望。

2.1　太阳能生生不息，生物质能渊源不竭

如前述多次述及的，生物质能是太阳能通过植物的光合作用转化而成，以化学能形式贮存在生物质中的能量形式，即以生物质为载体的能量。它直接或间接地来源于绿色植物的光合作用，可转化为常规的固态、液态和气态燃料，取之不尽、用之不竭，是一种可再生能源。据科技专业人员计算，全球每年经光合作用产生的物质有 1 730 亿吨，其中蕴含的能量相当于全世界能源消耗总量的 10～20 倍，但目前的利用率还不到 3%，足见可挖掘的生物质潜能的巨大性。太阳能生生不息，生物质能渊源不竭，可永续利用。生物质能硫含量低、氮含量低，燃烧过程中生成的 SO_X、NO_X 较少，因而污染性也低。生物质能在生长时需要的二氧化碳，相当于它排放的二氧化碳的数量，因而它在燃料时对大气的二氧化碳净排放量近似等于零，可有效减轻温室效应。另外，生物质能分布极具广泛性。迄今，生物质能已上升为世界第四大能源，仅次于煤炭、石油和天然气。根据生物学家估算，地球陆地每年生产 1 000 亿～1 250 亿吨生物质；海洋年生产 500 亿吨生物质。生物质能源的年生产量远远超过全世界总能源需求量，相当于目前世界总能耗的 10 倍。据估算，中国到 2010 年后，可开发为能源的生物质资源可达到 3 亿吨。随着农林牧业的发展，特别是

薪炭林种植面积的扩大，生物质资源的数量越来越丰厚，其开发的应用必将越来越多、越广。包括沼气、压缩成型固体燃料、气化生产燃气、气化发电、生产燃料酒精、热裂解生物柴油等在内，使用生物燃料每年可减少的二氧化碳的排放量高达 21 亿吨，其前景十分广阔。

2.2　生物质能分布广泛，遍地有宝

假若把适合于制取生物质能的原料来源梳理一下，大体可分为四大类，即农业资源、林业资源、生活污水和工业有机废水、城市固体废物和畜禽粪便等。这些被看作废料的“垃圾”，分布十分广泛，在广袤的大地上处处可见。若经过无害化处理加以资源化利用，不仅可减轻和消除污染源，而且开辟和开发出数量巨大的生物质能的来源。

（1）农业生物质能资源。这类资源来源广、潜力大、前景广阔，主要包括：一是农业作物。泛指各种用以提供能源的植物，如草本能源作物、油料作物、制取碳氢化合物植物和水生植物等。二是各种农作物秸秆。指农业生产过程中的废弃物和农作物秸秆，如麦秸、稻草、玉米秸、高粱秸、豆秸和棉秆等。三是农业加工业的废弃物，如稻谷、小麦、玉米、大豆等粮油加工业的大量副产品，都是重要生物质燃料的来源。

（2）林业生物质能资源。这类资源也是十分雄厚，包括森林生长和林业生产过程中提供的生物质能源，像薪炭林；在森林抚育和间伐作业中的零散木材、残留树枝；在木材采运和加工过程中的枝丫、锯末、木屑、梢头、板皮和截头；利用贫瘠的荒地种植灌木林等能源植物；林业副产品的废弃物，如木本粮油加工副产品油茶饼、牡丹油饼、果壳和果核等，都是加工各种生物质能的原料。

（3）生产与生活废料资源。这类资源极为繁多，变废为宝，大有作为。工业有机废水开发潜力雄厚，主要有酒精、酿造、制糖、食品、制药、造纸及屠宰等行业生产过程中排出的废水等，其中都富含有机物。此外，在城镇商业、服务业的各种排泄水，如冷却排水、洗浴排水、盥洗排水、洗衣排水、厨房排水、粪便污水等。除废水外，城市固体废料也是重

要资源。城镇商业、服务业垃圾，以及居民生活垃圾等固体废物，其组成成分比较复杂，但经过挑选处理，可取得大量加工生物质能的原料，经无害化处理后，都可作为资源利用。

（4）畜禽粪便生物质能资源。我国拥有大量规模化养猪、养鸡、养牛等畜禽饲养场。这些养殖场产生巨量的畜禽排泄物和废水，加以利用，可以制取清洁能源，如沼气，由生物质能转换的一种可燃气体，通常可以供农家用来烧饭、照明。沼气还可用来发电。沼液是一种有机肥料，既能提高农产品质量，又降低生产成本。

2.3 生物质能创新方式，清洁生产

2.3.1 绿色能源生产的必要环节

生物质能采取的是绿色生产（green production）方式。这是指以节能、降耗、减污为目标，以相应的管理和技术为手段，对工业生产全过程进行污染控制，使污染物的产生量最少化。绿色生产方式完全扭转了西方发达国家原先采用的先污染、后治理的“末端处理”方式，转化为以污染防范为主的污染控制战略。这种新战略被联合国环境规划署工业环境活动中心称为清洁生产战略。清洁生产是经济可持续发展的一个有力工具，也称为清洁工艺、绿色工艺、生态工艺等。直到20世纪90年代初，国际上逐步统一称为清洁生产，也称绿色生产。

这里特别强调，要以“双创”、特别是以科技创新为动力，把绿色能源生产提升到“绿色能源产业经济”或“低碳能源产业经济”的高度。即以减少温室气体排放为目标，构筑以低能耗、低污染为基础的产业经济发展体系，包括低碳能源系统、低碳技术和低碳产业体系。

加快发展生物质能源，应该抓好以下必要环节：一是大力抓好现有生物质资源的开发和合理利用，包括各类农作物秸秆和农产品加工副产物等；二是大力抓好新增生物质能源的资源基础，特别是开发利用“不与人争粮、不与粮争地”的新型能源资源；三是大力抓好包括液体、气体、固体等生物质能源的生产和供应；四是大力抓好生物质开发利用生物质能源，使之成为替代化石能源的重要新能源。在目前的各类生物能源中，更

多专家学者认为，生物燃料乙醇作为一种清洁无污染燃料，是未来能源产业经济发展的重要趋势之一。我国必须把它置于能源发展的战略地位，不失时机地加强科技攻关，以占领生物能源发展的制高点。

2.3.2　绿色生产的综合措施

发展清洁（绿色）生产、低碳经济的全过程，必须做到“三个确保”：确保采用的能源清洁及生产全程清洁；确保生产的产品清洁，即无污染、符合质量标准；确保充分开发各种资源，做到自然资源有效使用，短缺资源替代使用，废弃资源无害化后再使用。实现清洁生产的途径，在于采取综合措施：①综合利用资源。包括综合利用原材料和能源等，开发二次资源，即把废渣、废气、废液“三废”材料变废为宝。②综合防止物料浪费。即对加工副产品进行无毒化处理，资源化再利用，既减少和避免资源损失，又生产出清洁产品。③创新研制新设备、新工艺。适应综合开发利用资源的需要，要创新研制和采用新设备和新工艺，以提高资源利用率、加工产出率和产品优质率。④调整和优化结构。通过革新和提升设计，调整和改善产品结构、产业结构，以形成新的绿色产业链、绿色产品链，以及绿色供应链。⑤采取综合改革管理措施。为加强污染防范及转变“末端处理”方式，必要措施就是改革管理和推广绿色生产方式，以逐步实现三个目标：有效削减二氧化碳排放强度，使其排放总量达到控制的水平；加快发展低碳能源和低碳技术，显著提高碳生产率；减少和避免污染排放。特别是通过“末端处理”、发展循环经济、源头预防和加强监管等措施，减少和防止“三废”的排放，减重和避免对人类和环境的风险。

与绿色生产方式相对应，还必须采取绿色生活方式，也称为低碳生活（low carbon life）方式。它要求人类在各种生活行为中从自己做起，从生活细节做起，从点滴入手。例如，在日常生活中，注重节电、节水、节油、节气等，不铺张、不浪费，不参与过度消费，多为环境“储值充值”，把能耗下降到最低程度，从而最大限度减低含碳物质的燃烧，特别是减少二氧化碳的排放量，进而减轻对大气污染，减缓生态恶化，减小温室效应。

2.4 生物燃料乙醇：化石燃料越来越重要的替代品

生物燃料乙醇，是指通过微生物的发酵把相关生物质原料转化为燃料酒精。它可以单独或与汽油按照一定比例混配制作成乙醇汽油作为汽车燃料。迄今，燃料乙醇发展到二代。第一代工业化生产的生物燃料乙醇，绝大多数是以粮食作物为原料生产的产品；第二代生物燃料乙醇是以纤维素为原料生产的产品，故称“纤维素燃料乙醇”。目前，主流的认识和主张是，从“粮安天下”和“人本观”出发，特别是从与化石燃料的性价比出发，以粮食为原料的生物燃料乙醇，具有限制性和不可持续性。以廉价的、数量巨大的木质纤维素为原料的第二代生物燃料乙醇，现在还在科技攻关中，是决定未来生物燃料乙醇前途、大规模替代石油的关键产品，是化石燃料的最有希望的替代品。

满足国民经济高速、持续发展对能源日益增长的需求，是一个国家在发展中面临的一个极为重大的、无法回避的问题。早在2004年，我国石油消费总量突破了3亿吨，其中进口石油1.23亿吨，占石油总消耗量的40%以上。2005年，全国石油消费量再增到3.2亿吨，其中国内生产原油1.8亿吨，进口原油1.4亿吨。2016年全年累计进口原油数量38 101万吨，累计同比上涨13.56%。从发展趋势看，我国原油进口依存度将逐年提高，预计将从2005年的43.8%上升到2020年的60%。显然，能源供应安全问题，成为制约中国经济社会发展的主要因素之一。此外，化石能源消耗的高速增长带来的环境污染压力日显突出。据统计资料显示，我国 SO_2 和 CO_2 的排放量分列世界第一和第二位。中国要为13亿多人口提供安全的、低成本的、对环境无损害的能源，任重道远。基于此，作为清洁能源的生物燃料乙醇将越来越成为化石燃料的重要替代品。

2.4.1 中国生物燃料乙醇的发展历程

中国生物燃料乙醇的研制和加工起步较晚，大体有20年时间。然而，生物燃料乙醇深加工业在资源开发、技术提升、生产规模、产品销售等方面都取得了明显进展，收到了良好的社会经济效益。

2.4.1.1　中国制定和颁布了首部《可再生能源法》

中国能源法的建设是党的十一届三中以来的一项开创性举措。在 20 世纪 90 年代，中国先后制定了《电力法》《煤炭法》《节约能源法》。进入新世纪的 2005 年 8 月，中国制定和颁布了首部《中华人民共和国可再生能源法》（以下简称《可再生能源法》）。这是保障一个新型产业经济健康稳定发展的法制基础。制定了《可再生能源法》，一方面确立包括生物燃料乙醇在内的可再生能源的法律地位，另一方面又为其发展提供了法律依据。通过立法，可以确定发展生物燃料乙醇的基本政策、原则、措施和制度。《可再生能源法》开宗明义提出要旨："促进可再生能源开发利用，增加能源供应，改善能源结构，保障能源安全，保护环境，实现经济社会的可持续发展"。遵照中央的战略决策，国家发展和改革委员会制定了具体实施步骤。

2.4.1.2　从"十五"开始建立生物燃料试点定点厂

中国生物燃料乙醇项目从 2000 年开始启动，到 2002 年全国产量达到 3 万吨。在 2001 年 4 月，中国颁布了燃料乙醇汽油的国家标准。在发展生物燃料乙醇的初期，中国主要以陈化玉米、小麦等粮食产品为原料。2004 年 4 月，国家发展和改革委员会、公安部、财政部、商务部等八部委下发《车用乙醇汽油扩大试点方案》和《车用乙醇汽油扩大试点工作实施细则》。生物燃料乙醇项目试点范围开始扩大，2001 年 4 月，中国颁布了乙醇汽油的国家标准。按照中国生物燃料乙醇"十五"发展专项规划（2001—2005 年），对生物燃料乙醇实行了"四定"政策。

一是定点生产。中国从"十五"开始，实行燃料乙醇试点工作，建设成 4 个生物燃料乙醇生产定点生产企业，其燃料乙醇设计总生产能力为 102 万吨。这 4 座厂分别是：安徽丰原生化股份有限公司，产量为 32 万吨/年；河南天冠燃料乙醇有限公司，产量为 30 万吨/年；吉林燃料乙醇有限责任公司，产量为 30 万吨/年；黑龙江华润酒精有限责任公司，产量为 10 万吨/年。2007 年，中粮公司在广西北海建成木薯燃料乙醇加工厂，产量 20 万吨/年（表 2－1）。

表 2-1　我国燃料乙醇定点生产企业及生产能力

公司名称	股权情况	生产能力（万吨）			原料
		2005	2006	2007	
黑龙江华润酒精	中粮 100%	10	35	16.2	玉米为主
吉林燃料乙醇	中国石油 55%，吉林粮食集团 25%，中粮 20%	30	40	41.9	玉米为主
河南天冠燃料乙醇	中国石油 60%，中国石化 20%，河南建投 20%	30	50	40.2	初期以小麦为主，新增加甘薯和木薯
安徽丰原生化	中粮 20.74 控股	32	44	34.9	玉米为主
广西中粮	中粮 100%	—	—	20	木薯为主

资料来源：研究者根据相关资料制作。

2007 年，这 4 家企业燃料乙醇的总产量达到 133 万吨，其中，黑龙江华润酒精为 16.2 万吨；吉林燃料乙醇为 41.9 万吨；河南天冠燃料乙醇为 40.2 万吨；安徽丰原生化 34.9 万吨。在“十五”期间，黑龙江、吉林、辽宁、河南、安徽 5 省及湖北、山东、河北、江苏四省的 27 个市实现了燃料乙醇汽油封闭运行。实际上，中国生物燃料乙醇的生产能力比实际产量要高。2004 年，中国生物燃料乙醇形成了 35 万吨的年生产能力。2005 年，全国生物燃料乙醇总产量达到 102 万吨；2006 年增长到 160 万吨；2007 年达到 189 万吨；2008 年再增到 164.9 万吨。2014 年，我国生物燃料乙醇年产量约达 216 万吨，生物柴油年产量约达到 121 万吨，是世界上第三大生物燃料乙醇生产国和应用国，仅次于美国和巴西。

二是定向流通。按照国家规定，安徽丰原公司生产的 32 万吨燃料乙醇定向投放安徽、湖北和江苏三省。河南天冠公司生产的 32 万吨燃料乙醇定向投放河南、山东两省。吉林有限责任公司生产的 30 万吨燃料乙醇投放吉林和辽宁省。黑龙江华润公司生产的 10 万吨燃料乙醇定向投放本省。

三是定区使用。21 世纪伊始，中国便开始了推广燃料乙醇汽油的准备工作。2001 年 4 月，中国颁布了生物乙醇汽油的国家标准。经国务院批准，全国共有 9 省、27 地（市）试点使用乙醇汽油。在 9 个省中，又分两种情况：一种是黑龙江、吉林、辽宁、河南、安徽等 5 省在全省封闭推广乙醇汽油。另一种是湖北、山东、河北、江苏等4省在27个地（市）试点使用乙醇汽油。其试用办法是：按照1∶9的比例把生物燃料乙醇与汽油调配成乙醇汽油，然后加以推广应用。目前已实现年混配1 020万吨燃料乙醇汽油的能力。

四是定额补贴。为了支持燃料乙醇在生产上的应用，国家对生物燃料乙醇定点生产企业提供成本定额补贴和财政税收优惠政策。其办法是：从2005年开始，逐年递减，到2008年完全取消补贴。在试点开始的2005年，对各个加工厂生产每吨燃料乙醇补贴的标准分别是：吉林燃料有限责任公司为2 395元/吨；安徽丰原公司为1 883元/吨；河南天冠集团为1 721元/吨；黑龙江华润酒精公司为1 628元/吨。到2007年，国家对4个定点厂的定额补贴统一为1 373元/吨。目前的定额补贴标准降低为1 284元/吨。同时，还实行税收优惠政策，主要包括3项：一项是对销售燃料乙醇免征5%的消费税；另一项是销售蛋白饲料免征13%的增值税；第三项是对燃料乙醇增值税先征后返还。

以中国现在的原料、辅料和加工等成本计算，生物燃料乙醇是否能够盈利，要看汽油的销售价格。当其提高到6元/升时，生物燃料乙醇才能有所盈利。近年来，在优化生产工艺与控制成本的基础上，能耗物耗逐步降低，一些指标达到或接近国际先进水平，取得了一定的经济效益和较高的社会效益。然而，总体上衡量，中国生物燃料乙醇的成本还较高，相关企业还未达到盈利的阶段，国家还需提供一定数额的补贴（表2-2）。

表2-2　中国四家燃料乙醇企业的补贴情况

单位：元/吨

企业名称	2005	2006	2007
吉林燃料乙醇公司	2 395	2 054	1 373
河南天冠集团	1 721	1 373	1 373
安徽丰原公司	1 883	1 628	1 373
黑龙江华润酒精公司	2 395	2 054	1 373
平均补贴	2 099	1 777	1 373
总计（亿元）	21.4	18.1	14.0

资料来源：笔者根据有关资料编制。

2.4.1.3 中国生物燃料乙醇生产的发展

中国在发展生物燃料乙醇的初始，目的之一在于转化国有粮食企业积压的大量陈化玉米和小麦。当时，吉林燃料乙醇公司、安徽丰原公司和黑龙江华润公司等三家工厂全部以玉米为原料，河南天冠燃料乙醇公司除用一部分玉米之外、主要以陈化小麦为原料。在试点初期，上述 4 个加工厂的生物燃料乙醇总产量为 102 万吨。其中，有 80 万吨是以玉米为原料生产的；另有 20 万吨是以其他粮食和薯类为原料生产的。以 3.2 吨玉米原料生产 1 吨燃料乙醇计算，共消耗玉米 256 万吨；以 3.0 万吨小麦原料生产 1 吨燃料乙醇计算，共消耗小麦约 60 万吨，两项合计约消耗玉米、小麦总量为 316 万吨。

中国燃料乙醇发展的另一个重要标志是，国家定点企业生产经营状况取得不断改善，实现了健康快速发展。研究组曾到中粮生化能源（肇东）有限公司、河南天冠集团公司和吉林燃料乙醇有限公司进行调研。这三家大型定点生物燃料乙醇企业，迄今已经发展成为国内生产规模、供应状况、工艺技术、成本消耗、安全环保及科研开发等领先的骨干企业。下面简要介绍如下。

中粮生化能源（肇东）有限公司现拥有总资产 18.8 亿元，自备 10 条铁路专用线，11 条专用生产线，在国内建成第一条 10 万吨燃料乙醇生产线，年加工转化玉米 120 万吨。目前，该企业年生产加工各种酒精产品 40 万吨（含主产品生物燃料乙醇），还生产 DDGS 高蛋白饲料 33 万吨，玉米油 2.9 万吨和食用级液体二氧化碳 1.5 万吨。与此同时，作为国家农业产业化龙头企业，从 2001 年以来，中粮生化能源（肇东）有限公司面向农民敞开收购高水分玉米，每年直接从周边农村收购高水分玉米数十万吨，从农户直接收购的玉米占企业收购粮的 70%以上。迄今，公司已经形成产业化基地 6.67 万公顷，带动当地 10 万农户，每年为农民增收 480 多万元，提高了农民生产粮食的积极性。另外，自 2006 年始，公司事业部与世界著名企业丹麦诺维信公司和加拿大桑普达公司合作，加大了纤维素燃料乙醇的研发力度，并在自主创新的基础上，大力实施纤维素燃料乙醇产业化的发展规划。

吉林燃料乙醇有限公司项目于 2001 年 9 月正式启动，2003 年 8 月 31

日建成投产，年产 30 万吨燃料乙醇。2005 年，经过挖潜改造总产量提高到 50 万吨/年，加工玉米原料 124 万吨，全年实现利润 2 万元。2007 年，通过科技攻关，加工原料量提高到 132 万吨，实现利润 1.9 亿元。2008 年，加工原料 145 万吨，生产燃料乙醇 47.4 万吨，实现利润 2.7 亿元。目前，吉林燃料乙醇有限公司的成效主要体现在以下方面：一是全面打开了吉林、辽宁两个目标市场，汽车用燃料乙醇的市场覆盖率达到 95%以上；二是用不到 3 亿元的资金把燃料乙醇的产能从 30 万吨提高到 50 万吨，跃升为亚洲最大的燃料乙醇企业；三是对玉米原料综合利用，达到“吃干榨净”的程度，各项工艺技术指标全部达到国内先进技术水平；四是实现对“三废”的综合治理，处理指标达到国家一级标准；五是建成了千吨级甜高粱秆制造燃料乙醇的实验装置，为开展纤维素燃料乙醇商业化生产进行科学研究创造了条件。

如前述，中国生物燃料乙醇工业在发展的初期，使用的主要原料是陈化玉米和陈化小麦等。经过几年的消化，国有粮食企业积压的“陈化老粮”基本消耗殆尽。中国人口众多，粮食需求呈刚性增长；人均耕地微少，工业化、城镇化的推进对粮食种植面积提出了新挑战。这种基本国情决定，中国确保粮食安全始终是一个重大经济政治问题。为了保障国家粮食安全，国家制定了新的产业政策，即发展生物燃料乙醇工业必须以非谷物作物为主，例如以木薯、红薯和甜高粱等为主要原料。2007 年 6 月 7 日，国务院召开可再生能源会议，提出了中国发展燃料乙醇“不与人争粮、不与粮争地”的基本方针，即玉米生产燃料乙醇项目被叫停，燃料乙醇产业的发展开始走上非粮原料之路，燃料乙醇的产量增长放缓。生物燃料乙醇企业积极开拓利用新型原料，像木薯、马铃薯和甘薯这“三薯”及其他纤维素等。目前，国内以甜高粱茎秆、木薯等非粮原料生产燃料乙醇的技术已具备商业化发展的条件。在河南天冠燃料乙醇有限公司的现有产品中，已有 30%的产品是用鲜薯作为原料生产的。

木薯耐贫瘠、耐干旱，适宜生长于荒地、荒坡和盐碱地。开发木薯资源生产生物燃料乙醇，可以不与粮争地，不与人争粮。广西粮食部门与中国粮油进出口公司合作生产木薯燃料乙醇，如今在广西，木薯已发展成为一项大产业。19 世纪 20 年代木薯从南洋引进，至今已有 180 余年。2006 年，广西木薯种植面积 27.6 万公顷，鲜木薯产量 490 万吨，面积和产量都占全国总量的 60%以上，在全国高居榜首。同年，广西的木薯淀粉、木薯乙醇年产量分别达到 40 万吨和 15 万吨，均占到全国总量的 70%以上。木薯酒精产量高居全国首位。2007 年 12 月，中粮在广西北海建成了国内第一个非粮乙醇工业化项目，年产量 20 万吨木薯燃料乙醇。

2.4.1.4 中国生物燃料乙醇产业的现状

从国内生物质能源发展现状看，全国生物质资源极为丰富，能源化开发利用潜力巨大。国家能源局 2016 年 10 月公布的数据显示，全国可作为能源利用的农作物秸秆及农产品加工副产物、林业剩余物和能源作物、生活垃圾与有机废弃物等生物质资源总量每年约达 4.6 亿吨标准煤。但截至 2015 年，开发为生物质能利用的约 3 500 万吨标准煤，其中商品化生物质能利用量只有 1 800 万吨标准煤。生物质发电和液体燃料产业已形成一定规模，生物质成型燃料、生物天然气等产业已起步，呈现良好发展势头。

（1）生物质发电。截至 2015 年，我国生物质发电总装机容量约 1 030 万千瓦，其中，农林生物质直燃发电约 530 万千瓦，垃圾焚烧发电约 470 万千瓦，沼气发电约 30 万千瓦，年发电量约 520 亿千瓦时，生物质发电技术基本成熟。

（2）生物质成型燃料。截至 2015 年，生物质成型燃料年利用量约 800 万吨，主要用于城镇供暖和工业供热等领域。生物质成型燃料供热产业处于规模化发展初期，成型燃料机械制造、专用锅炉制造、燃料燃烧等技术日益成熟，具备规模化、产业化发展基础。

（3）生物质燃气。截至 2015 年，全国沼气理论年产量约 190 亿立方米，其中户用沼气理论年产量约 140 亿立方米，规模化沼气工程约 10 万处，年产气量约 50 亿立方米，沼气正处于转型升级关键阶段。

（4）生物液体燃料。截至 2015 年，燃料乙醇年产量约 210 万吨，生物柴油年产量约 80 万吨。生物柴油处于产业发展初期，纤维素燃料乙醇加快示范，我国自主研发生物航油成功应用于商业化载客飞行示范（表 2-3）。

表 2-3　全国生物质能利用现状

利用方式	利用规模		年产量		折标煤
	数量	单位	数量	单位	万吨/年
1. 生物质发电	1 030	万千瓦	520	亿千瓦时	1 520
2. 户用沼气	4 380	万户	190	亿立方米	1 320
3. 大型沼气工程	10	万处			
4. 生物质成型燃料	800	万吨			400
5. 生物燃料乙醇			210	万吨	180
6. 生物柴油			80	万吨	120
总计					3 540

资料来源：国家能源局：《我国生物质能发展“十三五”规划》，2016 年 10 月。

2.4.2　化石燃料的最有希望的替代品

从新发展理念和各种客观条件出发，生物燃料乙醇是中国最有可能实现产业化生产的主要生物能源产品之一。

首先，生物燃料的来源广、种类多，主要有：①生物燃料乙醇。一般是指浓度达到 99.5%以上的无水乙醇，可作为新兴能源，减少石油消耗，保障国家能源安全。②生物柴油。是清洁的可再生能源，是石化柴油的优质代替品。③生物沼气。是指利用城市生活垃圾、农作物废料甚至污泥等分解产生的气体，主要成分为甲烷和二氧化碳，可用于发电和供热。④生物丁醇。它是以生物为原料，用与乙醇相似的发酵工艺制备而成的可再生能源。碳排放量较低、蒸汽压力较低、与汽油混合与水的宽容度较大，与汽油混合比较高。⑤微藻制油。微藻生物是可再生、速生生物，对大气二氧化碳没有净增加，人工培养资源占用小。⑥生物质发电。是指利用生物质进行的发电，是可再生能源发电的一种。

其次，生物燃料乙醇生产技术已经日臻成熟。生物燃料乙醇是具有广阔发展前景的能源新领域。燃料乙醇（fuel ethanol）是指未加变性剂的、可作为燃料用的无水乙醇，在燃料乙醇中加入变性剂后，不适于饮用的燃料乙醇称为变性燃料乙醇（denatured fuel ethanol）。燃料乙醇不是一般的酒精，是用生物材料生产的、可加入汽油中的品质改良剂。生物燃料乙醇是一种优良的石油替代产品。它具有原料丰富、减少温室气体排放的效果显著、能量输入产出比高等明显的优越性。目前，生物燃料乙醇的生产技术已达到成熟的水平。迄今世界上燃料乙醇的生产技术工艺可以归纳为发酵法和水合法两大类，其中90%的乙醇来源于前一种工艺技术生产的。采用发酵法生产燃料乙醇的原料主要有三类：第一类是含糖作物，如甘蔗、甜菜、甜高粱等；第二类是淀粉质作物，如玉米、小麦、高粱、木薯、红薯、马铃薯及菊芋等；第三类是纤维质原料，如秸秆、木屑、农作物果实的外壳外皮，以及城乡固体垃圾物等。以含糖和淀粉作物为原料的生物燃料乙醇被称为第一代燃料乙醇，其生产技术日臻成熟，工艺水平不断提升，近年来产量迅猛增长。特别是，具有广阔发展前景的第二代生物燃料乙醇，受到广泛的高度的关注。然而，第二代燃料乙醇目前还处于实验阶段，有希望在今后5～10年内投入规模化、商业化生产。伴随化石能源日益枯竭和产生的严重环境污染问题，燃料乙醇被认为是最有发展前景的新型可再生能源之一，开发前景广阔。目前世界上最大的生物燃料乙醇生产国美国和巴西的总生产量，已占全球总产量的70%以上。这些国家认为，生物燃料乙醇是少数几种可以替代石油的“安全选择”。随着世界传统能源储备资源的迅速消耗，特别是近几年石油价格持续跌宕和波动，生物燃料乙醇更快速、更有力度地上升为能源开发的广阔新领域。

2.4.3 中国开发生物燃料，已明显见其效应

从20世纪末开始谋划、新世纪初进入操作的中国生物燃料乙醇产业，虽然颇经曲折，但随着经济的不断发展和对能源需求的不断增长，开发生物燃料乙醇对中国的重要战略意义日益显现：有利于改善能源结构，缓解石油短缺的压力，摆脱石油过度依赖进口的态势；有利于环境保护，有效降低机动车污染物排放，资料表明使用生物燃料乙醇的车辆对环境的污染程度仅为使用汽油汽车的三分之一；有利于增加农民收入，促进农业和农村经济发展。自2000年中国实施燃料乙醇生产及使用试点以来，生物燃料乙醇产业经济取得长足发展，对上述诸方面都显示重要效应。

迄今，中国发展玉米生物燃料乙醇不仅没有产生大的消极影响，相反带来明显的积极作用。东北地区在破解多年粮食“增产不增收”难题的过

程中，探索以工业化思维谋划农业，促进农业粮食产业现代化，发展粮食等农产品深加工业，对于提高其科技附加值、增加就业岗位、增加新的经济增长点等，取得明显综合效益。实践表明，采取稳步发展玉米燃料乙醇的举措，对于发展生物燃料乙醇提供了一个有力的新途径，作用显著，功不可没。当然，它也面临着严峻的抉择，当务之急在于选择一条适合中国国情的生物燃料乙醇的发展道路。

2.4.3.1　扩大了玉米市场需求，解决了陈化粮的难题

曾经何时，东北玉米主产区深深陷入窘迫境地：玉米、大米和大豆等产品严重积压滞销，给农业粮食产业发展带来沉重压力。由于受运输“瓶颈”的制约，东北地区的粮食（主要是玉米）“卖不了，储不下，运不走，补不起”。这个“老大难”问题困扰国有粮食企业和种粮农民长达 20 多年，现在通过发展玉米深加工而得到了解决。2003 年，吉林省“卖粮难”还在加剧，全省仅玉米库存总量就高达 700 多万吨。根本改变这种状况的是从发展生物燃料乙醇开始的。到 2006 年，吉林省省级农业粮食产业化龙头企业已经发展到 216 家，国家级龙头企业达到 20 家，形成 200 多个玉米深加工业集群，产品广泛用于食品、饲养、医疗、纺织、合成纤维等行业，年加工转化粮食 800 多万吨，有力解决了长期困扰的玉米积压难题。如今在吉林省，粮食等农产品深加工业已经成为继汽车、石化之后的第三大支柱产业。

2.4.3.2　带动了玉米价格上涨，促使农民持续增收

从粮食市场放开之后，被誉为“宝中之宝”的粮食一度成为主产区的“沉重包袱”。玉米市场价最低的时候，每 500 克不到 0.3 元，农民种粮无利反赔。2004—2006 年期间，粮食深加工业带动了国内玉米价格总体趋向上涨，其涨幅大约在 300～600 元之间。这是通过市场实现了工业对农业的反哺，实现了城市对农业的支持。近年来，虽然粮食连年增产，但是不仅未发生过去屡屡出现的“谷贱伤农”现象，农民种粮的效益反而显著上升。这中间，也有玉米燃料乙醇的功劳。从 2004 年到 2006 年，东北三省城乡居民收入增长均高于全国平均水平。以吉林为例，历年来农民人均纯收入连续增长：2003 年增幅为 7.8%；2004 年为 18.6%；2005 年为 8.8%；2006 年为 10%以上。再以黑龙江为例，2006 年与 2003 年相比，

农民人均收入增加 1 043 元，年均增长 13.8%，是农民收入增长最快的时期。

2.4.3.3 增加了玉米宏观调控手段

玉米深加工业的发展，提供了一个有效的粮食宏观调控新手段。多年来，国家一般是采取建立储备、扩大进口或出口等办法进行调控。无疑，这些措施是必要的。但是，粮食储备只能够延缓消费期，而不是最终消费。所以，在前几年粮食积压滞销时储备越来越多，粮食超量储备反而变成了“包袱”。解除“包袱”的办法在于，国家只应建立适度的粮食储备，并非“多多益善”。与增加储备相反，玉米深加工业是最终消费，可以有效减轻市场压力。国家运用这个新的宏观调控手段，按照市场需求组织生产，采用市场机制进行经营，既具有相对稳定性，又具有相对的机动性。可以根据玉米总产量的增产数量统筹安排，适量利用玉米生产燃料乙醇，或者说把生产燃料乙醇的玉米数量控制在一定的数量，这样既有利于保障粮食安全，又有利于玉米燃料乙醇产业的发展。据计算，中国目前每年安排相当于玉米总产量的10%多一些的玉米作为原料，生产玉米燃料乙醇是可行的。

2.4.3.4 增强了拉动市场的力量

实践证明，伴随玉米资源的深度开发利用，大大增强了对市场的拉动力，产生了新的促进玉米增产的合力：一是，有效提升了玉米市场价格，显著增加了资源附加值，有效增加了农民的收入，激发了广大农民的生产积极性。二是，由于玉米最终消费量增加，扩大了市场需求，进而产生了拉动玉米扩大生产的动力，包括扩大面积和增加投入等。两种新动力形成有效提升“玉米黄金产业经济”的强大力量，形成挖掘粮食主产区生产潜力的强大力量。东北地区人均耕地面积在全国名列前茅，土质肥沃，生态环境相对较好，中低产田仍占大部分，粮食增产的潜力巨大。可以相信，以建设现代农业为根本，以科技自主集成创新为支撑，以发展现代粮食流通产业为关键，以积极推进农业现代化为目标，那么，就一定会有力和有效振兴“玉米黄金产业经济”。

在推进包括玉米在内的粮食深加工的过程中，相关主产区还形成了一批产业集群。所谓产业集群是一种地区特色经济，是指相同或相近加工产业链的集聚和连接，形成集群效应，从而导致生产成本和交易成本大幅度下降。这种集群效应或集群经济，就是“集聚经济＋专业化经济＋产业关联经济”的有机整体。客观而言，目前达到成熟阶段的完善的产业集群的数量还不是很多。有的地方在产业集聚的基础上形成了类似产业集群的现象，如“块状经济”“专业镇”等。这种具有产业集群经济某些特征的产业集聚现象，也被称为“准集群”经济，带动了相关产业大发展。像运输业、服务业、包装业等，促进了农民转向非农岗位，为农村城市化、工业化开辟了一条广阔新途径，有力促进了新农村建设。截至2009年，吉林省的各类玉米加工企业达到500多家，产品品种多达200个以上，广泛用于食品、纺织、电子和医疗等领域，初步形成了一批玉米深加工产业集群，为玉米产业经济的发展增添了持久的动力。

2.4.3.5　对改善能源结构将发挥重要作用

客观而言，不管在中国还是在世界，生物燃料在改善能源结构方面是一个长期的发展过程。目前，生物燃料替代化石能源的份额还是有限度的。但是，一旦生物燃料生产技术进一步提高和成熟，成本进一步降低，生物燃料将会在全球范围内进一步扩张，世界能源结构也将相应逐步转变，其作用是大有可为的。目前，世界上已有45个国家把发展生物质燃料（包括生物燃料乙醇和生物柴油）列入本国替代能源发展计划。据联合国能源机构调查，过去10年，全世界用于发展生物燃料的科研费用和投资额已经相当巨大。例如，仅用于生物柴油方面的科研支出已高达55亿美元，年均增长12.5％。有专家预言，如果生物质原料可以实现完全转化，目前全世界植物生物质能源（主要是森林）每年生长量相当于600亿～800亿吨石油，是全球石油开采量的20～27倍。50年后，“能源植物”将改变全球的能源结构。

2.5　坚持正确发展方针，振兴玉米“黄金经济产业”

2.5.1　新产业发展前景广阔

中国生物燃料乙醇是一个新产业，其前景十分广阔。从发展趋势分析，中国对生物燃料乙醇拥有巨大的潜在市场需求。生物燃料乙醇主要用于交通燃料。2000年，中国私家车总量约达1 000万辆。到2006年，大约有400万辆客车售出的同时，小轿车猛增加到2 900万辆。2007年年末，全国民用汽车保有量达到4 358.36万辆，其中，私人汽车保有量2 876.22万辆。2008年年末，全国民用汽车保有量已经达到5 099.61万辆，其中私人汽车保有量3 501.39万辆。2010年，中国私人汽车保有量超过5 000万辆。有关部门预计，到2020年，每年汽车的销售量预计将超过美国。中国快速增长的交通系统对于燃料的需求呈刚性增长，石油消耗量也将大幅度增加。2006年，中国每天消耗石油740万桶，是1996年的2倍，仅次于美国。2005年全国汽油消费量为4 800万吨，按照10比1的配比，需要消耗480万吨生物燃料乙醇，而国内生物燃料乙醇的实际产量仅为102万吨，缺口是378万吨。2006年全国汽油的消耗量为750亿升，如果依然按照10比1的配比，则燃料乙醇的需求量为75亿升（约合612万吨），而2006年中国生物燃料乙醇的产量仅为160万吨，缺口为452万吨。据专业人士预计，到2020年全国燃料乙醇的需求量将超过1 000万吨。显而易见，中国燃料乙醇产业的发展前景十分广阔。

2.5.2 新产业发展方针正确

随着国内石油需求量的进一步扩大，以生物燃料乙醇等替代能源为代表的、能源供应多元化战略已成为中国能源政策的一个方向。从21世纪初以来，中国生物燃料乙醇产业取得了重大进展，年均增长幅度达到12.8%。在中国生物燃料发展的过程中，也提出了一些质疑或值得注意的问题。其中，最主要的问题就是发展生物燃料“与人争粮、与粮争地”的问题。2007年6月7日，国务院召开可再生能源会议，提出了中国发展燃料乙醇的“不与人争粮、不与粮争地”的总方针。近年来，中国以粮食为原料的生物燃料乙醇发展相当迅速，近70%的燃料乙醇是以玉米为原料生产的。2006年，中国以玉米为原料的燃料乙醇生产能力达到了120万吨，按3.3吨玉米产出1吨燃料乙醇的比例进行折算，仅此新增产能对玉米的需求就比2005年增长了158.4万吨，增速为67%。于是，就发生了发展生物燃料乙醇新产业“与人争粮、与粮争地”的问题。

2006年年底，国家发展和改革委员会先后颁发了《关于加强生物燃料乙醇项目建设管理、促进产业健康发展的通知》。由此，国家生物燃料乙醇产业政策进行了调整，以玉米乙醇为代表的粮食燃料乙醇被叫停。2007年6月7日，国务院召开可再生能源会议，出台了一系列政策鼓励非粮燃料乙醇产业化。中国人多地少，土地资源短缺。鉴于中国人均耕地不足世界平均数的一半，确保粮食安全和最严格的保护与节约耕地是长期战略任务。这种基本国情决定，实行“不与人争粮、不与粮争地”的基本方针是必要的。按照2007年8月31日国家发展和改革委员会发布的《可再生能源中长期发展规划》，到2010年，中国将增加非粮原料燃料乙醇年利用量200万吨，生物燃料乙醇年利用量将达到300万吨；到2020年，生物燃料乙醇年利用量达到1 000万吨。从2010—2020年，中国燃料乙醇的产量将以年均12.8%的速度增长（图2-1）。《国家中长期科学和技术发展规划纲要》也确定，到2020年，可再生能源在中国能源消费中的比重将达到16%，其中生物燃料乙醇的年生产能力达到1 000万吨。可以说，以生物燃料乙醇为代表的生物能源，已被确定为中国“十一五”的重点发展产业之一，从本国、乃至世界能源发展趋势和粮食安全的宏观情势出发，中国要实现这一目标，有赖于实现非粮燃料乙醇规模化生产和纤维素乙醇技术的突破。

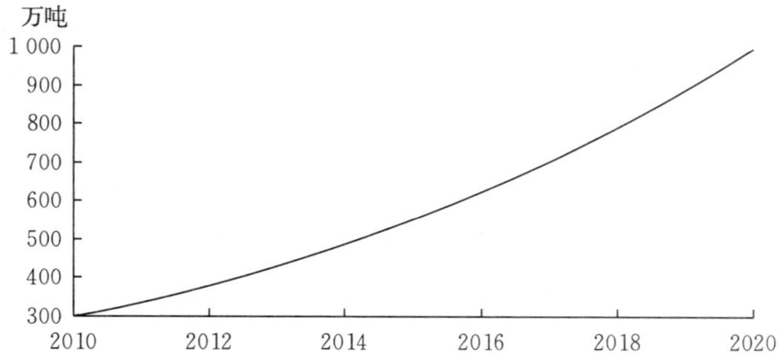

图2-1　2010—2020年中国燃料乙醇产量的增长趋势

然而，需要再次说明的是，在坚持贯彻执行“不与人争粮、不与粮争地”方针的前提下，有控制地、适量利用玉米生产燃料乙醇不仅是可行的，而且也利大于弊。2010 年，达到 300 万吨燃料乙醇总产量的规模，消耗玉米原料 930 万吨。其中，还可生产高蛋白饲料 305 万吨，实际上只消耗玉米 625 万吨。客观而言，中国每年利用 1 000 万吨或更多一些玉米生产燃料乙醇，不会对国家粮食安全造成多大损害。可以说，消耗这样多数量的玉米生产燃料乙醇，不仅不会对国家粮食安全造成威胁，而且还会对其产生积极作用。当然，中国玉米燃料乙醇仍然存在着一问题，中国玉米成本大约高于美国近 80%左右，这在很大程度上影响中国燃料乙醇的生产成本大约比美国要高出 17%。与此同时，中国乙醇的价格又比美国低 18%。这样就使得中国的乙醇生产必须要依靠政府的补贴才能够保本盈利。中美燃料乙醇的生产，在效率上也有较大的差距。中国生产 1 吨乙醇需要消耗 12 吨水，而美国只需消耗 1.8 吨水；中国生产 1 吨乙醇需要 3.3 吨玉米，而美国的只需要 2.8 吨。这说明，中国玉米燃料乙醇生产技术和工艺还有很大的提升空间，挖掘玉米生产潜力、降低成本的余力还很大。

2.5.3 振兴玉米“黄金经济产业”

决定中国生物燃料乙醇未来发展的重要因素、甚至是决定性因素，在于其生产成本和经济效益。在现阶段的科技与生产加工条件下，生物燃料乙醇的经济效益主要取决于它的生产成本；同时又取决于投入单位化石能源所产出的能量。总体看，迄今生物燃料乙醇的生产成本还比较高，除巴西甘蔗燃料乙醇成本可以与汽油进行竞争外，其他国家生物燃料成本的市场竞争力都还较低。目前生产生物燃料乙醇的原料主要有玉米、甘蔗、甘薯和木薯等，其生产燃料乙醇的单位成本见表 2－4。表中包括原料成本、辅助材料和加工成本等在内的单位成本比较结果显示：能源甘蔗单位成本为 2 837.3 元/吨；玉米为 5 038.5 元/吨；木薯为 4 259.0元/吨。至于在中国发展生物燃料乙醇的初期、使用小麦的成本更高。当然，如前所述，近年来国内生物燃料乙醇的成本和各种消耗有所降低，在取得社会效益的同时，经济效益也有所提高，前景还是令人乐观的。

表 2-4　以甘蔗、玉米、木薯作为原料生产燃料乙醇单位成本比较

单位：元/吨

项目	能源甘蔗	玉米	木薯
原料成本	2 400	3 912	3 097.5
辅助材料	30.5	98	98
加工净成本	406.8	1 028.5	1 063.5
其中：			
制造费用	400	1 000	480
燃料	0（蔗渣）	520	520
工资	52	50	50
水	14.8	13.5	13.5
电输出冲减	60	—	—
DDGS 冲减	—	436	—
玉米油冲减	—	119	—
合计	2 837.3	5 038.5	4 259.0

资料来源：据有关报刊资料整理。

至于投入单位化石能源所产出的能量的高低，国内外相关研究机构也进行试验研究。据美国阿冈国家实验室进行的 20 多年的不同能源全生命周期能效对比的研究结果：每投入一个化石能源能量单位，电力、汽油、煤炭、玉米燃料乙醇和纤维素燃料乙醇的产能分别是 0.45、0.81、0.98、1.36 和 10.31，即前三种化石能源均为负值，而玉米燃料乙醇是 1.36，纤维素燃料乙醇的产能最高，在 10.31 以上。天津大学对玉米燃料乙醇的生命周期评价研究结果，与美国阿冈国家实验室的研究结果相近，能量投入产出比为 1∶1.34。另外，农业部能源环境研究中心利用与意大利都灵大学合作开发的“非粮原料模型”计算出的结果，与上述研究结果也相近。他们以甜高粱为原料生产的燃料乙醇的能量投入产出比为 1∶1.76。这表明，生物燃料乙醇、特别是纤维素燃料乙醇的能量投入产出比是最高的。

然而，需要指出的是，合理、综合利用玉米资源，可以振兴玉米“黄金产业经济”。以适量玉米制作生物燃料乙醇，加工企业直接从市场上收购高水分玉米，不需经过烘干可直接加工乙醇，副产品加工新饲料，以及发酵生成沼气，利用沼气进一步发电。如是，玉米资源得到综合开发利用，振兴一个新型“黄金产业经济。”为了进一步阐述适度发展玉米燃料乙醇的可行性和效益性，这里提出创新“玉米黄金产业经济”的命题。如前述，在充分估价发展玉米深度开发利用的积极作用的同时，也决不可忽视其对保障国家粮食安全可能带来的负面影响。为防止发生负面结果，需要采取的最佳对策是：“创新为先，重在开源，步骤适当，统筹兼顾，循环发展”。所谓“创新为先”，是通过理念创新、体制创新、机制创新、科技创新等措施，提高发展“玉米黄金产业经济”的制度和智力支撑能力。所谓“重在开源”，是指通过进一步深化改革、政策扶持和必要物质投入，激发广大生产者、经营者和加工者的积极性，增强玉米综合生产能力，提高玉米商品供给率；增强玉米集约化开发利用能力、提高资源产出率。所谓“步骤适当”，是指以科学发展观为指引，制定玉米资源深度加工发展规划，包括发展目标适当、发展规模适量、发展速度适中、发展结构适用，要坚持适度、稳步、有质量、高效益地发展，避免盲目乱上新项目。所谓“统筹兼顾”，是指按照协调发展的原则，通过科学规划对玉米资源的利用大体进行合理分配，满足食品、能源、饲料、医药等主要行业的需求。所谓“循环发展”，是振兴“玉米黄金产业经济”的战略途径。下面，对此稍作阐述。

要把玉米视为一种经济学意义上的资源，并采用循环经济模式开发利用。这是一个现代农业和现代粮食流通产业意义上的概念，具有丰富的内涵。其要点包括：以市场经济机制为基本手段，优化各种资源配置；以多种形式的专业合作制为途径，提高农民的组织化程度；以科技集成创新为动力，推进资源综合深度开发，提高产品质量，提高科技附加效益；以发展循环经济为模式，减少投入，减少污染，节约资源，节约成本，走环境友好型可持续发展道路。采取这种途径，对资源既可以最高程度地开发利用，对环境又可以有效进行保护，可以收经济、社会和生态综合效益。以目前国内玉米深加工产品数量最大的淀粉行业为例，是否采用循环经济发展模式，效益天壤之别。据专家计算，如果采用先进技术水平加工 100 万吨玉米，那么加工制品收率及产量和价值额如下：淀粉收率 68%，获得淀粉68万吨，副产品玉米蛋白粉6%～7%、玉米胚芽6%～7%、玉米纤维7%～9%、玉米浆7%～8%，原料利用率97%～98%。业内专家测算，通过以上多层次加工，使淀粉附加值大幅度提高，从13.6亿元最高可提升到28亿元，增值2.3倍。而且玉米加工副产物又通过进一步无害化处理变为再生资源，供循环利用，既提高了资源利用率，又避免了环境污染，可谓一举多得。总之，实施循环经济的"3R原则"，把玉米加工副产物通过无害化处理，使资源再生化，利用循环化，不仅比较完满地解决了发展玉米深加工业与保护环境之间的关系问题，而且更充分开发利用了玉米资源。在统筹兼顾的原则下，采取发展循环经济的模式，以适量玉米生产燃料乙醇利大于弊，大有作为。

2.6　生物燃料乙醇的"革命"

本书一再强调，从多种视角分析，以过多的粮食为原料生产燃料乙醇，脱离国情、农情和粮情，是不可持续的。与此相对照，非粮生物燃料乙醇，即纤维素燃料乙醇开辟了新的广阔前景。中国地域辽阔，自然条件复杂，生物质原料植物种类繁杂多样，分布极广。可以说，处处有宝待开发。总体上看，中国丰富的生物质原料植物资源还在沉睡中。如果采取有效措施，唤醒和开发这些宝贵资源，把纤维素燃料乙醇生产推向商业化，将会对中国能源产业做出巨大贡献，堪称生物燃料乙醇一场划时代意义的"革命"。

2.6.1　遍地皆有非粮生物质原料植物资源

根据相关科研机构的地理文献资料，中国可生产生物质原料植物的边际性土地面积达13 653万公顷；能源植物，即生物燃料原料植物约有4.3万种，其中有4 000个品种具有能源开发价值。主要包括：甜高粱、甘蔗、油料作物、木本油料作物，以及灌木能源植物等。例如，高糖能源植物有10个科，100多种；富含油脂能源植物约50多个科，900多种。再以木本油料植物为例，拥有麻风树、黄连木、文官果、油桐等6个主要树种。中国主要能源植物的分布及单位产出见表2-5。

表 2-5　中国主要能源植物的分布及单位产出

原料 植物	主要 分布区	原料产出 （吨/公顷）	相当于产出 （吨）	产能 （吨标准煤/公顷）
甜高粱	北方及全国	60～80（茎秆） 3～5（籽粒）	4～6 （乙醇）	4～6
甘　薯	全国	15～20（一般）	2～3（乙醇）	2～3
木　薯	西南、华南	20～30（一般） 45～75（高产）	4～6（乙醇） 10（乙醇）	4～6 10
甘　蔗	西南、华南	60～70	4～6（乙醇）	4～6
木本油料	全国	4.0	1.5（油脂）	1.8
能源林	全国	6.5	6.5（成型燃料）	3.3
灌木林	西部及全国	4.0	4.0（成型燃料）	2.6

注：按燃料乙醇的低位发热量为 29 734 千焦/千克时，1 吨乙醇的发热量相当于 1 吨标准煤；能源林的单位产出参数：灌木林的产出采用尹伟伦 2005 年资料中的数据。

资料来源：《中国可再生能源发展战略研究丛书　生物质能卷》，中国电力出版社，2008 年。

2.6.2　积极开发，大有可为

客观自然规律表明，不同的生态区域具有不同的非粮生物燃料乙醇优势原料植物：北方有甜高粱等，南方有甘蔗等，西部有灌木林，以及分布全国的木本油料等，都是具有极大开发价值的非粮生物质原料资源。目前，国内以甜高粱茎秆等生物质原料生产燃料乙醇的技术已具备商业化发展的条件。

在开发和发展生物质原料植物时，必须把相关的植物与边际土地相匹配，即按照不同生态区和经济区，优化能源植物品种。如在西北发展旱生灌木与甜高粱组合；在西南华南种植木本油料和甘蔗组合；在东北推广林地与甜高粱组合；以及开展以农作物秸秆等纤维素生物质为原料的生物燃料乙醇生产试验，等等。如述，《国家中长期科学和技术发展规划纲要》指出，到 2020 年，可再生能源在中国能源消费中的比重将达到 16%，其中生物燃料乙醇的年生产能力将达到 1 000 万吨。可以预见，根据资源条件和经济社会发展需要，在保护环境和生态系统的前提下，科学规划，因地制宜，合理布局，有序开发，综合利用，大有可为。

2.6.2.1　生物质原料植物的特征

《可再生能源发展“十一五”规划》明确指出：受粮食产量和耕地资源制约，今后主要鼓励发展非粮燃料乙醇，也就是说，通过开发和发展生物质原料植物发展生物燃料乙醇。一般而言，生物质原料植物具有适应条件较差的边际土地的特性，还具有较强的抗逆性；生物量产出较高，原料具有较好的加工品性；生物质原料植物是再生作物，具有较高的可获得性和可持续供应性；生物质原料成本低，经济上具有可行性；基本上“不与人争粮，不与粮争地”，与保障粮食安全具有协调性。

迄今，国内外已经形成共识：利用条件恶劣的边际性土地种植适应性好、抗逆性强、具有较高生物量的非粮食基生产生物燃料乙醇原料，是符合中国国情的发展生物质能源的道路。中国《可再生能源发展“十一五”规划》明确鼓励以甜高粱茎秆、薯类作物等生物质原料的燃料乙醇生产。按照 2007 年 8 月 31 日国家发展和改革委员会发布的《可再生能源中长期发展规划》，到 2010 年，中国将增加非粮原料燃料乙醇年利用量 200 万吨，生物燃料乙醇年利用量将达到 300 万吨，到 2020 年，生物燃料乙醇年利用量达到 1 000 万吨。2007 年 12 月，中国第一个以木薯为原料的年产 20 万吨非粮生物燃料乙酵项目在广西北海正式投产，标志着中国整个生物燃料生产由“以粮为主”向“非粮为主”的转变，正式从政策层面走向实际生产，并将成为中国生物燃料产业的战略走向。

目前，以甜高粱等资源为原料生产燃料乙醇项目受到了中国有关能源企业的关注。2006 年，中粮集团公司与国内有关科研单位合作，在内蒙古建立了甜高粱生产乙醇的中试装置，并取得了阶段性的成果。例如，吉林燃料乙醇在东台建立了千亩甜高粱燃料乙醇试验基地，对以甜高粱为原料生产燃料乙醇进行了产业化探索。2007 年 12 月中粮集团在广西建成 20 万吨木薯燃料乙醇加工厂，成为中国第一个非粮燃料乙醇企业。截至 2008 年 5 月，国家发展和改革委员会前期委托中国国际工程咨询公司对重点省份进行的燃料乙醇专项规划评估已经完成。他们提交的对湖北、河北、江苏、江西、重庆 5 省（市）的专题评估报告，认为利用薯类等作物作为原料生产燃料乙醇具有一定经济性，建议在上述 5 省（市）优先推进燃料乙醇产业发展。随着国家相关政策的落实，中国非粮生物燃料乙醇的产业化将加快发展速度。

专家预测，未来在中国的东北、华北、西北和黄河流域部分地区，18个省（市、区）的2 678万公顷荒地和960万公顷盐碱地上，将建成一批甜高粱等能源植物生产基地，加上中国每年产生的大量农作物秸秆，这些地区将成为中国生物燃料乙醇工业丰富的原料基地。

2.6.2.2 开发利用边际性土地是广阔天地

采取发展非粮生物燃料乙醇的基本方针，关键在于找到生产生物质原料的替代土地。这就是符合国情的开发利用边际性土地的广阔资源。所谓边际性土地，是指条件较差、不适于种植粮食等禾本科植物的土地。根据相关土地资源调查文献资料，中国边际性土地可划分为三类：第一类是可利用但尚未利用的宜林宜农荒地。中国拥有未被利用的土地2.45亿公顷，其中条件较好和可以利用的土地8 874万公顷，宜林土地5 704万公顷，可开垦宜农土地734万公顷。第二类是现有林地中的木本油料林、灌木林和薪炭林，其总面积高达5 176万公顷，依次为343万公顷、4 530万公顷和303万公顷。第三类是在现有1.3亿公顷耕地中，约有5 027万公顷非粮低产农田，其中有2 000万公顷低产田可以通过调整结构成为能源作物生产基地。以上3类边际性土地的总面积达到13 653万公顷（表2-6）。在表中，从B1—B6表示的是6大块“边际性土地”，即：B1为宜农后备地；B2为宜林后备地；B3为薪炭林地；B4为木本油料林地；B5为灌木林地；B6为边际性农田。

表2-6 中国边际性土地资源数量

序号	土地名称	土地面积（万公顷）	资料来源和数据出处
1	未被利用土地	24 509	《中国土地资源》，李元，2000年，第294页
2	可用而尚未用的土地	8 874	《中国土地资源》，李元，2000年，第294页
3	宜农后备地（B1）	734	《中国耕地后备资源》，温明炬，2005年，第51页
4	宜林后备地（B2）	5 732	《全国森林资源统计1999—2003》，国家林业局，2005年，第5页
5	林地	28 280	《全国森林资源统计1999—2003》，国家林业局，2005年，第6页

（续）

序号	土地名称	土地面积（万公顷）	资料来源和数据出处
6	薪炭林地（B3）	303	《全国森林资源统计 1999—2003》，国家林业局，第 6 页
7	木本油料林地（B4）	343	《中国森林资源》，雷加富，2005 年，第 175 页
8	灌木林地（B5）	4 530	《全国森林资源统计 1999—2003》，国家林业局，第 5 页
9	耕地	13 039	《中国土地资源》，李元，2000 年，第 105 页
10	粮田	5 116	按2005 年谷物播种面积 8 187 万公顷乘 1.6 的复种指数
11	非粮低产农田	5 027	《中国土地资源》，李元，2000 年，第 150 页
12	边际性农田（B6）	2 011	按种植结构调整中非粮低产农田的40%调整为种植能源作物

资料来源：杜祥琬：《中国可再生能源发展战略研究丛书　生物质能卷》，中国电力出版社，2008 年。

要进一步说明的是，中国可用而尚未用的土地面积 8 875 万公顷，约占全国土地面积的 9.3%，其中包括荒草地、盐碱地、滩涂、沼泽地、裸土地、苇地及其他等 7 种类型土地。它们依次为 5 037 万公顷、1 041 万公顷、704 万公顷、434 万公顷、390 万公顷、186 万公顷和 1 083 万公顷。这些边际性土地大部分集中在西部，包括新疆、甘肃、内蒙古、青海和宁夏等省（自治区）。对这些后备土地资源加以开发利用，既可促进西部特色经济的发展，又可扩大生物燃料原料作物（如甜高粱、灌木能源植物等）的种植，具有十分重大的经济社会生态意义。在广西、广东等省、区的贫瘠丘陵地区和山区，扩大木薯种植，也是大有可为的。据研究，假若全国木薯种植面积增加到 100 万公顷，同时通过良种良法，提高木薯单产，就可能把木薯总产量提高到 3 000 万吨，为生产生物燃料乙醇提供相当大数量的原料资源。

2.6.2.3　提高生物质原料植物的单产是关键环节

迄今，中国开发用于生产生物燃料乙醇的非粮作物主要有甜高粱、木薯和甘蔗等。一项调查显示，甜高粱可种植的面积约为 60 万公顷，每年可生产 30 亿升燃料乙醇，但是甜高粱的种植在中国尚未形成规模。木薯主要生长在广西和广东两省区，预计木薯燃料乙醇年产量在 10 亿～50 亿升。甘蔗是用来生产燃料乙醇的另一种能源作物，预计甘蔗燃料乙醇年产量可达到 17 亿升。尽管这些数据都是理论计算，但是也足以说明开发生物质原料植物的诱人前景。

然而，作为发展生物燃料乙醇的专用原料甜高粱、甘蔗、木薯等作物的品种育种研究还处在起步阶段，单产还很低。目前，优良木薯品种单产一般在 30 吨/公顷（2 吨/亩），肥水条件好的地块可达 45 吨/公顷。在广大的木薯种植区以华南 205、华南 201 为当家品种，由于未得到全面更新，退化严重，产量低，品质差，较高的单产也只有 19.5～24 吨/公顷，平均每亩单产只有 1.3～1.6 吨。在有的地方，如江西有些种植户木薯的单产还不到 15 吨/公顷，平均每亩单产仅 1 吨。再以甘蔗为例，中国的甘蔗主要以榨糖为主，糖料甘蔗中除一些较高产的品种既可作为糖料又可兼用能源原料外，大多数的糖用品种的蔗茎产量都不高。甘蔗单位面积产量只有 67.5 吨/公顷，平均每亩单产仅 4.5 吨/亩。与巴西圣保罗州甘蔗平均单产 79.5～85.5 吨/公顷（平均每亩 5.3～5.7 吨）相比差距明显。此外，中国目前的甘薯单产也比较低。以湖北省为例，目前种植面积很大、可用于淀粉企业作为原料的甘薯品种是徐薯 18，其淀粉含量为 18%～20%，干物质率为 30%～32%。目前日本推广的淀粉用甘薯品种的淀粉含量达到 26%～28%，干物质率约达 40%，比湖北甘薯的干物质率高 8%～10%。这表明中国甘薯淀粉产量的提升空间很大。作为重要生物燃料乙醇植物甜高粱，对土地条件的要求低，对水的利用效率高，甜高粱秆糖度为 14%，可以直接榨取糖分进行酒精发酵。但是，目前单产也较低。2007 年，吉林燃料乙醇有限公司在江苏东台甜高粱试验基地试种，平均亩产甜高粱秸秆达到 20 余吨，仅为预计产量的一半。总之，中国目前已开发利用的非粮生物燃料乙醇作物的单位面积产量都还很低，需要采取必要措施，尽快加以提高。

这里需要特别说明的是，许多文章、包括官方文件都把“三薯”视为非粮资源，这是不准确的。甘薯、马铃薯和木薯应属粮食作物范畴。在中国，2 500 千克鲜薯折合 500 千克粮食，并作为国家统计的内容。从

2000—2008 年，中国薯类（其中以甘薯为主）总产量逐步下降，由 3 685.2万吨降低到 2 980.2 万吨，减低 705 万吨，平均每年下降 78.3 万吨。尽管甘薯总产量下降，但是，从对木薯、甘薯、甘蔗、甜高粱等 4 种生物能源植物的种植面积、单产和总产量分析中可以看出，甘薯的种植面积和总产量都居第一位。从单位面积产量看，木薯和甜高粱都比较低。木薯的平均单产仅 15 吨/公顷，平均每亩仅 1 吨，远远低于国外的水平，提高单产的潜力巨大（表 2-7）。

表 2-7　现阶段中国非粮生物燃料乙醇资源潜力分析

作物	种植面积（万公顷）	单产（吨/公顷）	总产量（万吨）	可利用率（%）	单耗*	燃料乙醇产量（万吨）
木薯	46.67	15	700	80	7	80
甘蔗	90.3	67.5	8 663.8	40	16	216.6
甘薯	616.0	112.5～223	11 700	15	8	219.4
甜高粱	7.0	20	1 400	100	16	87.5
合计						603.5

注：* 即每生产 1 单位燃料乙醇所耗原料的单位数。

如果仅考虑和估算非粮生物燃料乙醇原料的供应潜力，在适当的利用率和目前的生产技术条件下，中国目前非粮燃料乙醇生产总潜力在 603.5 万吨左右。随着科技的突破和良种的推广，边际性土地的集约化开发和生物能源作物单产的提高，各种农作物秸秆、灌木能源原料等生物能源原料的开发利用，中国生物燃料乙醇的生产潜力将大幅度增长，开创了第二代生物燃料乙醇的广阔发展新前景。

2.6.3　大力发展第二代生物燃料乙醇

如今，国内外专家、学者和企业家，乃至经济决策者们都把以粮食（包括小麦、玉米、甘薯、木薯等）为原料生产的生物燃料乙醇，称为“第一代生物燃料乙醇”，而把以纤维素为原料生产的生物燃料乙醇称为“第二代生物燃料乙醇”。人们普遍认为，第二代生物燃料乙醇对于改变能源结构、保护生态环境具有深远意义。

2.6.3.1　第一代生物燃料乙醇遇到的问题

第一代生物燃料乙醇的快速发展，不仅危及广大发展中国家的粮食安全，而且对相关的传统产业提出了挑战。如果不加以宏观调控，必然侵占和剥夺传统产业的发展空间。为了确保粮食安全和避免大幅度剥夺传统产业的发展空间，发展生物燃料乙醇必须避免“与人争粮、与粮争地”。换言之，必须开辟新的原料领域或消化传统产业富余的原料资源。从2006年以后，中国坚持以适量玉米为原料、不再以小麦、玉米为主要原料生产燃料乙醇，而大力转向开发木薯、甘薯和甜高粱等生物质植物原料。企业家和经济决策者们都认为，开发利用木薯、甘薯和甜高粱等生物质原料，既可以做到“不与人争粮、不与粮争地”，又可以持续发展生物燃料乙醇，可谓“两全其美”。然而，研究表明：利用木薯、甘薯和甜高粱等生产生物燃料乙醇的途径，从真正的意义上讲，概念并不确切，实际上也难以完全做到“不与人争粮、不与粮争地”。对此，必须有符合客观实际的认识。

一是，甘薯、马铃薯和木薯等作物作为杂粮属于粮食的范畴。甘薯、马铃薯和木薯等“三薯”，在世界农作物分类中被划入块茎类粮食的项目中，在中国划入粗粮中。“三薯”淀粉含量丰富，被誉为“淀粉之王”。迄今，丰富的“三薯”资源虽然用途粗放，但是却有多种重要用途：包括食料、饲料和工业原料等。以甘薯为例，据有关部门统计，目前中国甘薯的利用和耗费结构大体有五部分：直接用作饲料的部分占50%；工业加工占15%；直接食用占14%；用作种子甘薯部分占6%；另有15%因保藏不当而腐烂。同样，马铃薯除大量直接用于食物之外，也有相当大部分用作加工淀粉的原料。至于木薯，在贫困地区相当大数量直接用作食物和生产配合饲料的原料，近年来越来越多地作为生产燃料乙醇的原料。

二是，甘薯、马铃薯、木薯和甜高粱种植面积中，现在已经有相当大部分利用的就是耕地。像在东北、黄淮海地区种植的甘薯、马铃薯等，多数就是种植在现有耕地上。四川、贵州、重庆、云南、内蒙古、河南、湖南和湖北等省（区）都是甘薯和马铃薯的主产区，甘薯、马铃薯等作物的种植面积在总面积中占有一定的份额。以前5个薯类主产区为例，四川省甘薯种植面积120万公顷以上；贵州省甘薯种植面积82万公顷上下；重庆市甘薯种植面积达到73万公顷；云南省甘薯种植面积超过68.67万公顷；内蒙古薯类种植面积为54.97万公顷（其中马铃薯占很大比例）。即使是木薯，也有相当大部分种植在耕地上。据调查，在中国最大的木薯产区广西，农户1/3的耕地种植的是木薯。如果继续扩大甘薯、马铃薯和木薯的种植面积，难免不挤占种植粮食和其他作物的耕地。

三是，建设与开发边际性土地相配套的设施需要一个过程。中国可开发生物燃料乙醇能源作物的边际性土地潜力很巨大，但是，由于农业体制和机制、生产技术、生产力水平，特别是资金供应等多种因素的制约，因而在短时期内大规模连片开发利用边际性土地的难度较大。生物燃料乙醇原料生产的季节性和加工生产的连续性之间存在突出矛盾。一般而言，原料作物成熟期集中、收割期短、易变质酸败，必须科学储藏起来，以平衡供求。另外，原料产地相对分散，需要广泛收购和运输集中到加工厂。这就是说，开发边际性土地，必须建设与之相配套的收购、储藏、运输，以及质量检测设施，当然更需要各方面的专业人才。

鉴于上述情况，目前中国在开发利用生物质原料植物过程中也不可盲目。现在，包括一些决策部门和专家学者认为利用薯类就是利用非粮作物，就可收到“不与人争粮、不与粮争地”的效果，这是值得商榷的。现在相当多的地方都在积极筹划发展以薯类（包括甘薯和木薯）为原料的生物燃料乙醇，而且规模可观，消耗甘薯、木薯的数量巨大。如果盲目过度发展难免发生原料供应跟不上的问题。对此，人们必须保持清醒，相关咨询机构也应该注重提供符合实际的、科学的鉴定。

面对上述困扰和问题，能源专家学者、企业家，乃至经济决策者们把目光集中到发展第二代生物燃料乙醇上。追溯中国不算长的生物能源发展历史，可以说，粮食燃料乙醇只是中国燃料乙醇产业发展的开端，目前广受关注的甜高粱、薯类等能源作物，恐怕也只是阶段性、辅助性选择，还必须探索和开拓其他更具有稳定性、持久性的发展途径。于是，大力开拓和发展以木质纤维素为主要原料的第二代生物燃料乙醇提上日程，被认为是未来大规模替代石油的最富有前景的产品。

2.6.3.2　发展第二代生物燃料乙醇的优越性

第二代生物燃料乙醇的主要原料是木质纤维素，包括能源灌木植物、农作物秸秆和林业废弃物等。这类生物质是世界上最主要的、有可能替代化石能源，并且为人类提供生物质材料和燃料的可再生资源。它们在自然界极为普遍、极为丰富和低廉。然而，木质纤维素也很难分解——这是急需要攻克的科技难题。目前，利用木质纤维素生物质原料生产燃料乙醇，需要克服三大技术障碍：简捷高效的预处理技术；降低纤维素酶的成本；戊糖和己糖共发酵生产乙醇。攻克这些世界性的科技难题，需要各方鼎力合作，协同攻关，尽快圆满实现“三化”：科学家开辟和探寻最先进、最有效的技术工艺，追求生态效益最大化；企业家寻求最丰富、最廉价的原料，追求经济效益最大化；经济决策者要实现最广大、最持久的理想是追求社会经济效益最大化。

一般而言，纤维素资源包括两大类：一类是稻谷、小麦、玉米等农作物秸秆，以及壳糠类纤维素质生物原料；另一类是灌木能源林类纤维素质生物原料。

（1）关于第一类纤维素资源。农作物秸秆和壳糠类副产品也是重要的纤维素原料。据计算，中国的农作物秸秆和壳糠的年总产量约达 9 亿多吨，其中：玉米秸秆 33 182 万吨（占 42.4%）、小麦秸秆 15 362 万吨（占 19.7%）、稻草秸 11 955.3 万吨（占 15.3%），占全国总秸秆量的 77.4% 以上。中国农作物秸秆的集中产区与农业粮食主产区基本是一致的，前 10 位的省份依次是：山东、河南、吉林、河北、江苏、黑龙江、内蒙古、安徽、辽宁和新疆。这 10 个省（区）的秸秆总产量约占全国总量的 70% 上下。另外，中国南方蔗区甘蔗总产量高达 12 415.2 多万吨，蔗渣纤维的产量将达到 1 241.5 万吨。这一类加工蔗糖副产品可再生纤维素资源，数量巨大，原料集中，储运方便，可折合标准煤 547.5 万吨，具有广阔的开发前景。然而，甘蔗渣未被充分利用，到处抛撒，把资源变成了垃圾。以中国 2008 年主要农作物产量为基础计算出的 9 大农作物秸秆产量见表 2-8。

表 2-8　2008 年中国主要农作物秸秆产量及折算标准煤

农作物	总产量（万吨）	秸秆产率比	秸秆量		折标准煤系数	折标准煤量	
			万吨	%		万吨	%
稻谷	19 190.0	1∶0.623	11 955.3	15.3	0.429	5 128.9	13.21
小麦	11 246.0	1∶1.366	15 362.0	19.7	0.45	6 912.9	17.81
玉米	16 591.0	1∶2.0	33 182.0	42.4	0.529	17 553.3	45.21
杂粮	3 900.0	1∶1.0	3 900.0	5.0	0.50	1 950.0	5.02
豆类	2 043.0	1∶1.5	3 064.5	3.9	0.543	1 664.0	4.29

（续）

农作物	总产量（万吨）	秸秆产率比	秸秆量		折标准煤系数	折标准煤量	
			万吨	%		万吨	%
薯类	2 980.0	1：0.5	1 490.0	1.9	0.486	724.20	1.87
油料	2 952.8	1：2.0	5 905.6	7.6	0.529	3 124.1	8.05
棉花	749.2	1：3.0	2 247.6	2.9	0.543	1 220.4	3.14
甘蔗	12 415.2	1：0.1	1 241.5	1.6	0.441	547.50	1.41
总计	—	—	78 348.0	100.0	—	38 825.3	100.0

资料来源：(1) 表中农作物秸秆产量由研究者计算得出的结果。

(2) 表中农作物产量来自国家统计局：《中国统计摘要》(2009)，中国统计出版社，2009 年。

(3) 表中秸秆产率比、折标准煤系数根据：杜祥琬：《中国可再生能源发展战略研究丛书　综合卷》，中国电力出版社，2008 年。

(2) 关于第二类纤维素资源。大量文献资料和研究报告表明，中国是一个灌木能源林资源很丰富的国家。从树种看，全国大约有 6 000 多个灌木林树种，其中，可作为生物质能源原料利用的超过 1 000 种。从灌木林地面积看，全国总面积高达 4 529.68 万公顷，占全国林地总面积的 16.02%以上。近年来，中国每年营造灌木林面积在 60 万公顷以上，总面积超过 3.33 万公顷的县就有 163 个。从目前可产生的总生物量看，大体超过 2.02 亿吨/年。从发展空间看，中国拥有 4 600 万公顷的宜林地和 1 100万公顷荒沙与荒地。这些条件差劣的土地不仅无法用于种植业，而且也不适宜种植乔木树种，更适宜种植能源灌木林。若将这些土地资源的一半种植灌木林，既可使全国森林覆盖率提高 0.5 个百分点，又可使全国每年新增木质纤维素原料 5 亿吨以上。还不可忽视的是，如前述作为生物质原料资源的林业剩余物的数量也十分巨大，包括采伐后留下的枝桠、梢头、被砸伤树木及遗弃材料等，估算总量有 7.6 亿多吨。尤其是许多灌木树种生物产量大，产生的热值高。例如，7 年生沙棘林，每公顷干柴产量在 13～21.67 吨，可产生热值 5 693.9～41 622.1 千焦，相当于原煤 2.13～15.54 吨。此外，中国木本油料地面积总计达 343 万平方公里，其中成片分布的面积约有 135 万平方公里，其果实总产量达 114 万吨，是生物柴油的优质生物质原料。客观数据是最有力的论据。灌木林业将会成为生物燃料乙醇的一个重要原料资源。中国主要木质能源灌木树种的热值和产量见表 2－9。

表 2－9　中国灌木林主要木质能源灌木树种的热值和产量

树种	热值*（千卡/千克）	产量（吨/公顷）	树种	热值*（千卡/千克）	产量（吨/公顷）
小叶栎	4 742	2.0	小叶锦鸡儿	4 770.0	7.94
柠条锦鸡儿	4 707	2.0	蒿柳	4 500.0	8.0
山杏	4 708	2.67	刺槐	4 544.0	8.36
胡枝子	4 700	3.5	短序松江柳	4 439.0	8.5
花棒	4 500	4.5	旱柳	4 376.0	11.25
干蒙柽柳	4 277	4.95	石栎	4 241.26	11.5
紫穗槐	4 060	5.25	荆条	4 575.0	13.0
细枝柳	4 327	5.3	多枝柽柳	4 206.0	15.0
沙棘	4 534	6.05	黑荆树	4 616.0	90.0
沙枣	4 400	18.35			

注：*1 千卡/千克约等于 4.186 8 千焦/千克。

资料来源：杜祥琬：《中国可再生能源发展战略研究丛书　生物质能卷》，中国电力出版社，2008 年。

综上所述，纤维素生物质原料可以说是到处可见的廉价材料，开发利用这种资源意义巨大而深远：一是可以开发丰厚原料资源。生产生物燃料乙醇开拓用之不竭的、廉价的再生纤维素生物质原料，同时把大量秸秆和稻壳、糠麸等进行资源化利用，可避免环境污染。二是可以充分开发利用边际性土地。灌木树种根系发达，许多树种具有很强的抵御干旱、抗瘠薄、抗风沙、抗盐碱及抗高温等逆境的能力，真正实现“不与人争粮、不与粮争地”的方针。三是绿化大地，改善生态环境。在中国北部、西部等生态脆弱的边疆地区开拓灌木林产业，有利于绿化祖国、减少土地沙化，改善这些地区的生态环境。四是推进边远地区特色经济的发展，增加新经济增长点，有利于解决“三农”问题和稳定增加农民收入。五是扩大就业机会，有利于富余劳动力转向新的就业岗位。据估算，为收集、运输和供应加工厂的生物质原料，必然促进运输业、服务业、储藏业、农产品加工业等行业的发展，全国至少需要增加1 040多万个劳力，为开发边际性土地，也至少需要增加劳动力数百万之多。不少地区发展灌木林业的经验证明，在干旱、半干旱地区大规模发展灌木林，可促使林业、农业和环境保护相互促进，获得良好的经济效益、社会效益和生态效益。

2.6.3.3　纤维素生物燃料乙醇生产新技术的研发

进入新世纪以来，世界许多国家的能源机构都开始大力支持和推进第二代生物燃料技术的攻关和研发，包括各种农作物秸秆、灌木能源林，甚至廉价的野草、木屑都成为研究开发的对象。目前，国内外能源研究机构和能源企业都扩大了纤维素燃料乙醇技术中间试验的规模。这里，简要介绍国外、国内对纤维素燃料乙醇的研发情况。

关于国外的研发情况。美国、加拿大、瑞典等经济发达国家，都特别重视以纤维素为主要原料生产生物燃料乙醇技术的研发，其生产技术水平已接近产业化。美国等经济发达国家加大了对纤维燃料乙醇研发的支持。世界上两大酶生产公司Novozymes和Genencor各得到美国政府1 500万美元的资助，用以研究降低纤维素酶在燃料乙醇生产的成本，目前酶的成本已降至0.2美元/加仑乙醇。美国国家能源委员会在2004年12月的报告中预计，到2020年秸秆乙醇的成本可能降低到0.21美元/升。2006年1月31日，时任美国总统表示要在6年内实现纤维素乙醇的商业化生产。同年8月，美国能源部宣布投资3.75亿美元建立了3个纤维素乙醇研究中心。2007年，美国能源部又投入3.85亿美元资助6个纤维素乙醇示范厂建设。其中，有4个纤维素乙醇示范厂采用酶水解技术，1个采用酸水解技术，1个采用汽化得到合成后再化学合成乙醇技术。目前，美国的玉米燃料乙醇成本约为0.4美元/升，纤维素乙醇还不具备与玉米乙醇竞争的经济性。除上述外，国外在燃料乙醇生产技术产业化方面进展较快的还有Iogen公司、BCI公司、Arkenol公司等。加拿大Iogen公司是专业生产纤维素酶的公司，采用纤维素酶水解纤维素，工程酵母菌发酵乙醇酶水解分离发酵工艺（SHF）。早在2004年年底，Iogen公司与加拿大石油公司（Petro-Canada）共同投资4 500万加元，在渥太华建造了世界上第一座木质素乙醇中间试验工厂，日处理麦秆量40吨，年生产燃料乙醇3 000吨，采用加酸爆破预处理和酶水解工艺。目前，该企业生产1吨酒精消耗

4.3 吨秸秆，成本约 523 美元/吨，比玉米酒精生产成本高出 20%左右。此外，壳牌石油公司已向 Iogen 公司投资 4 600 万美元，用于开发具有年产 20 万吨乙醇能力的新型设备。BCI 公司采用两段稀酸水解工艺，利用甘蔗榨糖的副产品做生产燃料乙醇的原料。该公司在美国加州建造年产乙醇 1.5 万～3 万吨生产能力的示范工厂。Arkenol 公司采用浓酸水解工艺，以稻草为原料，在加利福尼亚建立了 1 吨/天的示范工厂。瑞典 Abengoa 在西班牙建设商业规模的纤维素燃料乙醇示范厂，主要原料为麦秸，年生产能力约 757 万升。

关于国内的研发情况。中国自“八五”以来，开展了一系列第二代生物燃料乙醇、即纤维素燃料乙醇技术攻关和研发，取得了一定的成效。针对利用木质纤维素需要克服的主要障碍，清华大学与英国、美国的农业利用研究中心等单位合作，高起点开展纤维素乙醇的科研攻关。他们在国内第一次系统地从木质纤维素预处理、纤维素酶制造、纤维素水解、共代谢戊糖、己糖工程菌构建，到乙醇发酵和分离纯化新工艺，对纤维素乙醇技术进行处理。据报道，清华大学等单位开发了同步多菌产酶水解法分离发酵工艺，使纤维素乙醇成本显著降低，居国际领先水平。此外，华东理工大学成功建立了纤维素原料酸水解制取乙醇工艺路线。中国科学院工程研究所开展了以秸秆组分分离、纤维素酶固态发酵、秸秆纤维素高浓度发酵分离乙醇耦合过程等关键技术研究。吉林轻工设计研究院与丹麦瑞速国家实验室合作研究，对玉米秸秆进行“湿氧化”预处理生产燃料乙醇技术，在利用六碳糖的条件下，7.88 吨玉米秸秆生产 1 吨燃料乙醇。山东大学在纤维素酶高产菌筛选与诱变育种、用基因工程手段提高产酶量和改进酶系组成、纤维素酶生产技术等方面进行研究。除专业研究机构外，国内企业也积极进行纤维素乙醇中间试验项目。迄今，国内已经建成和正在建设多套纤维质原料乙醇中试生产线。2006 年 8 月，河南天冠燃料乙醇有限公司投产的年产3 000吨纤维乙醇项目，成为国内首个利用秸秆类纤维质原料生产乙醇的中间试验装置。另外，中粮集团在黑龙江肇东建成了以玉米秸秆为原料、处理量为 500 吨/年的纤维素乙醇中试装置。吉林燃料乙醇有限公司利用江苏盐城的盐碱地种植甜高粱，建成了规模达千吨级的甜高粱秸秆生产纤维素燃料乙醇实验装置，通过实验研究积累了大量基础性数据。从全国看，我国 2001 年开始启动生物燃料乙醇试点，暂停了粮食燃料乙醇的发展，陆续在广西、内蒙古、山东、河南等地建成多个非燃料乙醇示范项目或产业化装置。业内专家预测，中国纤维素燃料乙醇技术有望在未来 5～10 年实现商业化和产业化生产。关于国内外主要纤维素燃料乙醇生产厂家的技术指标的比较结果见表 2－10。

表 2－10　国内外主要纤维素乙醇生产厂家技术指标比较

技术指标	加拿大 Iogen 公司	美国 Arknerl 公司	天冠集团（河南）	丰原集团（安徽）	中粮集团
主要原料	小麦秸秆	玉米秸秆、农作物废弃生物质等	玉米秸秆	玉米秸秆、麦草秸秆	玉米秸秆
预处理及水解	稀酸结合蒸汽气爆、酶水解	稀酸预处理、酶水解	酸预处理和酶水解	酸预处理和酶水解	蒸汽爆破和酸水解
发酵	戊糖和己糖联合发酵	同步糖化发酵（SSF）	己糖发酵	戊糖己糖分开发酵	己糖发酵
乙醇质量分数			5%～6%	5%（估测）	未运行
产量（吨/年）	16 万	2 500	300	300	400～500
成本（元/吨）	3 500	4 100	6 300	6 000（估测）	未运行
转化率*	4.4	不详	6	4（待考证）	不详

注：* 表示每吨秸秆多少吨乙醇。

2.6.3.4　发展第二代生物燃料乙醇的“瓶颈”

如前述，发展木质纤维素生物燃料乙醇，资源丰富，用之不竭，前景十分广阔。然而，目前纤维素燃料乙醇生产技术还面临着如下严重的“瓶颈”制约。

一是，纤维素燃料乙醇的经济性。即纤维素燃料乙醇的成本偏高是限制其实现产业化和商业化的关键因素。据报道，在目前纤维素酶技术水平的条件下，生产 1 加仑燃料乙醇需要使用的纤维素酶的生产费用约为30～50 美分。这样高的成本必然影响纤维素资源的工业化使用。当前科技攻关的目标就集中于把纤维素酶的成本减少到 5 美分/加仑乙醇以下。这需要把酶的比活性或生产效率增高约 10 倍。目前每吨纤维素乙醇的原料消耗都在 6 吨以上，每吨燃料乙醇的生产成本估算在 5 000～6 500 元。美国业界目前生产纤维素乙醇的成本居于高位，大体都在800美元/吨以上，也明显高于石油。

二是，纤维素乙醇技术工艺的制约性。即在原料预处理、糖化、发酵和精馏的各个过程中，还存在的制约纤维素乙醇实现大规模工业生产的“瓶颈”问题。虽然国内外许多科研机构致力于纤维素酶的开发，也取得了明显进展，但仍未能解决纤维素酶法生物转化的根本问题。概括上述，主要表现在以下四个方面：①缺乏高效生产纤维素酶菌株。现有的纤维素酶制剂效果较低，使得酶解糖化经济成本较高。当前生产1吨纤维素乙醇需要酶制剂的成本在2 200～2 600元。②木质纤维素预处理技术有待进一步优化和提高。由于天然纤维素原料结构的复杂性，使其纤维素、半纤维素和木质素三者不能有效分离，同时还伴随产生一些中间副产物。实验表明，这些物质抑制酵母的生长和代谢，最终影响乙醇的生产率。③缺乏能够同时高效代谢戊糖和己糖的发酵菌株，戊糖的利用是影响纤维乙醇综合成本的关键因素。④纤维素乙醇成熟醪酒度较低，一般水平为3%～4%，较高水平可达到6%，生产1吨燃料乙醇将消耗30～60吨水，同时将产生几乎同样数量的废液，是目前先进的木薯燃料乙醇生产技术的5～10倍，而纤维素乙醇废液可利用价值较低，污水处理与木薯及玉米乙醇相比成本较高，难度较大。

三是，纤维素原料收集和运输的困难性。即生产纤维素乙醇的原料分散在广大农村或边远地区，收集困难，运输成本较高，加之缺乏相应的服务体系，所以，许多地方把大量农作物秸秆白白焚烧，诚为可惜。至今，纤维素燃料乙醇工业生产的连续性和原料生产的季节性、原料供应的不稳定性之间存在着矛盾，急需要通过建立健全农村现代服务体系加以解决。

2.6.4 采取积极对策，开拓广阔未来

尽管中国发展生物燃料乙醇产业仍然任重道远，还有许多经济的、技术的问题需要解决，但只要大力开展“双创”和科技攻关，就一定能够开拓其广阔的未来。现在迫切的问题是，制定和实施必要的对策举措。中国生物燃料乙醇产业未来的进退、兴衰和成败，主要取决于以下“五化”：

一是广辟和发展生物燃料乙醇资源，夯实原料基础，实现资源多元化；二是加强难题攻关和科技研发，突破技术关键，实现成本低廉化；三是积极开展综合利用，坚持协调发展，实现可持续化；四是大兴现代服务业，降低经营成本，实现服务社会化；五是创新体制和机制，优化资源配置，实现产销市场化。

2.6.4.1　加强以纤维素为主的生物质原料多样化

如何因地制宜地选择适合中国的生物燃料乙醇原料，对发展中国的生物乙醇能源产业至关重要。为创造具有稳定性、充足性和经济性的原料生产及供应，中国应该采取广辟门路、开辟以纤维素为主的多样化生物质原料的对策，充分利用地域优势，走原料多样化的途径。其要点包括：

一是，有控制的发展粮食燃料乙醇（像玉米乙醇、甘薯乙醇、木薯乙醇和甜高粱乙醇等）。所消耗的粮食数量以不损害国家粮食安全为限度和适度。无疑，中国必须坚持“不与人争粮、不与粮争地”的方针，不可盲目大量利用玉米生产燃料乙醇。至于“三薯”，可以积极开发，用来生产生物燃料乙醇。

二是，大力开辟和发展纤维素生物质原料，主要包括农作物秸秆、壳糠类纤维素质生物原料与灌木能源林纤维素质生物原料。此外，特别要有重点地抓好玉米、水稻、小麦和棉花等量大面广的作物秸秆。同时，更要下大力气开发边际性土地，因地制宜广泛种植能源灌木林植物，为发展第二代生物燃料乙醇生产、供应用之不竭的纤维素生物质原料。总而言之，既要因地制宜广辟生物燃料乙醇资源，又要突出重点，狠抓木质纤维素生物质原料的生产和供应。后者应该成为未来中国生产燃料乙醇的主要原料资源。

2.6.4.2　加强科技攻关推动纤维素乙醇产业化

非粮生物燃料乙醇是以生物质原料植物为原料。这些能源作物也称为“能源农业”，其产销具有农业产业经济的特点，因而生物燃料乙醇将是中国最有可能实现产业化组织经营的主要生物能源产品。

中国生物燃料乙醇产业发展历史不长，企业体制和经营机制都很不适应，同时整体技术水平较低，生产技术工艺亟待突破。如果仅仅对传统食用酒精的生产技术工艺进行改造，远远不能适应工业化燃料乙醇生产的需求。食用乙醇对杂质要求较高，但对水分要求不高；而燃料乙醇对杂质要求不高，但对水分含量要求很高，对能耗物耗也有很高的要求。这些不同要求决定，只在原食用乙醇生产线上增加脱水装置，对精制工艺不加改造而建成的燃料乙醇装置，是不适应需要的。这种技术工艺流程在技术上不尽合理，在经济上操作成本高昂，因而是无法采用的，必须有根本性的突破，研发新的生产燃料乙醇的技术工艺，推进纤维素燃料乙醇实现产业化。只有尽快取得关键技术的突破，特别是要把纤维素酶的成本减少到最低限度，把酶的比活性或生产效率增高 10 倍以上。这样，才能为纤维素生物燃料乙醇的持续发展提供广阔的前景和空间，有望在不太长的时间内实现对中国生物能源具有重大意义的纤维素乙醇商业化生产。

2.6.4.3　加强生物燃料乙醇原料利用的综合化

发展生物燃料乙醇原料的综合利用，是提高中国生物燃料乙醇产业市场竞争力的关键因素。关于生物燃料乙醇原料的综合利用，国内外都提供了有益的借鉴。巴西利用榨出的甘蔗汁液直接生产燃料乙醇，然后再利用甘蔗渣作为燃料进行发电，为生产燃料乙醇提供了廉价的电力和蒸汽。美国综合利用玉米原料，在生产燃料乙醇的过程中，又取得高附加值的 DDGS 高蛋白饲料和高营养价值的玉米油等产品。中国的玉米、甘薯燃料乙醇企业也注重原料的综合利用。像河南天冠公司在生产生物燃料乙醇的过程中，还综合利用原料生产高蛋白饲料、饮用酒及利用废液生产沼气等产品。如是，通过综合利用发展循环经济，可使大量生物质原料无害化和资源化，提高经济效益，又有利于环境保护，实现（特别是欠发达地区）经济、社会与生态的协调发展。这意味着，振兴生物燃料产业经济开辟了低能耗、低排放、低污染的低碳经济的广阔途径。

2.6.4.4　探索发展农民专业合作化

生物燃料乙醇产业经济是与“三农”息息相关的现代生物质新兴产业，是传统农业生产的一种拓展和延伸，各种生物质原料的产销都是农业和农村经济的一部分。广大农民是生物质原料生产的主体，广大农村是生物质原料生产的广阔天地。为发挥农民的主体作用，需要创新现代农业制度和提高农民组织化程度。其有效途径就是发展农民专业合作社，像能源林木专业合作社、木薯专业合作社、秸秆收集合作社等。各类农民专业合作社都采取新型合作制，以社会化和专业化服务农民为宗旨，以“民办、民用、民有”为原则，以与生物燃料乙醇企业结合的“产供销”一体化经营为形式，开创生物燃料乙醇原料生产和供应的新模式，使农民与企业结为利益共同体。

2.6.4.5　加强国家财政扶持的精准化和制度化

一定意义而言，生物燃料产业就是能源农业产业。边际性土地的开发利用，就是向农业的深度和广度进军；在改良边际性土地基础上，综合考虑非粮燃料乙醇原料开发利用，会点燃农村新的经济增长点；在发展农业和农村经济方面，可延长产业链条，拓宽生产领域和农民增收渠道；在生态效益方面，通过大力推进农业资源节约使用和循环利用，减少农村秸秆、畜禽粪便和滥用化学品的三大污染源，改善农村环境和农村能源的消费结构与质量。特别是在开放利用边远地区边际性土地的过程中，要积极走产业化经营之路，使之分享土地开发、扩大就业、工商利益、环境改善等方面的成果。鉴于上述，开发利用农村各种生物燃料资源，就是“三农”的有机内容。正因此，国家财政加大对生物燃料乙醇产业的支持，就是对能源农业产业的扶持，对解决中国的“三农”问题具有重大战略意义。从目前中国的实际情况和急迫需要出发，其扶持的重点包括“五加强”：①加强基础。即开发和开源农作物秸秆和能源灌木林生物质原料，促使纤维素生物质原料成为中国生物燃料乙醇产业的主要原料，尽力加强其原料薄弱的环节。②加强关键。即加强关键性科技难题的攻关和生物燃料先进技术工艺的研发，尽快攻下制取纤维素燃料乙醇的高效酶制剂及关键技术装备的难关。③加强开发。即大力开拓和利用边际性土地，建设产量高、质量高、效益高的各类纤维素植物的生产基地。④加强营销。即建立健全生物能源产品的市场流通体系，扩大其使用范围。⑤加强制度。即公共财政对生物能源，特别是对农村生物燃料资源的开发的精准扶持要实现财政化、机制化和法制化。国家财政可以把支持发展生物燃料生产、流通和消费纳入农业补贴的范围，并作为扶持的重点，实现稳定化、精准化和制度化。

第3章　生物燃料乙醇：燃起清洁能源的希望（下）

关于利用粮食生产生物燃料乙醇的问题，至今还存在着不同意见。特别是，由于玉米超量储存，必须“去库存”，所以一些地方盲目建厂，以转化和消化过量玉米储存的包袱。正确认识和处理这个问题事关重大，一方面关系国家粮食安全，另一方面关系新兴生物能源产业的健康发展，所以必须思辨清楚。

3.1　利用大宗粮食资源的可行性分析

3.1.1　中国燃料乙醇发展的基础条件

梳理前述相关内容，中国燃料乙醇的发展潜力和前景取决于以下基础条件：一是生产燃料乙醇的多种原料的丰与贫；二是生产燃料乙醇的技术条件的高与低；三是使用燃料乙醇的消费市场的广与狭。目前，中国生产生物燃料乙醇的技术条件已相当成熟，其主要标志是：多种沉睡的原料资源开始被唤醒；拥有一些自主产权的技术；燃料乙醇汽油的消费市场越来越广大。这些条件构成了中国生物燃料乙醇发展的基础和环境条件。然而，现在最重要的是，要客观评析和认清中国燃料乙醇发展的潜力和前景。特别是对各种原料资源，进行客观分析，正确认识，科学决策。

中国生产生物燃料乙醇的原料主要包括三大类：第一类是生物纤维质原料，包括灌木林、各类农作物秸秆、糠麸等；第二类是薯类作物，包括甘薯、马铃薯和木薯等；第三类是谷物作物，像玉米、小麦和杂粮作物等。要区别不同粮食品种的用途和生产成本，进行具体评析。这里主要以小麦和玉米两大品种为评析对象。

3.1.2 小麦一般不具有可行性

从多种因素考虑，中国以小麦作为原料生产燃料乙醇是不可行的。目前，中国小麦的种植面积和总产量在全国粮食作物中都居第三位，在全国粮食产业中具有举足轻重的作用。从 2004 年以来，中国夏粮取得“十四连丰”的成就，其小麦总产量如下：2004 年为 9 195 万吨；2005 年为 9 745万吨；2006 年为 10 847 万吨；2007 年为 10 930 万吨；2008 年为 11 246万吨；2009 年为 11 511.5 万吨；2010 年为 11 518.1 万吨；2011 年为 11 740.1 万吨；2012 年为 12 102.3 万吨；2013 年为 12 196.6 万吨；2014 年为 13 918.5 万吨；2015 年为 13 018.5 万吨；2016 年为 12 884.5 万吨。根据国家统计局公布数据，2017 年全国粮食总产量 61 790 万吨，比 2016 年增加 165 万吨，增长 0.3%，属历史上第二高产年。其中，2017 年全国小麦总产量为 12 977.4 万吨，较 2016 年增加 135 万吨，增幅为 1.04%；其中，冬小麦产量为 12 345 万吨，较上月预测值上调 30 万吨，较 2016 年增加 126 万吨，增幅为 1%；春小麦产量为 675 万吨，较上月预测值上调 5 万吨，较 2016 年增加 9 万吨，增幅为 1.4%。

我国小麦总产量虽然稳步增长，但国产小麦、尤其是优质专用小麦处于供求紧平衡态势。①小麦是全国 50%以上居民的口粮，直接关系粮食的绝对安全问题。2007 年，全国小麦制粉消费量达 8 500 万吨，占国内总消费量的 84.5%；小麦用于其他工业的消费量占 250 万吨；用于配合饲料原料的消费量占 680 万吨。据有关信息机构预测，2017/2018 年度国内小麦消费总量为 10 370 万吨，较上年度减少 401 万吨，减幅 3.7%。其中，食用消费为 8 750 万吨，较上年度减少 100 万吨，减幅 1.1%。②小麦是食品工业的重要原料。像面粉工业、主食方便食品和冷冻食品等。2007 年，全国小麦制粉消费量高达 8 500 万吨，占国内消费量的 84.5%；小麦用于其他工业的消费量占 250 万吨，用于配合饲料的占 680 万吨。③小麦价格较高。虽然小麦市场价格时有涨落，但是稳中上升是总趋势。若用小麦作为生产燃料乙醇的原料，过不了成本高的“关口”。④小麦市场供求总体上一直呈“紧平衡”状态，国际市场小麦贸易量也有一定限制。鉴于上述，小麦首先必须服从于保障民众的口粮和保障粮食安全。其次，以小麦作为生产燃料乙醇的原料，成本较高。由这两点决定，小麦不具有生产燃料乙醇的可行性。这一点已经形成普遍共识，应该明确作为政府决策的依据。

3.1.3 玉米在适量限度内具有可行性

所谓在一定限度内具有可行性，是指有控制地、利用适量的玉米用作生产燃料乙醇的原料资源。

从2012年以来，我国的玉米种植面积和总产量，在全国粮食作物中都上升到第一位。目前全国玉米供给量和需求量呈供过于求、甚至过剩的态势。所谓玉米供给量是当年国内玉米总产量、进口量和上年结转库存量的总和。而玉米需求量则是包括工业、饲料、食用和种子等需求量的总和。进入新世纪以来，中国玉米需求结构发生巨大转变，饲料工业和深加工业的玉米消耗量明显增加；食用玉米量趋减；种子玉米消耗量稳中趋降。玉米深加工业的迅猛兴起，使其供求平衡态势出现新的变化。近年来，出现一些影响玉米消费的新因素。主要包括五个方面：一是玉米出口调控政策；二是能源生产调控政策；三是国外玉米出口政策的转变；四是玉米深加工业的发展；五是现代畜牧业的发展。

先谈玉米加工业带来的影响。受玉米深加工下游产品需求拉动以及加工效益丰厚的影响，以玉米为原料的酒精、淀粉、赖氨酸、燃料乙醇等大型玉米深加工项目发展迅速。这几年来多数新增玉米深加工产能集中在东北玉米主产区，玉米深加工实际转化数量也明显增大。根据国家粮油信息中心统计，2005年全国玉米深加工能力已经达到500亿千克左右，实际加工消耗玉米288.5亿千克；2006年玉米加工能力增加到700亿千克，消耗玉米350亿千克左右；2007年加工能力将增加到850亿千克，消耗玉米375亿千克。现阶段，中国玉米工业加工产品主要有淀粉和酒精两大系列。2005年中国生产淀粉900万吨，消耗玉米1 300万吨；酒精含燃料乙醇290万吨，消耗玉米890万吨。近年来迅猛发展扩大了玉米需求量。2006—2007年度，中国玉米饲料消费量达1.03亿吨，玉米工业消费量达3 000万～3 100万吨，两项合计为1.33亿吨以上。近年来中国玉米消费和供求状况见表3-1和表3-2。

表3-1　中国玉米消费增长状况

单位：万吨

年度	2003/2004年度	2004/2005年度	2005/2006年度	2006/2007年度
玉米饲料消费量	9 700	9 800	10 100	10 300
玉米工业消费量	1 635	1 952	2 650	3 000～3 100
同比增减	—	317	698	350～450
占总消费的比重（%）	13	15	19	21～22

资料来源：《粮油市场报》，2007年3月。

表3-2　中国玉米供求状况

单位：万吨

年度	2002/2003年度	2003/2004年度	2004/2005年度	2005/2006年度	2006/2007年度
总产量	12 130	11 583	13 029	13 936	14 200
同比增减	—	−547	1 446	907	264
国内消费	125.9	128.4	131.0	137.0	141.0
同比增减	—	25	26	60	40
出口量	15.24	7.55	7.59	4.0	4.0
期末库存	64.97	44.85	36.56	35.2	31.3

资料来源：《粮油市场报》，2007年3月。

再谈现代畜牧业和饲养业的影响。影响中国玉米供求的另一个重要因素是饲养业。近年来玉米消费结构转变的情况表明，饲料玉米消费的增长占据首位。2005年，全国饲用消费玉米8 265万吨；2006年，增长到8 500万吨的水平；目前，全国饲用消费玉米量大体在9 000多万吨。饲用玉米占玉米总产量的比例达到60%上下。在玉米出口方面，由于国内市场需求增强因而相应导致玉米出口减少。据海关总署统计，2005/2006年度，中国出口玉米总计为374万吨，比上年度减少51%；2006年前10个月共出口玉米235万吨，同比下降68.7%。上述表明，目前全国玉米饲用消费在其各项消费中居第一位，而且这种趋势还将继续保持下去。

必须指出的是，我国从2015年开始，实行了玉米收储制度的改革，实行“市场价＋补贴”的新机制，使玉米供求关系发生了重大转变。同小麦生产一样，从 2004 年以来，玉米取得连续 16 年的好收成。2004 年，玉米总产量达到 13 028.7 万吨，2015 年增长到 22 463.2 万吨。2015 年随着实施玉米收储制度改革，播种面积和总产量有所下降。但是，当年玉米总产量仍然达到 22 463.2 万吨，2016 年有所下降，为 21 955 万吨，是历史上第二个高产年。据国家统计局数据，2017 年玉米播种面积和总产量都下降，为 2.16 亿吨，比上年下降 366 万吨，为第二个下降年。然而，由于市场机制对玉米资源配置的作用加强，理顺了玉米上下游价格关系，玉米加工业的消耗量大增。据统计，仅东北拟建玉米深加工企业达 16 家，增加产能 2 380 万吨，在建企业 11 家，产能达 1 480 万吨。此外，多家大型养殖企业拟扩大生猪出栏量 4 400 多万头。与此同时，从国外进口的玉米替代量减少。由此导致全国玉米的食用消费、加工业消费、饲料消费都不同程度增加。这三种因素导致全国玉米总消费量显著增加。据业内专家测算，全国 2017 年度玉米总消费量达到 2.21 亿吨，比上年度增加 0.1 亿吨。据国家信息中心 2017 年 11 月预测，2017—2018 年度玉米市场当年供给平衡后期末库存结余量 7 年来首次出现负数，为－750 万吨。当然，目前玉米库存量仍然过高，需要继续“去库存”。由上述得出的结论是：玉米供需保持平衡并有一定剩余。基于这样的态势，利用适当数量的玉米生产燃料乙醇是可行的，而且会带来多种积极效果。

3.2 积极利用“三薯”资源生产燃料乙醇

所谓“三薯”资源，是指木薯、甘薯和马铃薯三种农作物，是世界三大薯类作物。中国“三薯”资源很丰富，在世界薯类生产中占有重要地位。2004 年和 2005 年，世界薯类种植总面积分别为 5 311 万公顷和 5 327 万公顷；同期，中国薯类种植总面积依次为 945.68 万公顷和 950.3 万公顷，分别占世界总量的 17.81％与 17.84％。由于中国薯类单产低于世界水平，所以薯类总产量占世界薯类总产量的比例较低。2004 年和 2005 年，世界薯类单位面积产量分别为 13 541 千克/公顷、13 398 千克/公顷；同期，中国薯类单产依次为 3 762.0 千克/公顷、3 649.9 千克/公顷；分别比世界单产低9 779千克/公顷、9 748千克/公顷。世界薯类总产量分别达到71 923万吨和71 370万吨；同期，中国薯类总产量依次为3 557.7万吨和3 468.5万吨，分别占世界总产量的4.95%与4.86%。从2005年到2008年，中国薯类总产量逐年降低，依次为：3 469万吨、2 701万吨、2 808万吨和2 980万吨，2008年比2005年减少489万吨，年均减少122.3万吨。这里要说明的是，在中国薯类的统计中，主要包括甘薯和马铃薯。如果把木薯包括在内，那么，全国“三薯”的种植面积和总产量要大于上面的数据。下面，分别对中国木薯、甘薯和马铃薯“三薯”资源的生产规模、产地分布、产品特性和使用价值，及其利用的可行性进行简要评析，并简要介绍其加工技术工艺。

3.2.1　木薯资源及其利用可行性

木薯又称为树薯、木番薯。它既属于世界三大薯类作物之列，又是年产量在亿吨以上的七大作物之一。木薯为多年生亚灌木，是一种富含淀粉的块根作物，木薯收获期为1～2年，淀粉含量随生长期增长而提高。木薯起源于美洲热带地区，迄今约有4 000年的栽培历史。鲜木薯含淀粉32%～35%，木薯干片含淀粉67.6%。尤其是，木薯作物耐干旱、耐贫瘠，适应性强，不占用优良耕地，多种植在丘陵和浅山地区。木薯淀粉是一种适宜的玉米替代淀粉，因而是一种理想的生产生物质能源的原料。

3.2.1.1　木薯资源概述

目前，全世界有70多个国家种植木薯，其中木薯主产国有5个：尼日利亚的木薯种植面积高居世界第一位；其后依次为刚果（金）、巴西、印度尼西亚、泰国。2005年，这5个国家的木薯种植面积分别为：尼日利亚为378.2万公顷；巴西为190.15万公顷；刚果（金）为184.55万公顷；印度尼西亚为122.37万公顷；泰国为98.59万公顷。2005年，世界木薯五大主产国的产量如下：尼日利亚木薯产量高居榜首，总产量达4 156.50万吨；其后依次是巴西2 587.20万吨；印度尼西亚1 945.94万吨；泰国2 144.05万吨；刚果（金）1 497.45万吨。

中国的木薯资源也较为丰富。在19世纪20年代种木薯引种到中国，迄今的木薯种植主要分布在南方的亚热带地区，主产省（区）有广西、海南、广东、福建和云南等。据中国农业大学教授估算，目前中国木薯的种植面积约为100万公顷，木薯产量约为2 100万吨，通过扩大种植面积还能增产700万吨木薯。其中，广西是中国木薯种植面积、产量和淀粉加工量最大的省份。2006年，广西自治区木薯种植面积达到27.6万公顷，鲜木薯产量增长到490万吨，均占全国的70%以上。目前，广西木薯淀粉的生产能力达到日产8 000多吨，木薯酒精的生产能力达到日产800吨以上，若以木薯淀粉年加工100天和酒精年加工300天计，则需木薯总量约450万吨。而目前广西的木薯年产量只有490万吨。木薯酒精居全国之首位，变性淀粉和山梨酸等制品也位居前列。

由于木薯的市场需求量猛增，所以中国已经由传统出口国变为世界最大的进口国。自20世纪90年代以来，木薯及其制品出口量逐渐减少，到1998年出口量几乎为零，进口量达30万吨，此后每年进口木薯干片都在30万吨以上。另外，自20世纪90年代以来，中国木薯淀粉净进口量增长数据如下：1993—1995年为7.18万吨；1996—2000年为28.66万吨；2001—2005年猛增为223.79万吨。从1993年到2005年总计净进口木薯淀粉259.64万吨。尽管自20世纪80年代中期以来，广西的木薯种植面积和产量迅速增长，但仍然不能满足淀粉、酒精加工业发展的需要。而目前广西的木薯年产量只有490万吨。除去农民自用及外销四川、广东等省外，提供给淀粉、酒精加工企业的木薯仅有200多万吨，远远不能满足加工企业的需要。

进入新世纪以来，中国淀粉工业发展迅猛，除玉米淀粉外，木薯淀粉、马铃薯淀粉和小麦淀粉等产量都不断增长。其中以玉米淀粉产量增长最多、最快。玉米淀粉产量占各种淀粉总产量的比例高达92%以上。与淀粉产量增长相对照，中国各种淀粉进出口贸易也相当活跃。以2005年为例，玉米淀粉出口量大于进口量；木薯淀粉进口量大于出口量；马铃薯淀粉进口量大于出口量；小麦淀粉出口量大于进口量。木薯变性淀粉与玉米变性淀粉相比，具有许多独特的性能优势，在一些应用领域，玉米变性淀粉难以替代木薯变性淀粉。美国、欧盟、日本等以玉米、马铃薯为原料生产变性淀粉的大国，仍然要在泰国、印度尼西亚、巴西等盛产木薯的国家兴建木薯变性淀粉厂，生产木薯变性淀粉运回国内消费。这都说明木薯变性淀粉具有较强的市场竞争力。

3.2.1.2　木薯的功能和利用

科学检验的结果表明，木薯的主要成分是纤维素，淀粉占35%，蛋白质含量为0.5%～0.75%，葡萄糖占0.33%，蔗糖占1%，不含脂肪。这些成分决定了木薯具有多种功能和作用，主要包括：

一是木薯用作工业原料。木薯分为甜、苦两个品种类型。木薯中的氢氰酸是一种有毒的物质，每千克鲜木薯含有可释放的氢氰酸在50毫克以下的木薯为甜木薯，而每千克鲜木薯含有的氢氰酸在250毫克以上的木薯为苦木薯。前者可供人类直接食用，后者只能用于工业生产淀粉。木薯是淀粉、酒精及变性淀粉、淀粉糖、有机酸等加工产品的原料，其中淀粉是木薯最基本、最重要的加工产品。利用淀粉这种初级产品，可进一步制作酒精、果糖、葡萄糖、麦芽糖、味精、啤酒、面包、饼干、虾片、粉丝、酱料以及塑料纤维、塑料薄膜、树脂、涂料、胶粘剂等化工产品。更重要的是，利用木薯淀粉进行深加工，可生产生物燃料乙醇。木薯被誉为“淀粉之王”，苦木薯的淀粉含量高于甜木薯。由于木薯适于种植在贫瘠的丘陵或浅山地，淀粉含量高，所以它的利用价值很大，被认为是“不与粮争地、不与人争粮”的理想生物能源作物，即生产木薯燃料乙醇。

二是木薯具有保健功能。研究表明，红心木薯含有丰富的维生素A和C以及钾和铁等微量元素，这些物质能够降低人体患胃癌和肝脏疾病的危险。而深紫色果肉的木薯则能延缓人体衰老，因为它具有抗氧化的功能，适合营养不良和正处于成长期的人食用。因此，专家们建议大力开发木薯的商业用途，制作各种木薯制品，包括把木薯磨成粉，用来制作糕点和饼干，或做成木薯羹。研究结果表明，木薯叶子中含有丰富的蛋白质、氨基酸、维生素、矿物质、果酸以及糖类等成分，其营养以及药用价值超过了拉美地区其他的一些草药。木薯叶子还具有抗癌功效。

三是木薯用于人类食用。如述，木薯可分为甜、苦两个品种类型。甜木薯可以食用，其方法有多种：蒸、炸、煮、烤等，非洲人将木薯加工成颗粒、粉状或者块状供食用。加工木薯块食品时，只要将新鲜木薯切成自己喜欢的块状，蒸熟或油炸后即可食用，像食用红薯或土豆一样。烤木薯最简单，将新鲜木薯直接放在火上烤熟后即可食用。木薯还可以经过工业方式制作成饼干或糕点。需要注意的是，生食木薯容易中毒，因为木薯块根和茎、叶含有一种叫氰基苷的氰化物，必须经过水泡、煮熟后才能食用。

四是木薯皮用作制备活性炭原料。木薯加工的副产品木薯渣也是一种资源，经羧甲基化制取的羧甲基纤维素可以用作硅酸盐保温涂料的黏合剂，不但性能指标良好，成本低廉，而且还是消除环境污染的一条新途径。当然还不能忽视的是，木薯加工副产物也被广泛用于现代畜禽饲料。

3.2.1.3 木薯加工的技术工艺

木薯的主要初级产品淀粉和酒精的工艺流程分别下：

木薯淀粉的加工生产工艺流程为：木薯→清洗→去皮→磨碎→筛分→分离→清洗→脱水→烘干→成品淀粉。

木薯酒精（燃料）的生产加工工艺流程为：木薯原料→粉碎→拌料→蒸煮→糖化→发酵→蒸馏→酒精。

木薯白酒（食用）的生产加工工艺流程为：木薯粗淀粉→浸泡→蒸煮→冷却→液化→糖化→发酵→蒸馏→粗蒸馏酒→熏蒸→酒基→浸蒸→陈酿→调制→成品酒。

以上加工生产工艺流程均为干法。此外，德国和其他一些经济发达国家的淀粉生产工艺则为湿法生产工艺，由于其制造设备先进，加工能力大，所以具有较明显的优势，但是投资较高。

3.2.2 甘薯资源及其利用可行性

甘薯又名红薯、红苕和白薯，属于三大薯类作物之列。甘薯是高产、稳产作物，在水和肥较好的条件下，鲜薯亩产一般达 1 200 千克，甚至更高。甘薯起源于墨西哥、秘鲁和危地马拉等地区，明代万历年间传入中国。甘薯是世界主要杂粮作物之一，尤以亚洲种植面积最大，占世界种植面积的 78%，其次为非洲、美洲、大洋洲和欧洲。中国是世界上甘薯种植面积和产量最多的国家之一，总产量仅次于稻谷、玉米和小麦，是中国四大主要农作物之一。甘薯按性状划分，有甜度高和淀粉含量高等两种；按种植季节划分，有春薯、夏薯和秋薯三种；按成熟期划分，有早熟、中熟和晚熟等三种。甘薯在全国分布十分广泛，在黄淮海平原、长江中下游和东南沿海等地区栽培面积居多。中国甘薯总产量占世界总产量的80%以上，居世界首位。目前，中国的甘薯干片主要出口地是欧洲国家。

3.2.2.1　甘薯的功能和利用

甘薯全身是宝。甘薯含有丰富的淀粉、膳食纤维、胡萝卜素、维生素A、B、C、E以及钾、铁、铜、硒、钙等10余种微量元素和亚油酸等，营养价值很高，被营养学家们称为营养最均衡的保健食品。经化验，鲜甘薯含淀粉15.2%～29.5%；蛋白质0.8%～1.8%；脂肪0.2%～0.7%；粗纤维0.5%～0.7%；灰分0.6%～1.1%。此外，甘薯的矿物质和维生素含量均高于谷物。丰富的营养决定了红薯的多种功能和用途。主要包括直接食用、保健功能、工业利用制作酒精，以及畜禽饲用等。由于甘薯含淀粉量丰富，因而是生产生物燃料乙醇的优质原料资源。

一是直接食用。除蒸煮直接食用外，还可加工制作成多种食品，像甘薯果脯、甘薯果酱、甘薯糖化代乳粉、甘薯香酥片、甘薯饴糖、甘薯粉丝、甘薯酸奶制品和甘薯白酒、啤酒及黄酒等。另外，用甘薯淀粉生产的葡萄糖、海藻糖等新兴的保健食品已成为国际糖果市场上的新宠。还值得提出的是，甘薯叶也是一种营养价值很高的蔬菜。据分析，每百克甘薯叶中含蛋白质2.8克、脂肪0.8克、糖分4.1克、钾16毫克、磷34毫克、铁2.3毫克、胡萝卜素6.42毫克、维生素0.32毫克。用甘薯叶做原料制成的保健饮料和保健茶等食品，营养丰富，物美价廉，深得消费者青睐。此外，研究发现甘薯叶还具有增强免疫功能和提高抗病能力，可延缓衰老，具有止血、降血糖、通便利尿、解毒和防治夜盲等保健作用，经常食用有预防便秘、保护视力的作用，还能保持皮肤细腻。

二是工业利用。甘薯含淀粉丰富，是淀粉工业的重要原料。甘薯淀粉又可进一步制取酒精、草酸、柠檬酸、山梨醇、环氧乙烷、乙醇胺、甲烷、乙烯、乙酸和乙醛等重要产品，可作为工业原料进一步加工制成地膜、农药、塑料大棚、塑料袋、橡胶、化妆品、军用品和包装用品等。另外，甘薯淀粉还可进一步加工制作变性淀粉，主要包括氧化淀粉、酸变性淀粉、淀粉酯、淀粉醚、交联淀粉、阳离子淀粉、接枝淀粉、环糊精和白糊精等数百种产品，广泛应用于纺织、造纸、医药、食品、建材、轻工、能源、饲料、农业、环保、生物工程等行业。值得重视的是，近年来，一些企业发展红薯深加工，用甘薯淀粉生产生物燃料乙醇，作为替代石油产品的新能源。目前，中国每年都出口相当数量的甘薯淀粉，主要出口到欧盟各国。

三是保健功用。日本学者发现甘薯中含有黏液蛋白，是一种多糖蛋白的混合物，属于胶原和黏多糖类物质，在机体内显示出神奇的生理机能：可使机体健康，防止疲劳，使人精神充沛；可防治心血管脂肪沉积，维护动脉血管壁的弹性，减少皮下脂肪的堆积，预防肥胖病；可防止肝、肾和结缔组织萎缩；可和无机盐类结合形成骨质，使软骨保持一定的弹性，对预防胶原病颇具功效。最近的研究又表明，甘薯中的紫色素以花色苷为基础的多酚类物质，具有很强的抗氧化作用，不但可以抑制癌细胞的突然变异，达到防癌的目的，还可以降低血压，防止心血管病的发生和减轻肝脏功能的障碍。

除了上述功用之外，目前世界上许多国家都在积极进行甘薯生物学研究。例如，法美等国正在积极研究开发甘薯太空食品，韩国已经在甘薯基因研究方面取得了较大进展，荷兰和日本等国在甘薯淀粉深加工的研究、开发和应用方面也取得了突破。

3.2.2.2 甘薯的加工技术工艺

中国长期以来对甘薯资源的开发利用采取的多是传统的技术方法，工艺流程比较简便、投资少、见效快。近年来，有些深加工企业改变粗放利用方式，采用现代技术对甘薯进行综合开发利用。其常用的技术方法和工艺流程是：

制作甘薯粉丝的加工工艺流程为：选料→清洗→粉碎磨浆→和芡→打芡→和面→漏粉→冷却→干燥。

制作甘薯脯的加工工艺流程为：洗薯→去皮→切块→糖煮→浸渍→控糖→上笼屉→烘烤→整形包装。

制作甘薯酸奶的加工工艺流程为：红薯清洗→去皮→蒸煮→磨浆→调配→均质→灭菌→冷却→接种发酵→后熟→装罐→成品。

酿制鲜甘薯黄酒的加工工艺流程为：原料洗涤→切分→浸渍→蒸煮→糖化→过滤→发酵→压榨→杀菌→包装→成品。

制作甘薯叶软罐头的加工工艺流程为：原料→清洗→护色→腌制→脱盐→压榨→脱水→拌料→调味→装袋→封口→杀菌→冷却→检验。

制作甘薯叶保健饮料的加工工艺流程为：原料选择→清洗→切碎→煮汁→调配→灌装→杀菌→包装→成品。

制作甘薯叶保健茶的加工工艺流程为：原料选择→清洗→切碎→杀青→烘干→配料→粉碎→过筛→包装→成品。

3.2.3　马铃薯资源及其利用可行性

马铃薯同属于世界三大薯类作物之列，其种植范围比水稻、小麦和玉米还要广泛。目前全世界173个国家中有135个国家以马铃薯为重要粮食资源（包括菜用）。现在全世界有140多个国家种植马铃薯。从2001年到2006年，世界马铃薯种植面积依次为：1 972.9万公顷、1 913.4万公顷、1 899.2万公顷、1 895.8万公顷、1 896.8万公顷和1 875.0万公顷。2006年，各大洲马铃薯种植面积依次为：亚洲835.6万公顷；欧洲735.4万公顷；美洲157.1万公顷；非洲150.1万公顷；大洋洲4.9万公顷。无论是发达国家、发展中国家，还是非洲的贫困地区，马铃薯都是重要农作物，并且随着人口的增加变得越来越重要。目前欧洲是马铃薯种植面积最大的洲；其次是亚洲，而且是最有发展潜力的洲，特别是中国和印度。中国是世界马铃薯第一生产大国，其次为俄罗斯、乌克兰、印度、波兰、美国、白俄罗斯和孟加拉等国。以贸易经营为例，荷兰在世界上独树一帜。该国的鲜马铃薯出口量（以种薯为主）居世界第一位。其中，71%出口到欧洲，19%出口到非洲，8%出口到亚洲，2%出口到美洲，每年出口种薯的总值高达2.5亿美元。同时，荷兰还是世界上冷冻马铃薯制品最大的出口国，2004年出口总值高达4.97亿美元。加拿大是世界第二大冷冻马铃薯制品出口国，出口总值达1.04亿美元。美国冷冻马铃薯制品出口值为7 200万美元，但是进口值却高达8 437万美元。另外，日本也是世界马铃薯制品进口量最大的国家。

大约在17世纪中期，马铃薯传入中国。目前，中国马铃薯资源非常丰富，具有种植马铃薯的悠久历史和优越自然条件，不仅种植面积巨大，而且产量很高。全国马铃薯资源主要分布分北方作区、中原二作区、南方二作区、西南单双季作区等四大区域，产品品质好，产量高。马铃薯在国内分布很广泛，有 22 个省（区）种植马铃薯。全国马铃薯总产量由 1950 年的 870 万吨增长到 7 033 万吨，是前者的 8.4 倍，马铃薯在中国“三薯”类作物中占的份额达 40%以上。目前，中国马铃薯种植面积保持在 20 万公顷以上的省（市、区）有 10 个：贵州（59.3 万公顷）、内蒙古（58.9 万公顷）、甘肃（56.8 万公顷）、云南（54 万公顷）、四川（34.8 万公顷）、重庆（34.7 万公顷）、黑龙江（32.5 万公顷）、山西（29.9 万公顷）、陕西（25.2 万公顷）、湖北（23 万公顷）。然而，依照马铃薯总产量而论，甘肃省是全国第一大省，马铃薯总产量达到 188 万吨；内蒙古和云南分别占据第二和第三位，总产量依次达 175.9 万吨和 172.2 万吨；其后第四和第五位由四川和贵州占据，总产量依次 170.3 万吨和 154.6 万吨。

3.2.3.1 马铃薯的功能和利用

马铃薯是一种营养丰富、粮菜兼用、用途广泛的作物。随着科技进步，马铃薯已经广泛用于食品、淀粉、饲料和医药等领域，并且还是制造葡萄糖和酒精的主要原料。马铃薯通过加工能够制成的主要产品类型可分为食用制品、淀粉制品和发酵制品三大类。总的看，在中国马铃薯消费结构中，用于食物的约占 64%；用于食物的约占 18%；用于食品加工的约占 8%；用于种薯的约占 5%；每年损耗的马铃薯约占 4.5%；其他用途占 0.5%。

一是直接食用。马铃薯是一种品质优良的蔬菜。它富含维生素和无机盐类，每 100 克煮熟的马铃薯中含有维生素 C16 毫克，比去皮的苹果高出 50%。此外，马铃薯还含有磷、铁、无机盐、维生素 B_1、维生素 B_2 和胡萝卜素等十多种人体不可缺少的营养成分。另外，马铃薯还是一种营养丰富的粮食。它营养成分平衡合理，含有 21 种氨基酸，其中有 8 种为人类所必需。如今，不管在经济发达国家还是在发展中国家，马铃薯已被加工制作成丰富多彩的食品，广受青睐。主要包括：干制品（马铃薯片、膨化马铃薯、干马铃薯泥和薯脯等）；粉制品（马铃薯全粉）；冷冻制品（马铃薯丸子、薯饼、薯条）；油炸制品（油炸薯片、酥脆薯片）；配菜（粉状马铃薯馅、风味菜肴）和其他制品（马铃薯面包、改良面条、方便面、速煮面、凉粉、粉丝等）。

二是工业原料。马铃薯富含淀粉，是淀粉工业的重要原料。在马铃薯加工业发达的国家和地区，最为普及的马铃薯制品是马铃薯淀粉。美国马铃薯加工制品的产量已占到总产量的60%以上，加工的产品达100多种。淀粉制品包括原淀粉（粗淀粉、精淀粉）、变性淀粉（酸性淀粉、氧化淀粉、醚化淀粉、酯化淀粉、糊精）、交联淀粉、接枝共聚淀粉、淀粉衍生物、淀粉糖（饴糖、麦芽糖、葡萄糖、麦芽糖浆和果葡糖浆）和淀粉副产品（马铃薯蛋白质、多孔性鱼饲料、无酸味维生素C和耐水黏合剂）；发酵制品包括酒、醋、酒精及其系列产品，柠檬酸、乳酸等，味精、氨基酸及其系列产品，酶制剂、抗生素等。马铃薯发酵制品包括酒、醋、酒精及其系列产品，柠檬酸、乳酸等，味精、氨基酸及其系列产品，酶制剂、抗生素等。据报道，芬兰技术研究中心（VTT）已经开发出一种利用马铃薯淀粉造纸新技术，即利用马铃薯淀粉加工的材料代替油基填料和涂布颜料生产新纸种。这种用马铃薯淀粉制成的纸品可以完全降解，而且比传统的用矿物填料（如高岭土、滑石粉、碳酸钙）生产的纸要轻20%～30%。

三是保健功能。马铃薯还具有和胃、健脾和益气的功用，可以预防和治疗胃溃疡、慢性胃炎、习惯性便秘和皮肤湿疹等疾病，有解毒和消炎之功效。以鲜马铃薯为原料加工淀粉后的副产品就是马铃薯渣，含有大量的纤维素、果胶及少量蛋白质等可利用成分，也具有很高的开发和利用价值，是一种廉价而来源丰富的资源。例如，可以生产马铃薯渣高蛋白饲料、提取膳食纤维、提取果胶和制备新型吸附材料。

3.2.3.2　马铃薯的加工技术工艺

近年来马铃薯深加工业兴起，发展马铃薯淀粉及其制品。同时，传统加工利用马铃薯的技术方法和工艺流程还多被采用。简要介绍如下：

制作马铃薯粉的加工工艺流程：选料→清洗→去皮→切片→护色→烘干→粉碎→调配→包装。

制作马铃薯三明治的加工工艺流程为：选料→打浆→调配→包装→成形→蒸煮→冷却→成品。

制作马铃薯沙淇玛的加工工艺流程为：选料→蒸熟→调配→压片切丝→油炸→拌糖→成形→包装→成品。

制作马铃薯膨化薯片的加工工艺流程为：选料→清洗→去皮→切片→

加香→蒸煮→真空油炸→包装→成品。

制作马铃薯泥的加工工艺流程为：选料→蒸熟→打浆→调配→灌装→封口→灭菌→成品。

制作马铃薯普通粉丝的加工工艺流程为：原料选择→淀粉加工→打芡和面→漏粉成丝→冷却→晾晒→成品。

制作马铃薯精白粉丝的加工工艺流程为：鲜薯→洗薯→磨浆→净化脱色处理→粉丝成型→冷却→晾晒→包装→成品。

制作马铃薯软罐头的加工工艺流程为：马铃薯→清洗、去皮→熟化→捣泥状→调味→加热→装袋→封口→杀菌、冷却→成品。

3.2.4 利用“三薯”生产生物燃料乙醇的潜力及评估

由前面所述的一切表明，木薯、甘薯和马铃薯是中国丰富的农业粮食资源。其种植历史之悠久、种植面积之广大、生产总量之巨大、使用价值之多样等，都越来越引起重视。它们具有多种价值，不仅具有保健功能，而且具有营养价值、医用价值和重要能源价值。特别是，生物燃料乙醇工业更集中瞄准了“三薯”，发展薯类燃料乙醇。这标志着中国“三薯”的开发利用进入到一个新阶段。然而，现在需要注意的一个问题是，中国“三薯”资源究竟有多大潜力？究竟可以为燃料乙醇工业提供多大数量的资源？需要进行客观评估，把薯类燃料乙醇产业建立在可靠的和可行的原料基础上。

3.2.4.1 “三薯”资源开发利用的两大领域

目前，“三薯”资源开发利用主要趋向两大领域。其一是食品领域。中国食品行业根据本国国情、现有生产能力和市场需求归纳出薯类食品加工的四大发展门类。一是传统食品。主要有淀粉、粉条、饴糖等，这类产品在中国广大农村和中小城市具有广阔的市场，但其质量还有待进一步提高。较高档次的产品，如精白淀粉、精白粉丝等将逐渐占领市场，以满足人们生活水平不断提高的需求。二是休闲食品。目前已开发的薯类消闲食品有红薯片、红薯干、马铃薯丸、马铃薯饼、辣味红薯干、油炸红薯片等，在此基础上还借鉴国外的经验，开发生产油炸土豆片、地瓜酪、薯脯酥等系列流行薯类食品。三是方便食品。为适应人们生活节奏的加快，中国食品行业已把大力发展方便食品作为一项迫切任务来抓，就薯类而言，生产的方便食品有多种多类，主要包括：薯条、薯面、薯类面包及薯类糕点等。四是功能食品。中国生产的药膳及功能食品在世界上享有盛誉，大力开发薯类功能食品，既丰富了功能食品市场，同时还能获得较高的经济回报。

其二是工业领域。迄今，中国“三薯”的工业开发利用还基本停留在初加工阶段，资源的利用率、产品的附加值、加工的科技水平等都较低，像淀粉、饲料、酒精等都还是初级产品。近年来，随着中国市场化、国际化和粮食深加工业的全面启动，食品业、畜牧业、工业原料对“三薯”的需求将会不断增加，将资源优势转化为经济优势，促进形成具有中国地方特色的新型薯类种植产业和加工产业。当前，薯类深加工业方兴未艾，变性淀粉和生物燃料乙醇成为“三薯”最新的两个重要用途，也是其开发利用的重要趋势。

3.2.4.2　薯类淀粉、酒精的发展新趋势

近期和未来，高产和高含淀粉的薯类良种的选育在世界范围内得到高度重视。在选育良种的同时，为实现薯类加工产品的高质、高产，“三薯”的加工和生产过程注重实现自动控制，广泛推广节能技术和能耗低、效率高的设备。目前发达国家的现代化淀粉生产都建立了工艺控制系统（PCS）和合理的控制程序（PLC），以确保最佳的工艺自控，稳定产品质量，降低成本，提高产量。普遍采用负压脉冲气流烘干机，配置热风分配调节装置，循环使用部分干燥气流等，吨淀粉消耗标准煤下降到0.1吨以下。国内也有少数大型企业开始推广应用生产过程的自动控制，并且部分淀粉厂已经应用一级负压脉冲气流烘干机。

为实现薯类加工的规模效益和可持续发展，不断开发和利用新的加工技术生产变性淀粉，加工生产规模日益向大型化发展。近年来，挤压加工新技术已在国外变性淀粉加工中开始应用，该技术的设备配套简单，占地面积不大，并且适应性强，操作起来也非常方便，是集输送、混合、加热和加压等多种单元操作于一体的先进加工技术。固态法变性淀粉生产新工艺在国内应用比较普遍，这种生产工艺不但比液态法工艺降低成本25%以上，并且解决了变性淀粉生产对环境的污染问题。广西大学、广西化工

研究院等单位近年来在变性淀粉加工技术开发与应用方面进行了深入研究和探索，并取得了较大的进展，为薯类产业的发展提供了强大的技术依托。

现阶段，世界各国的薯类淀粉生产加工规模都在向大型化和规模化发展，国内的淀粉加工和世界的趋势是一致的。在淀粉加工向大型化和规模化发展的同时，淀粉产品也在向系列化方向发展，生产出变性淀粉。例如，玉米淀粉通过物理、化学和酶的处理后，又会改变其天然淀粉的性质，制取出性质发生变化、或者具有新性质的淀粉衍生物。按照其变性处理方式，又可以分为物理变性淀粉、化学变性淀粉、酶法变性淀粉和天然变性淀粉等四类。变性淀粉是淀粉深加工系列产品中最大的一个分支，目前有数百种产品，淀粉经过变性处理后，具有糊化温度低、淀粉糊透明度高、稳定性好和抗冻性能强等许多优点，因而被广泛应用于食品添加剂、乳制品和饮料、调味汁和酱类、面食品、糖果、休闲食品和保健食品等多领域。

近十年来，世界上已生产各种变性淀粉，产量迅速增长，年产量已接近 700 余万吨：其中美国约 300 万吨、欧盟 200 多万吨、泰国约 45 万吨、中国 35 万吨、日本 30 多万吨。有关专家认为，中国国内变性淀粉不仅市场容量大，而且市场潜力巨大，再加上自身的优势，薯类变性淀粉具有很强的市场竞争力和发展前景。

目前，中国薯类酒精生产已开始采用先进的发酵工艺，节能技术已得到广泛推广。利用中国丰富的薯类资源，开发免蒸煮沸法酒精，可降低成本，是今后的主要方向之一。据了解，中国科学院工业生物技术南方中心以中科院上海生命科学研究院为主体，吸纳了植物生理生态、有机化学、微生物、医药、工业等领域 10 余家研究院所和高校的科研力量，联合攻关薯类种质资源遗传改良、标准化高产优质栽培、储藏保鲜、发酵转化等关键技术。

3.2.4.3 薯类燃料乙醇的发展潜力及评估

国内外薯类加工业发展的实践证明，发展生物燃料乙醇是薯类能源价值的开发和利用。富含淀粉的“三薯”，不仅是加工变性淀粉的重要原料，而且是具有开发前景的能源作物。

第一，中国具有发展薯类作物的巨大潜力。如述，2004 年和 2005 年，世界薯类种植总面积分别为 5 311 万公顷和 5 327 万公顷；同期，中国薯类种植总面积依次为 945.68 万公顷和 950.3 万公顷；分别占世界总量的 17.81%与 17.84%。由于中国薯类单产低于世界水平，所以薯类总产量占世界薯类总产量的比例较低。同期，中国薯类总产量依次为 3 557.7万吨和 3 468.5 万吨；分别占世界总产量的 4.95%与 4.86%。尤其是，迄今中国“三薯”的单产还很低。这从另一方面说明，中国发展薯类作物的潜力巨大。如果把粗放种植转变为集约化种植，把单位面积产量提高到 2004 年或 2005 年的世界平均水平，那么，中国按现有种植面积计算即可大约增产 9 248 万吨和 9 264 万吨。另外，中国还有大量适宜种植“三薯”的山地和丘陵地，还可扩大“三薯”的种植面积，其增产潜力也十分可观。

第二，中国发展薯类燃料乙醇符合国家产业政策。对薯类进行深加工和综合利用潜力巨大，前景广阔。运用高新技术可以使“三薯”淀粉在发酵过程中转化为生物燃料乙醇、丙酮、丁醇、氢气等产品，弥补非再生化石能源。国务院常务会议于 2007 年 6 月 7 日审议并原则通过《可再生能源中长期发展规划》。该规划再次重申和强调，发展可再生能源“不得占用耕地，不得大量消耗粮食，不得破坏生态环境”。这进一步指明了未来生物燃料乙醇发展的方向。在“十一五”期间，生产生物燃料乙醇必须坚持“因地制宜，非粮为主”的产业政策。

第三，发展薯类作物很难不与粮争地。从 2006 年以后，中国不再增加以小麦、玉米为主要原料生产燃料乙醇，而大力转向开发木薯、甘薯、马铃薯和甜高粱等生物质植物原料。企业家和经济决策者们都认为，开发利用木薯、甘薯和甜高粱等生物质原料，既可以做到“不与人争粮、不与粮争地”，又可以持续发展生物燃料乙醇，可谓“两全其美”。然而，实际上很难完全做到理想的目的。对此，必须有符合客观实际的清醒认识。其原因在前面已经进行了分析。这里再简要提及：一是“三薯”等作物，都作为粗粮划入粮食的范畴。二是甘薯、马铃薯和甜高粱的种植面积中，现在已经有相当大部分利用的就是耕地。在有些地区，甘薯和马铃薯就主要种植在现有耕地上。三是发展薯类燃料乙醇不可盲目。在对中国“三薯”

资源的潜力、利用结构及其发展进行全面评估的基础上提出如下结论：中国既要积极开发利用“三薯”、特别是木薯资源发展生物燃料，又要统筹兼顾，使薯类生物能源产业的发展规模、进度与薯类资源相适应，不可陷入盲目。目前，各地纷纷建设或计划建设以薯类为原料的燃料乙醇加工企业，若不加科学规划，各地盲目滥上薯类燃料乙醇项目，很有可能产生两种消极结果：一种是，导致乙醇生产企业陷入“无米之炊”的境地；另一种是，为保障原料供应，导致发展薯类作物与粮争地。人们对这种可能产生的消极结果必须保持清醒，始终确保薯类燃料乙醇产业的健康、持续发展。

3.3 中国发展生物燃料乙醇产业的对策

在对中国生物燃料的发展历程、多种原料资源潜力评估、生物燃料科技水平、农村的社会化和专业化服务体系等综合分析评估的基础上，提出中国发展生物燃料乙醇产业的对策建议。

3.3.1 认真汲取发达国家发展生物燃料乙醇的经验教训

国外经济发达国家，特别是欧盟、美国以消耗大量玉米、菜籽油、大豆油等粮油资源做原料生产生物燃料（主要是生物燃料乙醇和生物柴油），导致玉米世界贸易量减少和价格上涨，危及世界粮食安全，引起世界、特别是广大发展中国家的普遍关注。中国必须从中汲取经验教训，客观认识和正确处理二者的关系。

2007年，全球用于生产燃料的粮食超过1亿吨，打破了世界粮食市场维持多年的供需平衡关系，使全球粮食储备总量猛跌到仅仅相当于54天的全球消费量，而1999年的粮食储备水平仅相当于115天的全球消费量，全球粮食储备量减少到30年来的最低水平，给世界粮食安全笼罩上阴影。进入2008年，全球粮价暴涨，部分国家和地区出现粮荒，更给世界粮食安全敲响了警钟。如果继续大量使用玉米等制造生物燃料，粮食紧缺等问题可能会进一步加剧。这与欧美、特别与美国大量生产玉米燃料乙醇是有密切关系的。多年来，世界生产燃料乙醇消耗的粮食数量不断增加，年均增长率达30.19%，2008—2009年度是2004—2005年度消耗的粮食数量的4倍。据国际谷物理事会（IGC）预测，2008—2009年度全球燃料乙醇工业的粮食用量增幅为30%，比上年度32%的增幅有所降低。

这里，特别对美国玉米燃料乙醇发展的状况及影响做些简析。按照美国能源部发布的《2008年度能源展望》，到2030年，在生物质能源的生产计划中、玉米燃料乙醇高达150亿加仑。按照目前的转化率计算，美国生产如此数量的生物燃料乙醇，至少需要消耗玉米原料12 701万吨，约占2008年美国玉米总产量的40%，而消耗40%的玉米产量对其能源安全的贡献率不过6%，两者比较实在很不相称。数据对比表明，玉米燃料乙醇对美国能源的贡献决不像美国政府宣传的那样重大，但是美国生产生物燃料乙醇对耕地和玉米的需求却十分巨大。例如，在2008—2009年度，主要粮食燃料乙醇生产国消耗粮食的95%以上是玉米（表3-3），其中，美国的玉米消耗量占总数量的90.94%，在未来粮食用于生产燃料乙醇的规模还将进一步扩大。这里，不能不发人深省，作为玉米出口大国的美国，以大量玉米做原料生产燃料乙醇，一方面不会影响国内玉米供给，另一方面又可增强其在国际市场上的主导权和控制权，发挥“粮食武器”的作用。有研究者做过计算，世界所有粮食的产量也只能生产5亿吨乙醇，相当于4亿吨石油，仅占目前世界巨大石油消费量的10%，以世界60亿人民的口粮换取10%的燃料，是完全不合理的。即使把所有的玉米都用于制造生物质燃料乙醇，其所能替代的也仅仅是汽油的12%和柴油的6%。另外，还不可忽视的是，大量消耗粮油生产生物燃料必然会造成畜禽饲养业饲料供应量的减少而发生“饲料危机”，导致世界畜牧业成为“无米之炊”，进而使市场动物食品供应不足，影响人民生活。

表3-3　2008—2009年度主要粮食燃料乙醇生产国消耗粮食及增长率

国家	生产燃料乙醇消耗粮食（万吨）	增长率（%）	品种
美国	10 040	32	玉米
中国	480	4	玉米
欧盟	520	70	小麦、玉米

资料来源《粮油市场报》，2009年6月。

总之，对于欧美等国以大量粮油为主要原料发展生物燃料乙醇危害粮食安全的问题，中国发展生物燃料乙醇（还包括生物柴油等生物能源）必须引以为戒，探索和开拓符合中国国情的、可持续发展的生物能源产业的新道路和新模式。

3.3.2 大力开拓生物燃料原料多样化和利用综合化

发展生物燃料乙醇的前提条件之一是稳定的原料生产及供应，选择适合中国燃料乙醇的生物乙醇原料，对发展中国的生物乙醇能源产业至关重要。美国的玉米燃料乙醇和巴西的甘蔗燃料乙醇等单一原料模式，不适合中国国情。基于非粮原料存在着种植分散、成熟期集中、收割期短、运输费用高、难于贮存等问题，中国生物燃料乙醇的产业化必须充分利用地域优势，走原料多样化的模式。同时，面对中国粮食供应将长期处于紧平衡的态势，中国粮食生产不可能承受“能源之重负”，只可适量利用玉米等粮食作物生产燃料乙醇，可以作为非粮燃料乙醇的重要补充。这样做，对加强粮食与其他生物质原料资源的综合化开发利用，对于寻找粮食安全与能源安全的平衡点、降低生物燃料乙醇的成本具有重要意义，也是现阶段提高中国生物燃料乙醇市场竞争力的关键。在这方面，巴西甘蔗燃料乙醇的发展模式提供了有益的借鉴。巴西利用榨取的甘蔗汁直接生产燃料乙醇，用蔗渣作燃料发电，为乙醇生产提供廉价的电力和蒸汽。美国在利用玉米生产燃料乙醇的过程中，除燃料乙醇主产品外，还获得高附加值的蛋白饲料和玉米油等有价值的综合利用产品，既可提高生物燃料产业的效益，又可丰富市场。

现在，从决策层次到专业科技界，都形成了共识：中国生物能源（重点是生物燃料乙醇和生物柴油等燃料油）的富有生命力的发展途径在于，开拓非粮生物质原料资源。主要包括：①丰富的秸秆资源。目前全国至少拥有 9 亿吨秸秆资源，如果开发利用其中的一半，就有 4.5 亿吨之多。至今秸秆资源总体上仍处于粗放利用阶段。②有开发潜力的“三薯”资源。我国木薯、甘薯和马铃薯“三薯”资源丰富，特别是木薯可以利用丘陵和贫瘠荒地。目前，国内木薯主产区在广西，大有开发前途，但目前还刚刚起步。③城市生活垃圾。全国现有的 668 座城市中有 2/3 被垃圾环带所包围，历年垃圾的堆集量已高达60亿吨，年产生垃圾量1.4亿吨，至今仍采用传统的垃圾处理方法，还未开发利用，严重污染环境。④纤维质原料资源。包括薪炭林地、木本油料林地和灌木林地等纤维质原料取之不竭。⑤利用边际土地种植能源植物。利用低质的宜耕边际性土地，种植发展适应性好、抗逆性强、具有较高生物量的非粮食基生物乙醇原料，大有作为。这是符合中国国情的一条有特色的发展生物质能源的道路。我国《可再生能源发展“十一五”规划》中，明确鼓励以甜高粱茎、薯类作物等作物为原料的燃料乙醇生产。按照2007年8月31日国家发展和改革委员会发布的《可再生能源中长期发展规划》，2010年，中国将增加非粮原料燃料乙醇年利用量200万吨，生物燃料乙醇年利用量将达到300万吨，到2020年，生物燃料乙醇年利用量达到1 000万吨。2007年12月，中国第一个以木薯为原料的年产20万吨生物燃料乙酵项目在广西北海正式投产，标志着中国生物燃料产业已经开始由谷物向薯类的转变，正式从政策层面走向实际生产，成为中国生物燃料产业的战略走向。

迄今，我国生物燃料乙醇基本健康顺利发展。在中国生物燃料乙醇的构成中，有近70%的燃料乙醇是以玉米为原料生产的。2006年，中国以玉米为主要原料的3个定点燃料乙醇生产企业的产能达到120万吨，按3.3吨玉米产出1吨燃料乙醇的比例折算，仅此3个企业的新增产能对玉米的需求比2005年增长了158.4万吨，增速为67%，然而国家的陈化粮已经消耗殆尽。在2006年年底，国家发展和改革委员会先后下发了《关于加强生物燃料乙醇项目建设管理、促进产业健康发展的通知》和《关于暂停玉米加工项目的紧急通知》。2007年6月7日，国务院召开可再生能源会议，玉米生产燃料乙醇项目被叫停。迄今，中国发展燃料乙醇产业未对国家粮食安全造成负面影响。目前4个加工厂的生物燃料乙醇总产量为102万吨。其中，有80万吨是以玉米为原料生产的；另有20万吨是以其他粮食和薯类为原料生产的。以3.3吨玉米生产1吨燃料乙醇计算，共消耗玉米256万吨；以3.0万吨小麦生产1吨燃料乙醇计算，共消耗小麦约60万吨，两项合计不过316万吨，远远构不成对国家粮食安全的威胁。2010年生物燃料乙醇的规模达到300万吨，需要消耗玉米930万吨，其中还可生产出高蛋白饲料305万吨，实际上只相当于消耗玉米625万吨。

如此数量的玉米消耗量不会对国家粮食安全造成威胁。

目前中国可用于生产生物燃料乙醇的主要作物包括甜高粱、木薯、甘薯和甘蔗等。根据调查资料，中国可种植甜高粱的面积总计约有 60 万公顷，每年可生产 30 亿升生物燃料乙醇。但是，至今在中国甜高粱的种植尚未形成规模。甘蔗是用来生产燃料乙醇的另一种能源作物，估算年产量达到 17 亿升。木薯主要生长在广西、广东和湖南等省（区）。其中广西高居榜首。2006 年，广西自治区木薯种植面积 27.6 万公顷，鲜木薯产量 490 万吨，面积和产量都占全国总量的 60%以上。同时，广西自 20 世纪 80 年代中期以来，木薯加工企业迅速增加，现有木薯淀粉加工厂 150 多家，生产能力达 8 000 吨/日，木薯酒精厂 20 多家。2006 年，广西自治区木薯淀粉、木薯乙醇年产量分别达到 40 万吨和 15 万吨，均占到全国总量的 70%以上。木薯酒精产量高居全国首位。除广西之外，适合种植木薯的地区，还拥有适宜种植木薯的丘陵地与荒地面积 820.33 万公顷，每年至少可生产 5 000 万吨木薯。2015 年木薯种植面积增加到 100 万公顷，通过良种良法，提高木薯单产，木薯总产量可达到 3 000 万吨。

第4章 中国生物柴油的产业现状和发展前景

生物柴油，泛指可供柴油机使用的、清洁的、原料可再生的液体燃料，也有“绿色柴油”之称。

4.1 生物柴油的概念

生物柴油（biodiesel）又称生物质柴油，是用未加工过的或者使用过的植物油以及动物脂肪、通过不同的化学反应制备出来的一种环保生物质燃料，可以像柴油一样使用。一般用于拖拉机、卡车、船舶等。制备生物柴油的油料作物包括大豆、油菜籽、棉籽、棕榈，以及野生油料植物和“工程微藻”等水生植物油脂。此外，还有动物油脂、餐饮废油等。生物柴油是生物质能的一种，在物理性质上与石化柴油接近，但化学组成不同。生物柴油是含氧量极高的复杂有机成分的混合物，这些混合物主要是一些分子量大的有机物，几乎包括所有种类的含氧有机物，如酯、醚、醛、酮、酚、有机酸、醇等。复合型生物柴油是以废弃的动植物油、废机油及炼油厂的副产品为原料，再加入催化剂，经专用设备和特殊工艺的合成物。简言之，生物柴油是生物质利用热裂解等技术得到的一种长链脂肪酸的单烷基酯，是含氧量极高的复杂有机成分的混合物。

4.2 生物柴油的特性及制备方法

生物柴油最早诞生于 1988 年，由德国聂尔公司发明。当初是用菜油作原料提炼而成的洁净燃油。目前，围绕着几种主要油脂原料的主产地区，已形成三大生物柴油生产基地，并逐步向世界其他地区广泛扩展。

生物柴油和生物燃料乙醇同属于生物液体燃料，开创了生物燃料的新时代。

生物柴油，对国民经济可持续发展，推进能源替代，减轻环境压力，控制城市大气污染具有重要的战略意义。它同生物燃料乙醇一样，是绿色环保、清洁低碳的可再生燃料，生物柴油产业的健康发展被世界各国一致视为利国利民的绿色产业。综观国际上的发达国家如美国、德国、日本；到经济较发达的南非、巴西、韩国；再到发展中国家的印度、泰国等，均在发展石油替代产业和替代产品。他们在国家政策制度、技术完善、装置建设和车辆制造等方面提供了经验，为我国走自己的石油替代之路提供了借鉴。

4.2.1 生物柴油的特性

发动机燃料燃烧产生的污染已成为空气污染的主要根源。为消除污染源，人们探索用燃料酒精替代汽油。然而，对大多数需要柴油为燃料的大动力车辆，如公共汽车、内燃机车及农用汽车、拖拉机等主要以柴油为燃料的发动机而言，燃料酒精造成的尾气污染比汽油大得多，因此人们开发了柴油的代用品生物柴油。与普通柴油相比，生物柴油具有以下特点。

（1）来源的广泛性。目前的生物柴油原料来源地区广泛，品种多样，价格低廉。主要包括大豆、油菜籽、棉籽等油料作物；油棕、黄连木等木本粮油等林木果实、油料水生植物，以及动物油脂、餐饮残留废料。其中餐饮业废油指的就是造成很大危害的“地沟油”。把专门收集废弃油脂、专门处置废弃油脂与消费使用的企业联合起来，实现“收、运、处置、使用”一体化的封闭作业链，以降低“舌尖上”的食品安全风险，减轻“穹顶下”的大气污染，把废弃油脂资源化利用就可有效变废为宝，生产出绿色生物柴油。

（2）优良的环保性。生物柴油的硫含量低，可减少约30%（若有催化剂时可达70%）的二氧化硫和硫化物的排放量。另外，由于生物柴油含氧量高，燃烧时排烟少，可减少10%（若有催化剂时可达95%）的一氧化碳排放量，以及50%的二氧化碳的排放量。生物柴油中不含对环境造成污染的芳香族烷烃，因而废气对人体损害低于柴油，可降低对空气的

90%的毒性，生物降解性高达98%，降解速率是普通柴油的2倍。

（3）高度的安全性。与生物柴油的再生性和环保性相关，尤其是相对于石化柴油，生物柴油具有多项安全优点：一是闪点高。它不属于危险品，使用安全。二是无腐蚀性。它不腐蚀容器，对贮存、运输和使用都很安全。三是稳定性。生物柴油含水率较高，最大可达30%～45%。所含水分有利于降低油品的黏度和提高其稳定性。加之，生物柴油润滑性高，可使喷油泵、发动机缸体和连杆的磨损率低，使用寿命长。

（4）使用的直接性。生物柴油与石化柴油相比，具有良好的发动机低温启动性能，冷滤点达到－20℃。生物柴油作为柴油代用品使用时，柴油机不需要做任何改动或更换零件，可直接添加使用，同时无需另添设加油设备、储存设备及人员的特殊技术训练。这样，就大大降低了使用成本。农用机械，如拖拉机、耙地机等使用生物柴油，既可减轻土地污染，又有利于农业粮食降本、提质、增效。

（5）优良的燃烧性。生物柴油十六烷值高，燃烧性能好于柴油，燃烧残留物呈中性，具有更好的燃烧抗爆性能，使发动机机油的使用寿命加长。虽然生物柴油的热值比一般柴油低，但由于生物柴油中所含的氧元素能促进燃料的燃烧，因而可以提高发动机的热效率，这会在一定程度上弥补其功率的损失。

（6）具有可再生性。生产生物柴油的能源作物或木本植物，若是一年生的则可连年种植收获；若是多年生的则可一年种植、维持数十年的经济利用期。作为草本油料作物产品的大豆油、菜籽油、棉籽油等，都是一年生作物，分布广、产量大，年年有收获。

由以上特点决定，生物柴油应用于多领域，包括锅炉、涡轮机、柴油机、内燃机车，以及发电机等机具的动力燃料；拖拉机、收割机等农业机械的动力燃料；城市公交车、小轿车等交通工具的混配油。大力发展生物柴油产业，如同生物燃料乙醇产业一样，具有很高的经济、社会和生态效益。尤其是，发展生物柴油对改善能源消费结构方面意义重大：可有力推进燃料油替代和转变运输燃料油结构，有效减轻环境污染，改良城市大气质量，有利于治理许多城市的雾霾天气，促进包括农业农村经济在内的社会经济的可持续发展。

4.2.2 生物柴油的制备方法

按照不同的油脂原料和不同的用途，生物柴油的制备方法各不相同，主要包括：利用油脂原料合成生物柴油的方法；利用动物油制取生物柴油的方法；生物柴油和生物燃料油的添加剂；废动植物油脂生产的轻柴油乳化剂及其应用；低成本无污染的生物质液化工艺及装置；低能耗生物质热裂解的工艺及装置；利用微藻快速热解制备生物柴油的方法；用废塑料、废油、废植物油脚提取汽油、柴油的方法；生物质气化制备燃料气的方法及气化反应装置；以植物油脚中提取石油制品的工艺方法；用等离子体热解气化生物质制取合成气的方法；用生物质生产液体燃料的方法；用植物油下脚料生产燃油的工艺方法；由生物质水解残渣制备生物油的方法；植物油脚提取汽油柴油的生产方法；废油再生燃料油的装置和方法；脱除催化裂化柴油中胶质的方法；废橡胶（废塑料、废机油）提炼燃料油的环保型新工艺；脱除柴油中氧化不溶物及胶质的化学精制方法；阻止柴油、汽油变色和胶凝助剂；废润滑油的絮凝分离处理方法。

4.3 我国生物柴油的发展现状

经过近 10 多年的发展，我国生物柴油行业已取得长足发展。当前需要从总体上降低生物柴油成本，使其在中国能源结构转变中发挥更大的作用。生物柴油只有向基地化和规模化方向发展，实行集约经营，形成产业化，才能迈上符合中国国情的生物柴油发展之路。只要把关于生物柴油的研究成果转化为生产力，形成产业化，其在柴油引擎、柴油发电厂、空调设备和农村燃料等领域的应用是非常广阔的。

4.3.1 重视生物柴油的科研和推广

早在“八五”“九五”“十五”期间，我国就积极推进生物柴油的科学研究和推广工作。在这期间，科技部从开发能源作物、生物柴油生产实验、生物柴油车辆实验等方面，支持可再生液体油品的发展。在 2004 年，科技部高新技术和产业化司就启动了“十五”国家科技攻关计划项目“生物燃料油技术开发”。“863 计划”支持了以生物酶为基础的生物柴油合成新技术，同时支持隔油池垃圾生产生物柴油。国家发展与改革委员会组织实施了“节能和新能源关键技术”国家重大产业技术开发专项，利用油脂类废料和野生植物生产生物柴油关键技术作为节约和替代石油关键技术予以支持，并将生物柴油生产及过程控制关键技术工业化。国家自然科学基金委对生物柴油燃烧实验方面提供了支持，中国石油化工集团总公司在生物柴油储备技术方面提供了支持，支持酶技术与高温高压和超临界生物柴油合成方法。有的地方积极深化改革，探索生物柴油“产、供、销”一体化的产业化道路。在以上这些政策和资金支持之下，我国生物柴油产业逐渐进入推广阶段，目前已达到 100 千吨生物柴油的产能，并且在原料供应和技术应用方面已经逐渐形成了自己的特色。

4.3.2　中国生物柴油产业的发展

迄今，我国生物柴油产业已经形成了自主知识产权的生物柴油生产技术和工业化试验工厂。据 China Venture 2008 年 10 月发布的《2008 年中国生物柴油行业投资价值研究报告》显示，现有产能 1 万吨及以上的生物柴油企业有 26 家，其中，产能小于 5 万吨的有 13 家；5 万～10 万吨之间的有 7 家；产能达到和超过 10 万吨的有 6 家。以每吨生物柴油 7 000 元计算，产值在 3 亿元以下的有 13 家；3 亿～10 亿元之间的有 12 家，10 亿元以上的只有一家。除了现有的产能外，中国还有多项大规模的生物柴油项目正在建设中，总产能约 300 万吨。

在我国生物柴油科研工作中，许多大专院校和专业科研机构都成为主力军。例如，辽宁能源所、中国科技大学、江苏石油化工学院、北京化工大学、吉林省农科院等许多科研单位和大专院校，都积极投入生物柴油的开发研究，研制成功利用菜籽油、大豆油，以及废油为原料生产生物柴油的工艺。与此相应，生产生物柴油的工厂也接连建造起来。2001 年，海南正和生物能源公司在河北邯郸建成以回收废油、野生油料为原料的、年产 1 万吨的生物柴油试验厂。2002 年 8 月，四川古杉油脂化学公司和福建龙岩卓越新能源发展有限公司先后建成年产量 1.5 万吨和 2 万吨的生物柴油装置，后者在 2003 年又建成年产 10 万吨的生产装置。

根据《可再生能源发展“十二五”规划》的数据，2010 年我国生物柴油的市场规模约 50 万吨；2011 年约 80 万吨；2012 年约 100 万吨；2013 年约 130 万吨，年复合增长率达到 15%左右。根据《可再生能源中长期发展规划》，到 2020 年，我国生物柴油市场规模将达到 200 万吨，未来市场发展空间相当巨大。

4.3.3 生物柴油国内市场发展机遇期

4.3.3.1 工业锅炉消费燃料的市场潜力巨大

工业企业的主要动力来源是锅炉、窑炉燃烧的燃料，被誉为工业的心脏。但至今，我国锅炉、窑炉仍然是以煤炭、天然气、石化重油为主要燃料，目前已经成为仅次于发电锅炉的大气污染源。相比于这些传统的化石燃料，生物柴油燃料的主要成分是碳水化合物，而硫、氮等有害杂质的含量很低，更易于燃烧，温室气体排放量低，其环保性远高于传统的化石燃料。随着国家不断提高环保标准及节能减排标准，以生物柴油为代表的生物质燃料来替代煤炭、石化重油等传统工业燃料，能够减轻和遏制酸沉降污染恶化趋势，也有效减轻和防治城市空气污染的程度。

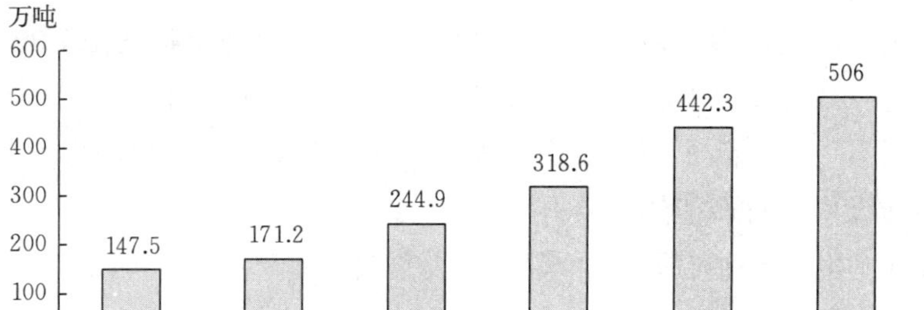

图 4-1　2015—2020 年我国生物柴油行业产量预测

资料来源：智研数据中心整理。

近年来，我国加强了对工业锅炉的改造和整治，加大了环保力度，大量传统燃料工业锅炉被淘汰或将被淘汰。如广东省已出台《广东省工业锅炉污染整治实施方案（2012—2015 年）》，要求整治高污染锅炉，推进燃料清洁化进程，减少煤炭使用和大气污染物排放。生物柴油等生物能源燃料凭借环保和成本的优势，将成为工业锅炉领域的重要选择。随着各地工业锅炉“禁煤”政策的陆续实行，生物柴油将成为锅炉的主要燃料，消费市场空间将越来越广阔。

4.3.3.2　交通运输消费燃料的市场容量巨大

在国民经济和国计民生中，交通运输行业是消耗燃料的一大领域。近年来国家、地方先后颁布了一系列鼓励生物柴油进入石油流通领域的政策和行业标准。例如，海南省政府出台《海南省生物柴油市场推广使用工作方案》，要求省内柴油零售批发网点全面推广使用含 5%生物柴油的柴油机调配燃料（B5），逐步禁止普通化石柴油销售。这些政策措施，为生物柴油进入交通燃料领域起到了重要推动作用。随着国内相关政策法规的不断完善，生物柴油将越来越成为化石柴油的替代品，应用越来越广泛。

4.3.3.3　加快推广使用生物柴油的机遇期

2016 年年底，国家发展和改革委员会等八部门发布了《关于全国全面供应符合第五阶段国家强制性标准车用油品的公告》。遵循此项《公告》，我国从 2017 年开始在全国范围内、全面供应符合国Ⅴ标准的车用汽油（含 E10 乙醇汽油）、车用柴油（含 B5 生物柴油）。以此为契机，生物柴油产业将迎来发展的黄金机遇期。《可再生能源法》规定，国家鼓励清洁、高效地开发利用生物质燃料，鼓励发展能源作物。在一系列政策支持下，我国生物柴油产业发展取得较大成就，产业成熟度明显提高，年生产能力已超过 500 万吨。

4.3.3.4　强化改革，克服现存障碍

在客观分析我国发展生物柴油的有利条件的同时，还要重视生物柴油推广使用中存在的难题。按照《可再生能源法》规定，石油销售企业应依据国务院能源主管部门或者省级人民政府的规定，将符合国家标准的生物液体燃料纳入其燃料销售体系，但在现行的石油石化内部体系中，销售公司只负责销售油品，不具备调配、掺混生物柴油的职能，缺乏调配生物柴油的专业技术人员和检测设备，成为生物柴油进入现有石油石化销售体系的障碍。

当前，克服这一障碍的根本之策在于深化改革，建立新体制新机制，实施新政策。实际上，我国有效推广生物乙醇汽油的做法和经验，完全可

借鉴到推广生物柴油上。截至目前，陆续有10多个省份在封闭推广、强制使用车用乙醇汽油，乙醇汽油市场份额占全国汽油消费总量的25%以上，节能减排效果明显。生物乙醇汽油是在炼油加工环节由生产厂家调配，而不是由销售公司完成调配的。按照这样的流程设计，不增加投资和混配难度，不改变原石化柴油调拨结算程序，就消除了销售公司混配难、销售难的问题，即可打破市场壁垒，解决生物柴油进入市场的问题。从国外经验看，生物柴油多采用强制封闭措施推广使用，规定石化柴油不添加生物柴油不能进入市场。如美国规定的生物柴油掺混比例为5%～20%，欧盟为5%～7%。我国在发展乙醇汽油时，也采取了这种封闭推广示范区做法。

借鉴国外做法和我国发展乙醇汽油所取得的经验，探索建立封闭示范区来推广生物柴油，应是个现实可行的方案。为此，可在部分省份或地区先行实验，再逐步扩大范围。例如，示范区既可选择京津冀等物流发达、人口稠密、餐馆林立的区域，这样的区域餐饮业废油原料丰富。当然，示范区也可选择在云贵川地区。这里高原缺氧，非常适合使用生物柴油，而且具有良好的油料作物生长环境。在京津冀或云贵川建立生物柴油封闭示范区，可以有效解决重卡柴油车使用劣质低品柴油导致雾霾难题，有利于高标准油品占领市场，更好地促进环境保护。

4.4 中国生物柴油发展中的问题

中国早在20世纪80年代就已经开始利用菜籽油、棉籽油等原料研究开发生物柴油。当时，国内掀起了生物柴油开发的热潮。虽然中国生物柴油取得一定发展，但是总的看，由于时间较短，缺乏发展规划，财政投资不足等原因，与国外先进水平相比，中国在发展生物柴油方面还存在相当大的差距，在产业政策、技术标准、技术选型、销售模式、环境评估等方面还存在种种必须改进和解决的问题。与国外经济发达国家相比较，目前国内仅有海南、四川、贵州和福建等地几家公司开发出拥有自主产权的技术，先后建成了万吨生物柴油生产线，其原料是地沟油、植物油下脚料与废动物脂肪等废物料。可见，与已经取得长足进步的甲醇汽油和乙醇汽油相比较，生物柴油还刚刚起步。而产生这些问题的根源，在于对发展生物柴油产业的重要意义认识和支持不足。

4.4.1 生物柴油的发展受原料的严重制约

原料始终是制约中国生物柴油发展的“瓶颈”。目前，中国生物柴油生产能力超过300万吨，由于原料供应不足，实际产量只有30万吨左右。生物柴油的产能浪费严重，生产企业的开工率普遍很低。迄今，中国生物柴油原料单一，主要集中在地沟油与酸化油等废料上，谁掌握了这些废料，谁就能生存。正是由于生物柴油的兴起，地沟油的需求也不断增大，某些地区甚至出现了争抢和囤积地沟油的现象，价格因此水涨船高。然而，由于部门管理混乱，缺乏有效的组织体系，所以地沟油、泔水油、牛羊皮油等各种废弃油资源只有很少一部分真正得到利用。虽然有些地区种植了一定数量的黄连木等油料植物，但分布散、数量小，尚不足以支撑生物柴油规模化生产。据统计，生物柴油制备成本的75%是原料成本。因此采用廉价原料及提高转化率从而降低成本，是生物柴油能否实用化的关键。鉴于上述，发展和加强多种原料资源的搜集和生产，是中国生物柴油发展的不可缺少的基础。

4.4.2 生物柴油的生产设备落后

迄今，中国生物柴油生产技术工艺相对成熟，形成了原料适应性较强的工艺路线。其主要特点是：形成了以废弃油脂和野生树木种子为原料，以常规酸碱、改性酸碱和固体分子筛为催化剂的实用工业技术，以及脂酶为催化剂和超临界无催化剂的技术储备体系。然而，中国生物柴油的生产设备还比较落后，生物柴油厂的生产设计和运行没有技术规范，存在安全隐患。此外，生物柴油的生产技术标准、产品检测和认证等体系还不完善，也未形成支撑生物柴油产业发展的技术服务体系。

4.4.3 对生物柴油的认识误区

在生物柴油发展推广过程中，除了政策难题、体制难题和技术难题之外，社会上和消费者对生物柴油质量、技术、应用以及产业政策存在种种误解。诸如：生物柴油的原料复杂多样，工艺不尽相同，质量不能保证；

含有微生物的柴油会对发动机滤清器、燃油泵造成损坏，对消费者公共安全造成威胁；生物柴油的氧化安定性较差，稳定性差，在储存一定时间后，产品质量会发生变化，质量管理难度很大；生物柴油低温流动性比矿物油差，低温使用时容易造成油路和过滤器的堵塞，限制了生物柴油在低温环境时的应用；缺乏质量保障和价格优势，市场监管难以到位；生物柴油与车辆使用性缺乏研究，在经营过程中对于储存设施、调和设备、管线等有特别的要求；生物柴油运动黏度较大，温度降低后流动性显著变差，在冬季温度低时存在难以调和的问题。为消除这种种疑虑，生物柴油大发展需要进行科技知识大普及。

虽然中国已经实施了《可再生能源法》，但是至今中国基本上还没有形成固定的生物柴油市场。由于国家尚未制定生物柴油标准，致使生物柴油市场混乱，以次充好、以假乱真的现象普遍发生，对生物产业发展造成不良影响。例如，把地沟油和甲醇简单勾兑在市场上销售者有之；把植物油直接混入柴油销售者有之，造成的恶果使柴油机积炭严重。正是由于目前生物柴油的质量参差不齐，而且产量太小，所以至今生物柴油还未进入销售的主渠道。像正和、古杉、卓越等几个民营企业的产品没有进入官方销售系统到中石油、中石化的销售网络中。因为如果把生物柴油在加油站销售，柴油质量难以保证。上述混乱状况必须迅速改变。其办法在于尽快建立起统一的产业规范，包括产品质量标准和应用体系等。另外，生物柴油生产企业要严格执行《柴油机燃料调和用生物柴油（BD100）国家标准》，提高油品质量。

4.4.4 生物柴油缺乏必要的法规和政策

迄今，中国生物柴油产业还缺乏必要的法规保障和扶持政策。从现实需要出发，国家要尽快制定对生物柴油生产、销售的优惠政策措施；制定和建立正规的生物柴油质量标准和健全销售渠道；建立生物柴油生产原料完整的收集处理体系。例如，尽快建立合法的废弃油收购服务体系，把符合质量标准的生物柴油纳入正式的销售网络中，对生物柴油实行消费税收优惠等。通过建立健全配套的法规和扶持政策体系，促进全国生物柴油生产稳定快速发展，逐步形成产业化。

4.5 中国生物柴油产业发展的对策

生物柴油作为一种新的化石柴油的替代能源，在未来将呈现有增无减的发展趋势。这是由前述一再论证的理由所决定的。中国由于人口数量众多和经济发展规模巨大，已经成为世界第二大石油消费国和第二大石油进口国。因此，发展清洁、安全、可再生的生物质能源（包括生物柴油），减少对石油的依赖，已经成为提上日程的大事。生物柴油的发展对促进改善能源结构、调整农业结构、经济可持续发展，优化生态环境，保障能源安全等都具有十分重大的战略意义。当前，中国必须有针对性地结合国内发展生物柴油产业的实际，并借鉴国外先进经验，从以下诸方面采取必要对策，以开拓广阔的发展出路。

4.5.1 制定生物柴油产业发展战略和规划

要从更新观念、提高认识切入，站在确保能源安全和解决“三农”问题的高度，把发展生物能源作为中国能源发展战略的重要内容。同时，还要制定独立的中国生物质能源发展战略，包括战略指导思想、战略内容、战略重点、战略措施等。其中，把发展生物燃料乙醇、生物柴油作为最重要的战略重点。与生物能源发展战略相适应，还制定科学规划。发展生物燃料乙醇和生物柴油产业涉及多部门、多领域、多学科，是一个复杂的系统工程。为了真正实现统筹协调、又好又快地发展，需要制定中国生物质能源发展规划。包括近期、中长期发展目标、发展重点、布局结构、关键技术、必要举措等，使之成为全国生物质能源的纲领性发展规划。

4.5.2 狠抓生物柴油产业发展的关键

加强生物能源科学技术，占领生物质能源的制高点，把科技攻关和创新置于发展生物质能源、特别是生物燃料乙醇和生物柴油的关键地位。通过集成创新、自主创新，有效开发适于中国国情的多样化原料、生产成本较低的生物燃料生产技术与装备，为新兴的生物能源产业提供科技支持。与此相应必须加大科技投入力度。

针对中国生产生物质燃料的原料基础薄弱的问题，要大力夯实多样化原料基础。除积极合理开发利用“三薯”和适量利用玉米资源之外，要大力开发边际性土地，种植和利用能源林木，开发利用秸秆的等纤维素生产生物能源，以及实现废弃油脂的回收并用于生产生物柴油。总之，要依据中国国情形成自己的生物质原料供应体系。

4.5.3 创新生物柴油产业发展道路

探索和创新中国生物能源的产业化道路，特别是生物燃料乙醇和生物柴油产业必须积极打造体制新、机制活、具有竞争力的龙头企业，实现原料基地化，生产规模化，经营集约化，产供销一体化，开拓符合中国国情的生物燃料乙醇和生物柴油的发展之路。在国家“不能与粮争地、不能与人争粮”“不能与人争油”“不能污染环境”的政策下，提炼生物柴油的原料只能用油料作物或者地沟油，必须切实解决原料的收集难题。据统计，生物柴油制备成本的75%是原料成本。因此，加强生物能源的营销市场体系十分必要。包括生物质原料的收集、运输、储存及服务市场体系；成品油的销售市场体系，包括生物燃料乙醇和生物柴油进入燃料油销售主渠道；建立健全以市场为主形成生物质能源的价格体系。通过采用廉价原料及提高转化率和生产效率，大幅度降低成本，使产业化道路越走越宽广。

4.5.4 制定生物柴油的统一标准

要制定健全生物能源（主要是生物燃料乙醇和生物柴油）的生产技术标准和产品质量标准体系。包括生物柴油抗氧化添加剂、原料储存、成品油、生物质原料的收集、运输、处理等一系列完备的标准体系，建立有关成品油质量、生产流程、工艺设计以及安全生产方面的国家标准，以保证产品质量。制定和实施全国统一的质量技术标准，生物燃料乙醇和生物柴油就取得走向市场的通行证。

4.5.5 加强生物柴油的政策扶持

加大对开发和发展生物质能源的政策支持力度，重点是对生物燃料乙醇和生物柴油产业的政策扶持，是必不可少的。包括对科技攻关和创新要加大财政支持力度，对消费生物能源产品提供适度补贴，对生物燃料乙醇和生物柴油提供税收优惠，对生物原料收集、运输和交售费用提供补贴。此外，对培育持续稳定增长的生物燃料市场和改善市场环境条件等，提供信贷优惠。这里，特别提出，对发展此类绿色能源，实行绿色金融信贷，实现优惠化、机制化和制度化。

最后，要强调的是，借助各种媒体对生物能源进行广泛宣传，包括发展生物能源的战略意义、产品的优越性，以及转变能源消费方式等。这中间要把向农村、农民的宣传作为一个重点。以激发他们生产、收集、交售更多、更优的生物质原料，引导他们积极使用生物质能源（如沼气），鼓励相关企业与农民群众合作，开展产业化经营，形成工农结合的社会架构，探索“工业反哺农业、城市支援农村”的新机制和新形式。

第5章 秸秆汽化技术与其他开发利用形式

生物燃料（biofuel）泛指由生物质组成或萃取的固体、液体或气体燃料，可以替代由石油制取的汽油和柴油，是可再生能源开发利用的重要方向。具有良好的特性：可贮藏性、可运输性和可替代性。狭义的生物燃料仅指液体生物燃料，主要包括燃料乙醇、生物柴油和航空生物燃料。在前面几章集中阐述的是生物燃料乙醇、生物柴油，本章集中阐释气态生物质能源，及其汽化技术。

5.1 农作物秸秆是一个巨大资源宝库

随着科学技术的提高和发展观念的创新，人们树立了以能量转换为基础的现代资源观，加深了对农业收获物的内涵的理解。所谓农业收获物，实质是收获的能量，即太阳光能转化而生成的生物能。它以不同形式蕴含在农作物的不同部位，包括籽实、皮壳等。

中国农作物秸秆是一个取之不尽、用之不竭的资源宝库，也是一个“绿色能源矿”。所谓农作物秸秆，是籽实收获后剩下的纤维素含量高的作物残留物。作为农业、特别是种植业大国的中国，农作物秸秆资源数量极为丰富，品种多、数量大，开发利用的潜力十分雄厚，由此所产生的经济、生态和社会意义十分可观。

5.1.1 农作物秸秆资源总量庞大

在中国，重要的农作物秸秆就有20余种，包括谷类、豆类、薯类、油料类、麻类、棉花、甘蔗、烟草、蔬菜、瓜果等多类作物的秸秆等，是农业最主要的农作物副产品，这还不包括这些农产品的加工副产品。根据

2016年5月国家发展和改革委、农业部共同组织的关于农作物秸秆综合利用的终期评估资料，2015年全国主要农作物秸秆理论资源量为10.4亿吨，可收集资源量为9.0亿吨。

整体看，秸秆资源以三大谷物秸秆为主。中国的农业生产中，粮食作物、尤其是稻谷、玉米和小麦等三大谷物占举足轻重的地位。它们的播种总面积和总产量在农业粮食生产中占绝对高的份额。以2015年为例，全国粮食播种总面积为11 334.3万公顷。其中，三大谷物面积加大豆种植面积达到9 898.2万公顷，两项总面积占粮食总面积的87.33%；油料种植总面积为1 403.5万公顷。同年，全国粮食总产量增长到62 143.9万吨。其中，谷物总产量达到57 228.1万吨（稻谷20 822.5万吨、小麦13 018.5万吨、玉米22 463.2万吨），占粮食总产量的92.09%；油料总产量1 589.8万吨。与粮油种植面积和总产量相对应，农作物秸秆也以这些作物为主，其秸秆产量占农作物秸秆总量的比重在90%以上。

再以2016年为例，全国粮食播种面积11 302.8万公顷，比2015年减少314.7千公顷，减少0.3%。其中谷物的播种面积9 437.08万公顷，比2015年减少126.51万公顷，减少1.3%。由于结构调整，粮食播种总面积缩减，全国粮食总产量61 623.9万吨，比2015年减少520.1万吨，减少0.8%。其中谷物产量56 516.5万吨，比2015年减少711.5万吨，减少1.2%。若进一步分析可见，谷物总面积占粮食总面积的比重依然很高，达到83.49%。如果加上豆类面积871.05万公顷，谷物与豆类两项总面积占粮食总面积的比重高达92.08%。同年，谷物总产量占粮食总产量的比重为91.71%。谷物加豆类两项的总产量占粮食总产量的比重高达94.52%。这同样表明，全国稻谷、玉米和小麦的三大谷物的秸秆产量占整个农作物秸秆总量的比重仍然在90%以上。

5.1.2　农作物秸秆资源的分布

农业粮食的籽实和秸秆是长于一体的，农产品产量高，就意味着秸秆产量也高。基于此，作物秸秆分布区域和农业粮食主产区必然是一致的。2016年，粮食总产量在3 000万吨以上的省份有8个：黑龙江（6 058.6万吨）、河南省（5 946.6万吨）、山东省（4 700.7万吨）、吉林省（3 717.3 万吨）、四川省（3 483.5 万吨）、江苏省（3 466.0 万吨）、河北省（3 460.2 万吨）、安徽省（3 417.5 万吨）。粮食总产量在 2 000 万吨以上的省份有 5 个：湖南省（2 953.1 万吨）、内蒙古（2 780.2 万吨）、湖北省（2 554.1 万吨）、江西省（2 138.1 万吨）、辽宁省（2 100.6 万吨）。这 13 个省的粮食生产量占全国粮食总产量的比重高达 65.49%。

2016 年，我国大豆播种面积达到 710 万公顷，总产量达到 1 310 万吨，较上年增加 150 万吨。如果加上大豆的产量，那么这些省份粮食产量占全国粮食总产量的比重在 70%以上。这 13 个省份也正是农作物秸秆的主产区。此外，还必须考虑一个因素，即一个省份或地区，每年收获一季（像黑龙江、吉林、内蒙古，以及西北一些地区）、还是收获两季（像黄河流域、长江流域、珠江流域广大地区），后者等于有两季的秸秆产量。因此，山东省和河南省年产秸秆均超过 5 000 万吨以上；河北和四川秸秆年产量超过 3 000 万吨；吉林、黑龙江、江苏、安徽、湖北和湖南等地区农作物秸秆年产量超过 2100 万吨。目前，中国农作物秸秆资源主要集中在这些省份（表 5－1）。

表 5－1　2016 年粮食播种面积、单位面积产量及总产量情况

	播种面积 （千公顷）	单位面积产量 （千克/公顷）	总产量 （万吨）
全年粮食	113 028.2	5 452.1	61 623.9
一、分季节			
1. 夏粮	27 632.4	5 037.7	13 920.4
2. 早稻	5 619.8	5 832.4	3 277.7
3. 秋粮	79 776.0	5 568.8	44 425.8
二、分品种			
1. 谷物	94 370.8	5 988.8	56 516.5
其中：玉米	36 759.7	5 972.7	21 955.4
稻谷	30 162.4	6 860.7	20 693.4
小麦	24 186.5	5 327.4	12 885.0

（续）

	播种面积（千公顷）	单位面积产量（千克/公顷）	总产量（万吨）
2. 豆类	9 710.5	1 781.0	1 729.4
3. 薯类	8 946.9	3 775.5	3 377.9

注：①根据甘肃、宁夏、新疆等部分地区小麦实际产量对全国夏粮数据进行了修订。
②由于计算机自动进位原因，分项数合计与全年数据略有差异。
资料来源：国家统计局公告，2016 年 12 月 9 日。

5.2　农作物秸秆资源的开发利用

我国曾长期受传统资源观的影响，只简单地从农产品形态上区分，把农作物的籽实当作产品，而把秸秆视为“废品”，甚至视为“垃圾”。也就是说，不管其构成成分，把农作物秸秆排除在农业粮食收获物之外。这样，就难免把资源当“垃圾”，严重限制了农作物秸秆的开发利用，造成极大浪费。随着科学技术的提高和发展观念创新，人们树立了以能量转换为基础的现代资源观。所谓农业收获物，实质是收获的能量，即太阳光能转化而生成的生物能，只不过是蕴含在不同部位及利用方式不同罢了。

5.2.1　农作物秸秆构成成分

从科学的现代资源观出发，农业粮食作物秸秆也是收获物的重要组成部分，即含有能量的、有价值的资源。在各种作物秸秆中，除了大部分碳元素之外，还含有其他重要成分：一是无机微量元素，主要包括钾、硅、氮、钙、镁、磷等；二是有机质组分，主要包括纤维素、半纤维素、木质素、蛋白质、氨基酸等。

首先，以一个地区为例，介绍农作物秸秆构成成分的特点。据专业人员对产于成都平原的水稻、小麦、油菜等几种农作物秸秆的不同部位的主要成分化验检测的结果发现，不仅不同种类的秸秆，而且同一种秸秆的不同部位，其纤维素、半纤维素和木质素等主要成分含量都存在较大差异：

秆部（直秆部位）纤维素含量较高，而穗部的半纤维素和木质素含量较高。其不同农作物秸秆的组成成分各不相同：①油菜秸秆中纤维素含量最高，秆部达 52.99%；②小麦秸秆纤维素含量次之，秆部达 51.16%；③水稻秸秆中纤维素含量相对较低，秆部为 39.69%；④小麦秸秆中半纤维素含量最高，穗部达 28.41%；⑤水稻秸秆中半纤维素含量次之，穗部为 24.81%；⑥油菜秸秆中半纤维素含量最低，油菜籽壳中为 18.34%；⑦油菜秸秆中木质素含量较低，油菜籽壳中为 22.06%；⑧小麦秸秆中木质素含量也较低，穗部为 23.89%；⑨而水稻秸秆中木质素含量较高，穗部为 25.22%。通过建立对秸秆成分分析方法，可快速得到不同秸秆主要成分的结果，用来指导成分的有效分离和高附加值利用秸秆资源。

下面，选择几种作物秸秆（包括谷物、油料、杂粮作物秸秆）检测其无机元素和有机质成分。先看作物秸秆的无机元素构成。以水稻、小麦、大豆和油菜等四种秸秆为例，大豆秸秆的氮、钾、钙元素的含量最高，分别为 1.93%、1.55%和 0.84%；水稻秸秆的磷、镁、锰、硅元素的含量均最高，依次为 0.09%、0.12%、0.02%和 7.99%（表 5-2）。再看作物秸秆的有机质元素构成。以水稻、冬小麦、燕麦和油菜等四种秸秆为例，燕麦和水稻秸秆的纤维素含量最高，分别为 35.4%和 35.0%；水稻和燕麦秸秆的脂肪含量最高，分别为 3.82%和 2.02%；油菜和水稻秸秆的蛋白质含量最高，分别为 3.50%和 3.28%；冬小麦和燕麦秸秆的木质素含量最高，分别为 21.2%和 20.4%。而小麦、大豆和油菜秸秆的磷最低，均为 0.03%（表 5-3）。

表 5-2　几种农作物秸秆的微量元素

单位：%

种类	氮	磷	钾	钙	镁	锰	硅
水稻	0.60	0.09	1.00	0.14	0.12	0.020	7.99
小麦	0.50	0.03	0.73	0.14	0.02	0.003	3.95
大豆	1.93	0.03	1.55	0.84	0.07	0.003	3.95
油菜	0.52	0.03	0.65	0.42	0.05	0.004	0.18

资料来源：尹成杰，《捡回另一半农业》，中国农业出版社，2012 年。

表 5-3　几种农作物秸秆的有机质成分

单位：%

种类	灰分	纤维素	脂肪	蛋白质	木质素
水稻	17.8	35.0	3.82	3.28	7.95
冬小麦	4.3	34.3	0.67	3.00	21.20
燕麦	1.8	35.4	2.02	4.70	20.40
油菜	6.2	30.6	0.77	3.50	14.80

资料来源：尹成杰，《捡回另一半农业》，中国农业出版社，2012 年。

5.2.2　农作物秸秆资源的特点和价值

农作物秸秆是一种生物质能资源，同其他生物质能一样具有多种优越属性：一是资源再生性。通过农作物与太阳的光合作用可以无穷尽地形成秸秆能量，是农作物籽实能量的传导输送者。二是使用清洁性。利用生物质燃料（如生物柴油、生物燃料乙醇等）不产生污染环境的有害物质，有利于保护生态环境。三是来源广泛性。凡是平原、丘陵和山地能生长植物的土地，都可种植各种作物或能源植物，获得产生生物能量的秸秆或原材料。四是用途多样性。农作物秸秆或能源植物具有多方面的用途，包括肥料、燃料、原料和基料等。特别是农作物秸秆是一种取之不尽、用之不竭的生物质能源。实质而言，开发农作物秸秆资源就是利用其生物能源。农作物秸秆含能量较高，除棉秆、稻秆的含能量为 1 315 千焦之外，粮食、油料秸秆的含能量均在 1 500～1 800 千焦之间。充分开发生物质资源，经济、生态和社会意义巨大。

多年来，各级政府和领导做出了很多努力，为“禁烧秸秆”做了多次批示，出台了秸秆“禁烧令”。对于解决普遍存在的“秸秆禁烧”的难题，各地不可说是不用心，出台的办法不可说是不严厉，采取的措施不可说是不严格。然而，各地秸秆焚烧“禁而不止”。究其原因是多方面的：忽视农作物秸秆价值，把资源当“垃圾”是思想认识根源；忽视农民权益，以“服务”为名义占农民便宜是策略根源；忽视农业粮食发展的客观规律，采取“偏重非农利用”是发展方式的根源。

5.2.3 秸秆的粗放化利用造成的消极结果

客观而言，中国利用秸秆资源已有很长的历史了，只不过是采用的原始方式，造成了资源的严重浪费。传统的处置农作物秸秆的方式，多是直接用作燃料如取暖、烧饭等；或者用作饲料，饲养牛、养羊等；还有的把秸秆沤烂用作肥料，以及就地焚烧处置等。传统的处置和利用农作物秸秆的方式，虽然也产生一些积极的效用，并实现秸秆的减量化，但却导致产生多种消极结果：一是，造成了资源的严重浪费，诱发农村生态环境恶化。在总体上，目前我国秸秆资源开发利用还很粗放，资源化、商品化程度低，存在着“三低三重”问题。所谓“三低”是：秸秆科技创新能力低，秸秆综合开发利用率低，秸秆开发企业产业化发育程度低，尤其缺乏龙头企业的带动。所谓“三重”是：秸秆资源浪费严重，环境污染严重，经济生态损失严重。目前在我国无控焚烧、随意抛弃秸秆的现象还相当普遍，导致宝贵资源化为灰烬。从 2002 年到 2006 年，全国农作物秸秆焚烧露天焚烧点 5 800 个到 16 800 个之间，焚烧面积在 253.33 万公顷到 733.33 万公顷之间。2006 年，秸秆焚烧量约在 3 750 万吨，数量之大令人吃惊。二是，严重污染大气环境。秸秆焚烧过程中释放大量的一氧化碳、二氧化碳、氮氧化物。大量二氧化碳气体及其他有毒有害物质，增加悬浮颗粒，威胁人与其他生物体的健康，引起附近居民呼吸道疾病，造成严重公共卫生、社会问题。三是，引发交通事故。焚烧秸秆形成的浓厚烟雾，造成空气能见度下降，直接影响民航、铁路、高速公路的正常运营，容易引发交通事故，影响人身安全，甚至导致高速公路被迫关闭、飞机停飞等问题，影响道路交通和航空安全。据有关资料显示每年由于焚烧秸秆造成飞机延误 1 000 多起，公路交通事故 5 000 多起。四是，引发火灾。秸秆焚烧，极易引燃周围的易燃物，导致“火烧连营”，一旦引发麦田大火，往往快速蔓延，很难控制，尤其是在山林附近，后果更是不堪设想。五是，劣化稀缺资源土壤。焚烧秸秆中产生的高温“入地三分”，地表中的微生物被烧死，腐殖质、有机质被矿化。同时，焚烧秸秆会造成土壤水分蒸发及土壤结构的破坏，造成土壤板结，肥力下降，土壤生态系统恶化，作物产量下降的恶果。

在发展绿色产业、绿色经济的新时代，正视宝贵资源变“宝”为“废”、危害环境的现象，令人惊心和不安。必须探索创新秸秆资源开发利用的根本途径，既有效消除焚烧秸秆的污染源，又获得绿色能源。

5.3　农作物秸秆的利用技术与方式

借助现代科技开发农作物秸秆资源，已取得多项重要成果。包括生物液体燃料和生物气体燃料在内的技术工艺都达到成熟化、商业化的水准，开辟了广阔的新技术途径。生物质汽化是在一定的热力学条件下，借助于空气部分（或者氧气）、水蒸气的作用，使生物质的高聚物发生热解、氧化、还原、重整反应，最终转化为一氧化碳、氢气和低分子烃类等可燃气体的过程。中国可用的固体生物质数量巨大，主要以农业废弃物和木材废物为主。专家认为，我国生物质原料分布广散，收集和运输困难，在目前的条件下，以采用中小规模的生物质汽化发电技术（200～5 000 千瓦）为宜。

5.3.1　作物秸秆汽化开发利用新技术

生物科技的突破，把农作物秸秆的价值属性有效扩大和提升了。“昔日当作草，今日变成宝”，农作物秸秆成为具有多种用途的重要资源，也成为一种新兴的生物能源的原料。农作物秸秆是世界上数量最庞大的一种农业收获物之一。据联合国环境规划署的资料，世界上种植的农作物每年可提供的各类秸秆数量达数十亿吨。中国是农业和粮食生产大国，农作物秸秆产量约为每年 9 亿吨以上，居世界首位。农作物秸秆的主要成分为纤维素、半纤维素和木质素，是一种宝贵的可再生资源。以秸秆为原料发展生物能源具有多种优越性：可把大量目前仍作为垃圾处理或抛弃的废弃物料，包括秸秆、林木、农产品加工副产品等化废为宝，生产大量清洁能源，满足居民生产与生活需要；伴随这一过程，可有力促进农业资源循环利用，提高农业效益，增加农民收入，保护生态环境；特别是可有效转变农村能源消费结构，例如通过生产沼气，既可改善农村能源消费结构、改善农民生活条件和农村卫生条件，还可提供大量优质有机肥料，提高农产品优质率。

生物质汽化是农作物秸秆开发利用的重要新技术，是生产气体生物燃料的主要途径。这项技术已有100多年的历史。1883年诞生了汽化反应器。当时以木炭为原料，汽化后的燃气推动了早期的汽车和农业排灌机械的发展。然而，传统的生物质汽化技术简单，能量转化率低，现在已经被淘汰。进入现代，国外主要采用生物质直接燃烧供热——发电或成型后燃烧供热——发电技术。目前国际上生物质汽化技术呈现如下的发展趋势，在汽化得到合成气（syngas）的基础上，再经过F-T（Fischer-Tropsch）合成得到生物柴油或化工产品，利用F-T合成过程中的废气发电，而不是专门以汽化气发电。

农作物秸秆主要由植物细胞壁组成，含有丰富的有机质、氮、磷、钾等营养元素，以及镁、钙、硫和其他重要的微量元素。它们不仅普遍具有较高的热值和粗纤维含量，而且不同作物秸秆的有机质成分基本相似，根据不同的用途可选择适合的秸秆。稻谷、小麦、大麦、玉米、粟谷和大豆等作物秸秆中，除含有其他多种成分外，粗纤维素含量最大，依次为35.1%、43.6%、41.6%、34.0%、41.7%和44.3%。一般而言，秸秆用作饲料和食用菌基料要求粗蛋白、粗脂肪、无氮浸出物的含量要高些，纤维素、木质素和灰分的含量要低些；作为建筑材料和能源原材料要求纤维素、木质素的含量和热值都较高，而对蛋白质、脂肪、无氮浸出物的含量要求较低。

5.3.2 秸秆转化为生物质能的路线图

迄今，各国从现有技术条件、比较效益和客观需要出发，不断探索和采取三种技术路线图，把农作物秸秆转化为生物质能：一是转化生成沼气；二是汽化供气和直接燃烧发电；三是固化压缩成型燃料替代煤炭。

5.3.2.1 秸秆转化生成沼气

中国作为能源消费大国，随着农村社会经济的迅速发展，农村能源消耗也日益增大，在此背景下，沼气资源作为一项极具应用前景的新能源，其开发利用是满足农村能源供应的有效举措。

沼气是气体生物燃料的一种。它是有机物质在厌氧环境中，并在一定温度、湿度和酸碱度条件下，通过微生物发酵作用产生的一种可燃气体。沼气是一种混合气体，与天然气有异曲同工之处。沼气转化是利用厌氧微生物把农作物秸秆转化成沼气的生物学过程，是发展农作物秸秆生物质能的一条可行途径。目前，在我国厌氧消化技术已经成熟，被广泛用于多种有机废弃物的生化汽化。发酵沼气的主要原料是畜禽粪便和农林废弃物，以及工业和生活垃圾等。农作物秸秆常被用于厌氧消化的“配料”使用，发挥物料性状或碳氮比的调节作用。沼气发酵主要包括户用沼气池型和工业沼气池型。从 20 世纪 70 年代以来，中国农村户用沼气就已经取得长足发展。2006 年，全国已有 2 200 万座户用沼气池和 3 764 座大中型沼气工程。年产沼气约 80 亿立方米。沼气在农村用于做饭、取暖、照明，同时还产生大量沼渣，是一种优质有机肥料。

发展农村沼气，是典型的农业循环经济模式。农村沼气把种植业和养殖业连为一体，形成了能流、物流在农业系统内部的良性循环，把农村的“三废”（秸秆、粪便和垃圾）转变成“三料”（燃料、饲料和肥料），取得了“三净”（家居净、庭院净和饮水净）、“三省”（省柴、省电和省力）、“三增”（增肥、增产和增效）和“三减少”（污染减少、病虫害减少和投资减少）的多种良好效果。我国现阶段农村沼气的研究与废弃物资源化处理，以及沼气发酵产物综合利用和生态环境保护等农业生产活动密切相关，从地域上形成了以下三种农村沼气的典型发展模式：①南方“猪—沼—果”发展模式；②北方“四位一体”（厕所、猪圈、沼气池、太阳能暖棚）发展模式；③西北“五配套”（在“猪—沼—果”的基础上增加太阳能暖圈和暖棚）发展模式。中国沼气产业的规模呈现逐年递增的趋势，尤其是户用沼气池的数量增加明显，已经成为沼气产业的主力。

在国家政策措施的引导及资金投入的支持下，中国沼气产业的规模呈现逐年递增的趋势，尤其是户用沼气池的数量增加明显，已经成为沼气产业的主力。2000 年年底，全国农村户用沼气池达到 848 万户，2006 年年底增加到 2 200 万户，从 2007—2010 年，户用沼气池数量一直呈现递增的发展趋势，并以平均每年约 17%的速度增长。这 4 年间，农村户用沼气池依次增长都 2 650 万户、2 800 万户、3 500 万户和 4 000 万户。到 2010 年年底，全国农村户用沼气池累计数量占全国适宜农户的 33.3%，受益人口达1.55亿人，大型沼气工程4 700多处，养殖小区等小型沼气工程建设2万多处，秸秆沼气工程、校园沼气工程等实现了“零”的突破。与此同时，沼气产业规模不断壮大，全国沼气生产人员达27万多名，各类沼气生产和服务企业4 000多个，实现年产值260多亿元。沼气建设的支撑能力进一步增强。从2007年以来，中央投资20多亿元，专用于建设农村沼气乡村服务网点7.76万个、县级服务站50个，覆盖率达到75%。2015年农村户用沼气池达到5 000万户，根据国家《可再生能源中长期发展规划》，到2020年，我国沼气年利用总量将达到440亿立方米，其中农村沼气利用量将达到300亿立方米，占比达68.18%以上。

5.3.2.2 秸秆汽化直接燃烧发电

气体生物燃料主要包括沼气、生物质汽化、生物质制氢等，以及沼气净化后用作运输燃料，即CNG（Compressed Naturad Gas）。生物质汽化技术，包括沼气发酵技术和秸秆汽化技术（即热解汽化技术）。从新世纪初以来，中国设专项资金支持发展农村新能源和可再生能源产业，并制定了各个阶段的发展目标（表5-4）。

表5-4 生物质汽化技术产业发展目标

单位：亿立方米

项目	1998	2005	2010	2015
工业废水沼气工程　沼气累计总量	3.2	12.8	24.0	40.0
农业废弃物沼气工程　沼气累计总量	0.6	1.2	2.9	4.5
秸秆气化供气—发电　累计供气总量	0.7	6.1	12.9	20.3

资料来源：国家能源局，《中国新能源和可再生能源产业发展目标》，2015年。

生物质汽化过程简单，但具有一些缺点：能量转化率低，所产生的能量一般为生物质所含能量的60%～70%，最高为75%；以及燃气热值低，焦油含量高，汽化过程中还需要消耗能量等，现在已被淘汰。随着生物质（或成型）直接燃烧技术的提高，国外主要采用生物质直接燃烧供热—发电，或成型后燃烧供热——发电新技术。农作物秸秆直接燃烧发电是生物质发电的一种主要形式。生物质直燃发电是指利用农作物秸秆、林业废弃物、城市和工业有机废弃物等物料发电的技术。利用农作物秸秆直接燃烧发电对于能源替代、环境保护和服务新农村建设具有重大作用。以服务新农村建设来说，建设1座2.5万千瓦级的生物质直燃发电厂，按年运行6 000小时计算，年消耗农作物秸秆20万吨，年发电量1.6亿千瓦时。同时，围绕农作物秸秆的收购、加工和运输等链条，直接为当地农民增收4 500万～6 000万元，还可吸纳农村劳力1 000多人。与同类型火电机组相比较，每年可替代标准煤约5万吨，减排二氧化碳约15万吨，燃烧后的草木灰达8 000吨之多，是高品质的钾肥。据报道，截至2007年2月底，国能生物发电有限公司已核准项目29个。到“十一五”期末，该公司规划建成投产200万千瓦的生物质直燃发电能力带来十分可观的经济社会效益：每年可消耗农作物秸秆1 600万吨；在秸秆收、储、运等方面每年可为农民增收40亿元；还可直接吸纳农村劳力10万人；与同类型火电机组相比较，每年减排二氧化碳约1 200万吨。

从全局看，中国小型生物质燃烧发电已商业化。南方地区的许多糖厂利用甘蔗渣发电。由于受原料的限制，甘蔗渣电厂一般只在榨季运行。作为生物质能发电的先行者，国家电网公司旗下已核准项目有22个，在建项目14个，装机容量达到35万千瓦。到2010年，该公司规划建设竣工200万千瓦的生物质能发电能力，占中国生物质发电能力的36%左右。中国第一批秸秆生物燃烧发电厂在河北省石家庄、山西省晋州市和山东省菏泽市单县建设，装机容量分别为2×12兆瓦和25兆瓦，发电量分别为1.2亿千瓦时和1.56亿千瓦时，年消耗秸秆20万吨，其中单县电厂已经点火运行。此外，国能生物发电有限公司相继在江苏、安徽、河南、吉林和黑龙江等省投资建设一批生物质发电厂。迄今，中国有100多个县、市开始投建或者与相关方面已签订秸秆发电项目。

然而，目前中国秸秆直燃发电技术仍然存在着一些关键问题，包括缺乏核心技术和设备，发电成本偏高，秸秆分散在广阔农村，加之青壮年劳力外出打工，致使秸秆收集、运输和储存困难等，都是必须解决的问题。

5.3.2.3　固化压缩致密成型燃料

生产生物固体能源产品，就是将农作物秸秆、稻壳、木屑等农林废弃物粉碎后，送入成型器械中，在外力作用下压缩成为需要的形状。然后，用作燃料直接燃烧，也可进一步加工成生物炭。在国外，这种生产技术已经成熟，如丹麦、德国、比利时、美国、日本等国家已实现了工厂化生产，其产品主要用于取暖炉、锅炉发电等。

目前，中国已研究和开发出不经蒸汽加热的直接成型技术，生物质固化成型机已应用于生产。其产品致密成型燃料，也已应用于取暖与小型锅炉。经测定，该种燃料排放的污染物低于煤炭等化石能源，是一种高效、清洁的可再生燃料。致密成型法与其他方法生产生物质能的方法相比较，具有多种优点：一是生产工艺和设备简单，易于操作，同时对各种原料的适应性强；二是固化成型的燃料便于贮运，包括可长时间存贮和长途运输；三是对现有燃烧设备，包括锅炉、炉灶等经过简单改造即可使用；四是易于实现产业化生产和大规模使用等。还有一个优点，就是秸秆成型燃料在北方农村使用方便，特别在中国北方高寒地区，炕灶是冬季主要的取暖形式，在广大农村有传统的使用习惯，秸秆成型燃料易于被老百姓所接受。迄今，全国已有一大批压缩成型机用于处理稻壳或秸秆生产固体燃料。成型产品的能源产量可折合数以百万吨的标准煤。

5.3.3 秸秆作为造纸原料的利用方式

在我国目前作物秸秆的“五料化”利用方式中，在工业和手工业领域用途十分广泛，技术工艺不断革新。除工业造纸的主要利用方式之外，农作物秸秆还有其他多种利用方式。主要包括：①利用秸秆生产可降解的包装材料，如秸秆一次性餐具、快餐盒和筷子，制造包装缓冲衬垫材料；②利用秸秆生产酒精、淀粉、糠醛、木糖醇、轻甲基纤维素等；③秸秆用于编织业最常见、用途最广的就是稻草编织草帘、草苫、草席、草垫、草编制品等多种工艺品和日用品；④秸秆非常适用于多种食用菌的培养基料。将秸秆粉碎，按一定比例配合，加入添加剂，经灭菌、接种生产草菇、猴头菇、银耳、灵芝等。1 千克秸秆生产 1 千克鲜食用菌，生物转化率达 100%。研究表明，秸秆栽培食用菌的氮素转化效率平均为 20%左右，高于羊肉（6%）和牛肉（3.4%）的转化效率，是开发食用蛋白质资源，提高人民生活水平的重要途径。如果切实地、有效地采取这些综合利用技术，不仅可以转化大量的废弃秸秆、避免环境污染，而且还可收到良好的经济、生态效益，最终实现自然界的物质和能量的大循环。

下面，着重阐述作物秸秆用作造纸工业的重要形式。

5.3.3.1　秸秆用作造纸工业的重要原料

造纸业是与国计民生紧密相关的轻工业部门，农作物秸秆用于工业造纸是其广泛而重要利用方式。植物纤维是发展制浆造纸的基本原料。根据国际统计资料，世界造纸工业使用木材量约占制浆纤维原料（不包括废纸）的90%以上，而中国制浆纤维原料中，木材比重仅占1/5左右，草类和废纸浆所占比重十分突出，是世界上最大的草浆生产国（表5-5）。世界非木材制浆的75%以上产自中国。中国造纸工业用草类原料主要包括：芦苇、芒秆、竹子、甘蔗渣、秸秆、棉、麻等。中国造纸工业的发展经历了“以木为主”“以草为主”和“草木并举逐步提高木材比重”三个原料结构阶段。1995年以后，在“九五”和“十五”发展计划中，明确提出“逐步实现以木材纤维为主，扩大废纸回收利用，合理使用非木纤维”的原料结构调整的指导思想。目前用于造纸的麦秸秆数量仅占可供资源数量的20%左右，但仍拥有巨大的潜力。在中国木材纤维原料资源相当匮乏的情况下，只要科学合理地应用，应该适当扩大麦秸秆的使用规模。只要科学合理地应用，并实现清洁生产，农作物秸秆仍是一种较可靠的非木材纤维造纸原料。

利用稻谷、麦类禾本科作物秸秆做造纸原料，在中国已有悠久的历史和丰富的经验，工艺技术与装备水平处于国际领先地位。水稻和小麦产区就是天然的造纸工业的麦草原料基地。在非木质纤维纸浆中，禾草纸浆占据很大的比例，约为75%。其中，苇纸浆、竹纸浆、蔗渣纸浆等只占25%左右，其他50%则为作物秸秆纸浆。近年来，中国部分稻谷秸秆、麦类秸秆等的利用途径发生了转变，占比有所下降。然而，从造纸纤维原料在纸浆成本构成中的比例分析，非木质纤维原料成本低，具有较强竞争力，因此保持一定数量的非木质纤维制浆造纸是必然和必要的。稻麦秸秆采购成本比较低，平均价格为200元/吨；漂白麦草浆的成本一般低于1 500元/吨，比起木浆要低很多，如加上碱回收、环保处理费及贷款利息等，漂白麦草浆成本一般在2 200元/吨左右；如制成商品浆板销售，还须增加一些费用。这样每吨漂白麦草浆板的总成本大体在2 500元/吨左右，当生产规模增大时，单位成本还会有所降低。这一成本比进口废纸的成本还要低（表5-5）。上述因素使禾草纤维原料至今仍占据中国造纸纤维原料的首位。

表5-5 几种纤维原料在纸浆成本构成中的比例

原料种类	单价（元/吨）	成品浆的成本（元/吨）	纤维原料占总生产成本的比例（%）
木材	350～600	4 000～5 000	47～50
废纸	进口：1 200～1 800 国内：1 000		63
竹子	鲜竹：300～400	3 800～4 300	45～50
芦苇	300～500	2 800	36
甘蔗渣	330（干）	3 400	24
稻麦秸	200～300	2 500	22

资料来源：中国造纸学会，《中国造纸年鉴》2007，中国轻工业出版社。

然而，禾草类原料也有其缺陷：一是，农作物秸秆产出具有季节性和分散性，其收集、运输及贮存难度较大；二是制造禾草纸浆容易带来环境污染，必须加强环保措施，从而提高了生产成本；三是稻谷、麦类秸秆纤维质原料制造的产品档次较低，在销售市场等方面受到一定限制，市场所占份额将会有所减少。尽管有这些劣势，但稻谷和小麦作物秸秆在非木质纤维造纸原料中依然占有重要地位。目前，用于造纸的稻谷、麦类秸秆量占可供资源量的20%左右，仍有巨大潜力。在中国木材质纤维资源短缺的条件下，稻麦作物秸秆仍然不失为一种稳定可靠的造纸原料。据估算，我国用于造纸工业和手工业的原料大体占秸秆可利用量的3%左右。中国稻谷、麦类、甘蔗等纤维质原料在纸浆成本构成中的比例见表5-5。

5.3.3.2 突破秸秆造纸的世界性技术难题

众所周知，传统工艺造纸产生的污染很严重。但这个世界性难题被我国科技人员突破了。有一家新能源科技发展有限公司研发成功“秸秆化机浆”新技术。这项新技术、新工艺及设备的创新点在于，采取常压低温离解、复合机分段分解技术，即在常压低温作用下秸秆分子结构稳定，不遭到破坏，更不会产生污水外排。整个系统生产过程只有内循环，不需要污水处理，完全实现“不排放”。秸秆经过粉碎、除尘、揉丝、拌合，然后分三段加入复合机，经反应后热磨离解，得浆率高达85%。而现行的秸秆造纸企业的得浆率最高不过40%，剩余的约15%水浆混合物经循环系统中的沉淀池沉淀，沉淀后的水经处理后继续循环利用，沉淀回收物即尾浆。“秸秆化机浆”新技术的研制成功，为秸秆造纸业开辟了广阔前景。

5.4　秸秆用作生物质能源的其他形式

如前述，农作物秸秆可主要转化成为三种形态的生物能源产品：液体、固体和气体生物燃料。在其他相关章节，已分别对生物液体燃料（生物燃料乙醇、生物柴油），以及秸秆汽化发电等进行了详细论述，本节着重阐述秸秆用于其他方面的形式。

5.4.1　作物秸秆利用的两种类型

迄今，我国对于秸秆的利用，大体可以分为农业内部利用和为工业提供原料等两大类。前者指农户对秸秆的利用，主要体现在四个方面：用作生活燃料；用作家畜饲料的原料；用作堆肥或直接还田；用作修房造屋及其他生活性用途。至于作物秸秆用作工业原料，主要用在造纸业和制作手工产品方面，后者如编织业等。总体看来，目前我国农作物秸秆，还是以农业内部利用为主，尤其是青储饲料和秸秆还田呈发展趋势。

在农民对秸秆的利用过程中，不同地区、不同农作物秸秆利用方式有较大差异：①小麦、水稻和其他禾本科作物的秸秆，40%以上以各种方式还田、用作肥料，另外，小麦秸秆用作工业原料的比例也较高，达到8.3%。②杂粮、花生豆类作物秸秆，用作饲料的比例较高，其中杂粮为67.8%，花生为41.5%，豆类为34.4%。③油菜和玉米用作肥料的比例也较高，其中油菜占34.1%，玉米占32.2%。④棉花秸秆多用作燃料，为56.6%（表5-6）。

表 5-6 不同秸秆的不同利用方式百分比

单位：%

作物	肥料	饲料	燃料	工业原料	其他
小麦	40.2	14.3	20.3	8.3	16.9
玉米	32.2	27.1	24.7	1.8	14.3
水稻	41.7	16.2	25.5	5.6	10.9
杂粮	11.5	67.8	10.5	2.8	7.4
油菜	34.1	20.4	26.6	1	17.9
棉花	16	15.5	56.6	4.4	7.6
花生	26	41.5	23	1	8.4
豆类	16.8	34.4	41.6	1.2	6
其他	47.6	27.5	14.6	1.1	9.2

注：由于区域性和其他因素的差异较大，此表并不能反映地区性的特征。

5.4.2 农作物秸秆用作饲料的方法

农作物秸秆除了生物质能价值属性之外，还具有其他多种价值属性。包括用于牲畜饲料和有机肥料。中国民间素有利用秸秆作粗饲料养畜的传统，但是利用的方式极为粗放。

以秸秆用作饲料为例，有很大部分是未经任何处理直接饲喂牲畜。未经处理的秸秆不仅消化率低，粗蛋白含量低，而且适口性差，牲畜采食量也不高，单纯饲喂这种秸秆，连维持牲畜的最低需求也难满足。若不加以改良，就会制约草食家畜业生产水平的提高。随着青贮、氨化等秸秆处理技术的推广，以及品种改良、科学补饲技术和快速育肥技术的普及，有力加快了农作物秸秆用于牲畜饲料的步伐，促进了牛羊饲养业的发展。当前农作物秸秆制备饲料的方法主要有物理法、化学法和生物法三种。

一是物理法。即通过改变秸秆长度和硬度，提高其消化利用率。它主要包括粉碎软化法、压块制粒法、“热喷”处理法，以及“挤压”膨化法四种方法。

二是化学法。它主要包括碱化处理法、氧化剂处理法、氨化处理法和复合化学处理法四种方法。常用的制备秸秆饲料有秸秆氨化饲料和碱化饲料两种。

三是生物法。它主要包括青贮技术和微贮技术两种方法。后者是利用微生物的乳酸菌的发酵作用，对青绿秸秆无杂菌密封贮藏，具有适口性好、吸收率高的优点。

上述三种方法，各具有一定的优缺点，推广普及程度也不同。其中，用化学法制备秸秆饲料的普及程度不高。另外，我国秸秆饲料工业集约化生产水平较低，大部分秸秆饲料只限于青贮以及小规模的氨化处理。

5.4.3　农作物秸秆用作肥料的方法

在建设生态文明和现代农业的新时代，赋予了农作物秸秆还田这种古老用法的新含义。秸秆还田，实质上是把取之于土的能量又还之于土的科学做法。借助此法，不仅可增加土壤有机质，提高土壤肥力，改善土壤物理与生物性能，还可以保土保水，提高作物产量。在国外的农业经营活动中，秸秆还田很普遍、数量很大。美国每年秸秆产量约 4.5 亿吨，还田量占秸秆总产量的 68%以上。英国秸秆还田的比例更高，占秸秆总产量的 73%。我国农村历来就有秸秆还田的耕作传统。早在 1991 年，国家计委、农业部、建设部等部门就联合下文，要求因地制宜、形式多样、大力推广秸秆还田技术方法。这有力地推动了秸秆还田技术的研究和还田机械的研制，促进了大面积推广秸秆还田的技术方法。

目前，农作物秸秆还田的技术主要有三种：一是直接还田，包括直接粉碎还田、整秆还田和覆盖栽培还田的方法。二是间接还田，包括堆沤腐解还田、过腹还田、“菇渣”和“沼渣”还田等。三是生化腐熟快速还田，包括催腐堆肥技术、速腐堆肥技术和酵菌堆肥技术等。上述三种方法各有优点和缺点，可根据本地实际情况选择采用。

秸秆还田在现代可持续农业和生态农业的发展中具有重大作用。土地作为农业生产的最基本生产资源，其永续利用是永恒的主题。大力提倡和扩大秸秆还田，是关系农业粮食可持续发展的大措施，必须提到议事日程上，进一步大力提倡。

5.5 农产品加工副产品资源及其利用

在传统资源观影响下，我国未把农产品加工副产品开发利用置于应有的地位，造成利用方式粗放，利用率很低，由此导致农产品加工附加值低、资源浪费和环境污染严重。这种状况到了彻底转变的时候了。

5.5.1 农产品加工副产品是重要资源

农产品加工副产品品种多，数量大，分布广，是不可忽视的重要资源。其主要种类包括小麦加工副产品、玉米加工副产品、稻米加工副产品，以及肉类等畜牧产品加工副产品，等等。经过现代科学仪器检测，农产品加工副产品含有丰富的蛋白质、碳水化合物、矿物质和维生素等。以小麦麸皮为例，其主要组成成分如表 5－7。

表 5－7 小麦麸皮的组成成分

营养成分	含量（每 100 克）	营养成分	含量（每 100 克）	营养成分	含量（每 100 克）	营养成分	含量（每 100 克）
蛋白质（克）	12～18	可溶性膳食纤维（克）	2.00	钙（毫克）	90	维生素	0.265
脂肪（克）	3～5	灰分（克）	4～6	铁（毫克）	12	烟酸（毫克）	1 340
总碳水化合物（克）	45～65	钾（毫克）	980	锰（毫克）	16.2	肌醇（毫克）	0.065
总膳食纤维（克）	35～50	镁（毫克）	320	锌（毫克）	17.0	生育酚（毫克）	3.17

再如，玉米的产量大，副产品的数量也很大，玉米胚芽是玉米淀粉生产中的副产品。采用超临界 CO_2 萃取、酶解法等提取玉米胚芽油，是一种优质保健食用油。加工玉米淀粉或湿磨玉米过程中产生的胚芽，经磨细可制成胚粉，胚粉含蛋白质 22.6%，脂肪 1.9%（油已提出），淀粉 24%，

粗纤维 9.5%，灰分 3.8%，水分 10%（美国的数据）。玉米糠麸是玉米淀粉加工厂的副产品，因加工方法不同，其营养成分略有差异，一般含有粗蛋白质 7%～14%，粗纤维 6%～16%，有效能值与小麦麸相近，可以代替小麦麸作精饲料用。

5.5.2　农产品加工副产品利用的主要途径

农产品加工副产物品种多、数量大、价值高，含有大量的蛋白质、脂肪、纤维素、矿物质和其他生物活性成分，堪称宝贵资源，具有广泛用途。在前述相关章节，对于作物秸秆资源用作“四料”、即饲料、肥料、燃料、基料已进行了阐述。这里，简要补充其他方面的重要作用。

（1）用作生产优质蛋白食品的原料。现在已经研制成功、开发利用植物蛋白食品的技术和设备，特别是利用大豆榨油后的大豆蛋白食品的技术，可生产多种消费者青睐的植物蛋白食品。大豆蛋白质的氨基酸组成与牛奶蛋白质相近，必需氨基酸含量均较丰富，是植物性的完全蛋白质，在营养价值上，可与动物蛋白等同，在基因结构上也是最接近人体氨基酸，所以是最具营养的植物蛋白质。目前，已可生产粉状大豆蛋白产品和组织化大豆蛋白产品两种。以这两种产品为基础原料，还可进一步加工成各种风味蛋白食品。

（2）用作生产优质食用油的原料。利用大米、小麦、玉米等农产品加工副产品生产优质食用油。经测定，米糠和小麦胚芽的油酸、亚油酸等含量高达 80%左右。以碾米工业的副产物米糠为例，可以制作优质米糠油。米糠的组成成分为油脂 15%～22%，相当于大豆的含油量，蛋白质为 12%～16%，无氮浸出物为 33%～53%，水分为 7%～14%，灰分为 8%～12%。由米糠作原料制取的米糠油是一种营养丰富的植物油，食后吸收率达 90%以上。米糠油含有 38%左右的亚油酸和 42%左右的油酸，其亚油酸与油酸的比例约在 1∶1.1，从现代营养学的观点看，这一比例的油脂具有更高的保健营养价值。

（3）用作生产优质保健品的原料。许多农产品加工副产物都可从中提取膳食纤维、蛋白粉、色素、多酚、甲壳素、虾青素等营养和功能成分，广泛应用于保健品、食品、药品、化妆品、纺织、造纸、塑料以及医药等方面。开发和综合利用这些宝贵资源，既提高其加工附加值，又提升农产品加工业的竞争力。目前，利用超临界萃取、膜分离、分子蒸馏、超细粉碎、生物处理等高新技术手段，从农产品加工副产品中，可以提取活性物质或探讨高效的利用途径，就能够生产出高附加值的保健产品和天然药物。这是国际上的一个热门领域。

第6章 生物乙醇："转危为机"创新业

石油，是人类的重要战略资源。近几十年来，石油资源成为国家和地区间发生冲突、乃至战争的重要因素，特别是为谋求对石油资源的控制成为国际政治斗争的一个焦点。随着石油资源的日益紧缺，能源对经济发展的制约作用越来越突出，以各种形式出现的全球能源争夺战也越演越激烈。

6.1 石油危机屡发，重创西方经济

从 20 世纪 70 年代以后，全球爆发了三次严重的石油危机，对世界经济、尤其是对发达国家的经济造成了重创。

第一次石油危机爆发于 1973 年 12 月，持续了三年多。原油价格从每桶 3.011 美元猛增到 10.651 美元，上涨了两倍多。在这场危机中，所有工业化国家的经济增长无例外的明显放慢，尤其对发达国家的经济造成了严重打击。其中，美国的工业生产下降了 14%，日本的工业生产下降了 20%以上。

第二次石油危机爆发于 1978 年年底，持续了半年多。由于世界第二大石油出口国伊朗政局发生的剧变，引发全球石油产量受到影响，从每天 580 万桶骤降到 100 万桶以下，导致油价从 1979 年开始暴涨，从每桶 13 美元猛升至 1980 年的 34 美元。此次危机诱发了 20 世纪 70 年代末西方经济的全面衰退。

第三次石油危机爆发于 1990 年 8 月初，持续了 2 年多。在因伊拉克攻占科威特遭受国际经济制裁后，伊拉克的原油供应中断，使国际油价急升到 42 美元的高点。致使美国、英国经济加速陷入衰退，全球 GDP 增长

率在1991年跌破2%。随着国际能源机构启动了紧急计划，每天将250万桶的储备原油投放市场，加之欧佩克也迅速增加产量，很快稳定了世界石油价格。顺便提及，2003年中东局势紧张的骤然紧张，也曾造成国际油价发生过暴涨。

石油危机频发，导致国际油价风云跌宕、一路走高，给世界经济发展蒙上阴影，带来多方面消极影响。国际货币基金组织估算，油价每桶上涨5美元、会使全球经济增长率下降约0.3个百分点；高油价还使家庭能源消费支出增加，从而不得不削减其他开支；油价持续上涨必然使企业成本上升，盈利空间缩小，尤其是航空、汽车等领域的企业遭遇更大困难。此外，居高不下的油价带来的通货膨胀压力也很大，使经济潜伏着滞胀的危险，引起世界各国普遍关注。世界石油危机对全球经济、特别是对发达经济体造成重大冲击。

6.2 化危为机，赢得发展新机

在危机面前，是惊慌失措、束手无策、无所适从，还是保持定力、化“危”为“机”，把应对危机的过程转化成发展的新机，探索成功的途径。在人类发展遭遇挑战的关口，做出的总是后一种选择。

从国际发展现状看，生物质能源已成为重要的新能源，技术成熟，应用广泛第四大能源，成为国际能源转型的重要力量。其主要产品包括：生物质能源、生物质成型燃料、生物质燃气、生物液体燃料等。

目前，生物质能源呈现如下发展趋势：一是生物质能多元化分布式应用成为世界上生物质能源较发达国家的共同特征。二是生物天然气和成型燃料供热技术和商业化运作模式、已达到基本成熟的水平，并逐渐成为生物质能源的重要发展方向。三是生物质供热的空间不断向中、小城市和城镇扩大。四是生物液体燃料向生物基化工产业延伸，技术路线和发展重点、向非粮生物质资源的多元化生物炼制产业发展，形成燃料乙醇、混合醇、生物柴油等多种重要能源替代产品，并不断扩展航空燃料、化工基础原料等应用领域。

6.2.1　应对石油危机，振起新兴产业

为应对石油危机，世界各大洲都先后采取了应对措施。其中，最大、最有效的战略措施就是研究开发生物能源，特别是生物乙醇、生物柴油等生物燃料。迄今，世界生物质燃料已经走过 30～40 年的探索发展历程。其中，巴西、美国和欧洲一些国家都捷足先登，在开发生物能源的道路上不断取得新成果。巴西于 1973 年开始，采用现代技术手段，大规模以甘蔗为原料生产甘蔗燃料乙醇，成为替代汽油的重要液体燃料产品。美国早在 1999 年，就颁布了发展生物基产品和生物能源总统令。到 2006 年，全球对可再生能源领域的投资高达 1 000 多亿美元，其中生物运输燃料领域的投资占到 260 亿美元。特别是进入新世纪以来，生物质燃料已发展成为一个新兴产业。其主要战略性产品是生物燃料乙醇和生物柴油，逐步成为传统化石燃料的替代品。

根据中商情报网 2015 年 10 月发布的信息，2014 年全球生物燃料总产量达到 70 792 万吨油当量。其国家分布情况如下：①高居第一位的是美国，以玉米燃料乙醇为主，总产量为 29 732.64 万吨油当量，占比高达 42%。②位居第二位的是巴西，以甘蔗燃料乙醇为主，总产量为 16 656 万吨油当量，占比达 24%。③位居第三位的是德国，以生物柴油为主，总产量为 2 684 万吨油当量，占比达 4%。④中国、法国和印度尼西亚三国并列第四位，总产量在 2 000 万～2 100 万吨油当量，各占 3%左右。⑤剩余其他国家的生物燃料的总产量大约为 15 417.36万吨油当量，占比为 21%上下（图 6－1）。

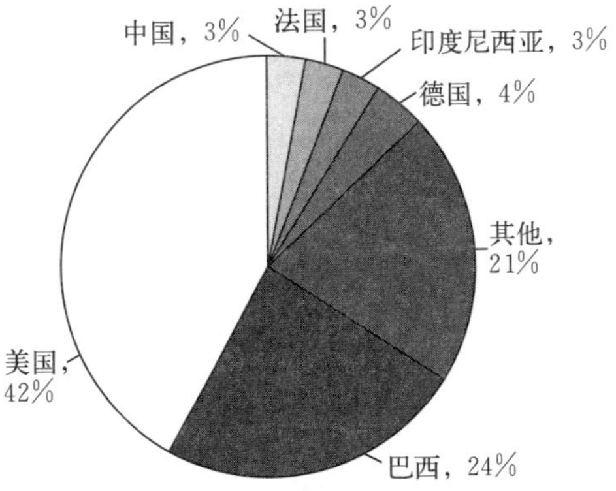

图 6－1　2014 年全球生物燃料产量分布图

6.2.2　展望全球，世界生物燃料形成"三块版图"

目前在世界上生物燃料已经明显形成了"三块版图"：第一块是美国和

巴西，以生产生物燃料乙醇为重点，生物柴油为次。第二块是西欧，以环保和生物柴油产品为重点，以燃料乙醇为次。第三块是起步较晚的中国、日本和印度等国。后起者紧紧跟进，主要发展生物燃料乙醇产品等。在后起的国家中，中国走在前列。与美国和巴西等国不同，中国的生物燃料乙醇的开发和生产始终处于政策博弈中。为了避免“与民争粮、与粮争地”，国家发展和改革委员会确定，制定产业政策，当时不再增建燃料乙醇项目，只限已有的5家燃料乙醇有限公司生产。如今，中国与法国、印度尼西亚并列世界第三位的生物燃料乙醇生产大国。

据专业能源机构在2016年年中的展望：虽然2017年生物燃料行业的增长速度放缓，但受多种因素所决定，下半年美国燃料乙醇生产商会继续增长：一是本国生物燃料需求量增加，出口量也增加；二是美国政府提出强制性要求，对燃料油必须按照规定混配入生物燃料。进入新世纪以来，玉米燃料乙醇正逐步成为美国化石燃料的重要替代品。在巴西，由于本国的生产商把糖类生产置于比燃料乙醇更重要的位置上。但同时，巴西也不断加强科技创新的力度，开发第二代燃料乙醇，提高以甘蔗渣为原料的纤维素燃料乙醇的生产能力。在德国和欧盟其他国家，发展的重点转向生物柴油。2017年，欧盟运输燃料中混配生物燃料乙醇的数量下降0.6%，降到514亿升，但生物质柴油的需求量将大约增加39%，达到144亿加仑。由于以上各种因素，美国就成为玉米燃料乙醇的主要生产国。据有关能源部门估计，2017年美国乙醇生产量可能会增加3%，每天达到104万桶，比原来估计的101万桶增加了3万桶。

6.3 美国得天独厚，玉米乙醇猛进

美国研究开发生物能源已走过几十年的路程，进入新世纪以来更加快了发展速度，玉米燃料乙醇正逐步成为化石燃料的重要替代品。

6.3.1 资源和科技为燃料乙醇插上“双翼”

这是美国得天独厚的客观条件使然。美国具有发展农业粮食的优势条件：耕地广大，土壤肥沃，约占世界耕地面积的10%；幅员辽阔，本土

大部分处在温带和亚热带，热量充足，水源丰沛；农业生产高度机械化、专业化，效率高、产量大；是世界农业粮食大国，世界三大玉米生产带之一，许多农产品的生产量和出口量居世界前列，其中出口量占世界第一位的有玉米和小麦。在2005年至2015年间，美国通过科技创新，使玉米产量增长了10%以上，同期的乙醇产量也显著增加，从每年39亿加仑增加到148亿加仑。玉米燃料乙醇将成为未来美国化石燃料的重要替代品。

此外，美国玉米燃料乙醇的成果，还得益于贯穿燃料乙醇全产业链的技术改进和创新——从玉米种植到燃料乙醇提炼的全过程。主要包括：在玉米种植环节，采取改良玉米品种、改进耕作方式，提高玉米产量、降低种植过程的能耗和温室气体排放等科技措施。在玉米燃料乙醇加工制取领域，不断推动燃料乙醇提炼技术进步。例如，采用热电联产技术等，有效提高了玉米燃料乙醇的产量和纯度，降低了温室气体排放。根据美国农业部最新发布的研究报告，美国目前玉米乙醇从生产到应用的整个生命周期的温室气体排放量，与汽油相比要减少43%。按照美国农业部预计，通过玉米产量、工艺燃料转换和运输效率提高，到2022年玉米乙醇的温室气体排放将达到比汽油低50%的目标。

2005年，美国替代巴西跃升为世界第一生物燃料乙醇生产国，该年度美国生物燃料乙醇总产量比2001年翻了一番。从2004年到2008年，美国燃料乙醇的产量年均增长率达35.70%，2008年燃料乙醇的产量是2004年的3.39倍。在美国的生物燃料乙醇工业中，以玉米为原料生产的燃料乙醇约占全国总量的95%。近年来，面对突然爆发的世界粮食危机和全球金融危机，许多国家和国际组织对美国用大量粮食生产生物燃料乙醇提出强烈责难和非议，但是美国政府单纯从自身国家战略和经济利益出发，丝毫没有接受世界批评之意，依然我行我素，甚至继续加快发展生物燃料乙醇的步伐。按照美国能源部发布的《2008年度能源展望》的数据，到2030年，美国生物能源规划中玉米燃料乙醇将猛增到150亿加仑，至少需要消耗玉米12 701万吨。

根据"智研咨询"发布的《2017—2022年中国醇基燃料市场专项调研及投资方向研究报告》数据：2015年全球生物燃料乙醇的总产量为255.76亿加仑，其中美国的产量为14 700百万加仑；占同期全球总产量的比重高达67.5%；巴西的产量为7 093百万加仑；占同期全球总产量的27.7%；欧洲产量为1 387百万加仑；占同期全球总产量的5.4%（图6-2）。

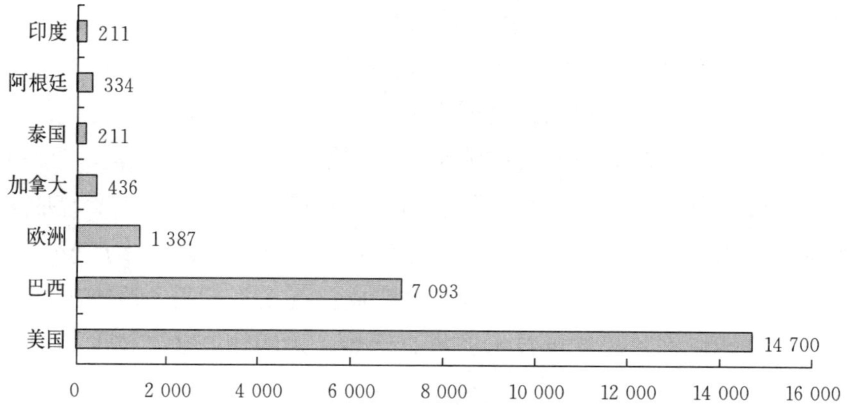

图6-2　2015年全球主要国家生物燃料乙醇产量统计

6.3.2 《新能源法案》改变了美国玉米产业链

美国2007年颁布了《新能源法案》，对玉米燃料乙醇的发展数量和种类做出了定量性重要规定。主要有以下四条：①在2022年之前，把符合《新能源法案》（RFS）规定的可再生能源（包括玉米、纤维素燃料乙醇）的产量提高到360亿加仑；②在2022年之前，把燃料乙醇效率提高40%，达到每加仑燃料乙醇可供小汽车和卡车行驶35英里；③在规定的350亿加仑中，来自纤维素原料生产的燃料乙醇必须占到210亿加仑，相当于占60%的比重；④在2015年前，玉米燃料乙醇的使用量达到150亿加仑，并保持到2022年。但是，在2005年RFS只要求达到2012年时达到75亿加仑。这表明美国《新能源法案》大大提高了玉米燃料乙醇的消耗量。

随着美国《新能源法案》的实施，玉米消费需求必然大量增加，并导致玉米产业链显著改变。2006年，美国为生产玉米燃料乙醇约消耗玉米5 377.18万吨，占当年美国玉米总产量的20.09%。在从2004年到2008年的5年间，美国国内生产玉米燃料乙醇的产量、相应消耗的玉米数量，以及占玉米总产量的份额如下：2004年依次为143.26亿升、3 200万吨和12%；2005年依次为164.66亿升、3 700万吨和17%；2006年依次为194.72亿升、5 377万吨和20%；2007年依次为257.89亿升、8 400万吨和27%；2008年依次为485.81亿升、10 040万吨和30%。2008年与2004年比较，美国增产玉米燃料乙醇342.55亿升，多消耗玉米6 840万吨，消耗玉米量占当年总产量的比重提高了18%。

依据美国政府的《新能源法案》，将会越来越多地用玉米为原料生产燃料乙醇。该法案为美国燃料乙醇产业规划了新发展目标：到2020年，美国燃料乙醇的消费量将达到1 362.6亿升，其中：约有794.85亿升是以纤维素为原料生产的，另有567.75亿升仍然是以玉米为原料生产的，是2006年总产量194.72亿升的2.92倍。另外，2007年，当时的美国总统倡议，"通过发展生物燃料，10年内减少20%的汽油消费量"。按照以玉米为原料加工燃料乙醇567.75亿升总产量的目标计算，将消耗玉米1.57亿吨。从2006—2020年的15年间，美国燃料乙醇的总产量以年均14.91%的速度增长。

2015年，美国依据《新能源法案》用于生产燃料乙醇的玉米消耗量将高达56亿蒲式耳（折合1.4亿吨），约占美国玉米总产量的38%以上。目前，美国玉米工业消费占玉米总消费的比重已接近50%，大体与饲料消费持平。在玉米工业消费中，用于燃料乙醇的玉米消费量已经超过1亿吨，占工业消费的75%。显而易见，美国玉米燃料乙醇工业的迅速扩张，快速改变了该国的玉米消费结构和玉米产业链，它的能源属性已超过其他属性。

6.3.3 燃料乙醇产业为美国带来丰厚利益

回顾美国生物质能源的发展历程，这项新兴产业为这个国家带来了丰厚的利益。从2001—2006年，美国燃料乙醇产业为美国国民经济做出了巨大贡献。5年间，美国消耗玉米的数量持续快速增加：2001年，美国燃料乙醇产业消耗的玉米量约2 017.29万吨，占当年美国玉米总产量的8.36%。2005年，美国以占全国玉米总产量16%的玉米量，生产了1 200万吨燃料乙醇，对美国GDP贡献了177亿美元，创造了17.37万个就业机会，为美国家庭增收57亿美元。与新产业发展相对应，美国联邦政府和地方州政府分别增加税收 19 亿美元和 16 亿美元。燃料乙醇总产量的增长，使美国石油进口量相应减少，从 2005 年到 2015 年间，减少进口原油 37 亿桶，平均每年减少进口原油 3.7 亿桶，由此减少支出外汇高达 87 亿美元，美国燃料乙醇工业对国民经济的贡献达到 460 亿美元。从粮食贸易的视角看，美国把大量玉米用于生产燃料乙醇，减少粮食出口，既不影响本国粮食供求，又可增强其在国际粮食贸易中的主导权和控制权，导致世界粮食价格上涨，美国从玉米价格上涨中又获得丰厚收益。这受到国际粮食组织和发展中国家、尤其是粮食匮乏的穷国的强烈非难和指责：批评美国危及世界粮食安全。美国 2005 年到 2015 年燃料乙醇生产技术等经济数据见表 6－1。

表 6－1 美国 2005—2015 年燃料乙醇的生产经济概况

年份	燃料乙醇生产能力（百万加仑/年）	新净增生产力（百万加仑/年）	生产力利用率（实际）（%）	燃料乙醇产量（百万加仑/年）	玉米利用率（%）	其他原料（百万加仑/年）	乙醇总产量（加仑/蒲式耳）	生产乙醇耗用玉米量（百万蒲式耳）
2005	4 286	686	93	4 003	90.0	600	2.750	1 586
2006	5 911	1 625	95	5 615	90.0	562	2 765	2 196
2007	7 611	1 700	95	7 230	90.0	723	2.780	2 502
2008	8 361	750	95	7 943	90.0	794	2.795	2 643
2009	8 761	400	95	8 323	90.0	832	2.810	2 751
2010	9 161	400	95	8 703	89.0	957	2.825	2 805
2011	9 461	300	95	8 988	88.5	1 034	2 840	2 853
2012	9 711	250	95	9 225	88.0	1 107	2.855	2 895
2013	9 961	250	95	9 463	87.5	1 183	2.870	2 926
2014	10 161	200	95	9 653	87.0	1 255	2.885	2 951
2015	10 361	200	95	9 843	86.5	1 329	2.900	2 976

注：蒲式耳为英美制容量单位，1 蒲式耳玉米等于 25.4 千克。

资料来源：《中国可再生能源发展战略研究丛书 生物质能源卷》，中国电力出版社，2008 年。

6.3.4 玉米燃料乙醇增长降低了玉米库存消费比

美国玉米燃料乙醇的猛烈膨胀，产生了两种明显后果：一种是玉米出口量减少。但是，由于玉米价格上涨，美国获得的利润不是减少，而是增长。另一种是玉米库存消费比大幅度下降。以 2005/2006 年度为例，目前美国玉米消费结构包括：食物和饲料占 55%；玉米出口占 19%；转化燃料乙醇占 14%；食品、种子和工业用途占 12%。2009/2010 年度的玉米库存消费比的测算，其结果是 9.1%，创下 1995 年以来的新低。

当然，美国玉米产销形势是不断变化的，其库存消费比也相应会有升有降。在 2015/2016 年度，美国玉米出口量上调了 7 500 万蒲式耳，年终玉米库存量下调了 5 900 万蒲式耳，降低到 18.03 亿蒲式耳，低于平均预期的 18.37 亿蒲式耳。最新预测美国 2016/2017 年度玉米产量将继续创纪录，年比增加 8.29 亿蒲式耳。本年度，玉米供应量仍将创纪录，但需求量也创纪录。新玉米年终库存预计为 22 亿蒲式耳，低于平均预期的 22.94 亿蒲式耳，但年比增加 3.5 亿蒲式耳，为 20 世纪 80 年代中期以来最高水平，为历史第六高水平。

6.3.5　美国燃料乙醇的补贴

生物燃料乙醇与化石汽油价格之间具有很强的关联性。在美国，当石油价位超过 70 美元/桶的时候，就对生产燃料乙醇的企业产生刺激发展的动力，因为这个价格是生产生物燃料乙醇盈亏的平衡点。石油价格愈高，生产生物燃料乙醇的动力越大；反之，则生产生物燃料乙醇的动力越小。为了鼓励发展生物燃料乙醇，即增强生物燃料乙醇发展的动力，美国政府对其提供了补贴。据报道，在现有的技术条件下，美国生物燃料乙醇的生产成本约为 1.2 美元/加仑，而市场销售价格为 2.2～2.3 美元/加仑，加上政府的补贴，燃料乙醇生产者获利颇丰。各级政府对于新型的燃料乙醇提供补贴的期限为 10 年，政府把补贴提供给玉米燃料乙醇汽油销售商，其标准是：联邦政府提供 0.51 美元/加仑；各州政府提供 5 美分/加仑。同时，在美国政府《新能源政策法案》中，还规定了如下指标：截至 2012 年，在运输燃料乙醇中掺入的生物燃料乙醇数量将达到 2 250 万吨/年（表 6-2）。美国玉米生产者通过向国内燃料乙醇企业出售玉米和从燃料乙醇补贴中获得稳定收入。

表 6-2 美国《新能源政策方案》规定燃料乙醇替代的汽油量

单位	2006	2007	2008	2009	2010	2011	2012
亿加仑/年	40	47	54	61	68	74	75
万吨/年	1 200	1 410	1 620	1 830	2 040	2 220	2 250

资料来源：《中国可再生能源发展战略研究丛书 生物质能源卷》，中国电力出版社，2008 年。

6.4 巴西甘蔗燃料乙醇首开先河

巴西燃料乙醇加工业的发展历史已有 30 多年。早在 20 世纪 70 年代初，巴西就开始发展甘蔗燃料乙醇生产。直到 2005 年之前，巴西的燃料乙醇一直位居世界第一，此后被美国赶超降为世界第二位。两国之间的燃料乙醇存在很大不同：美国生产的主要是玉米燃料乙醇，巴西则主要是甘蔗燃料乙醇。可以说，巴西在世界上首开甘蔗燃料乙醇之先河。早在 2006 年，巴西已经实现了能源自给，还出口燃料乙醇 200 万吨。占全球生物燃料乙醇交易量的 53%。该国的主要生物燃料分为 4 种：①纯乙醇（含水乙醇）；②乙醇汽油（22%乙醇+78%汽油）；③MEG 燃料（60%乙醇+33%甲醇+7%汽油）；④生物柴油。巴西取得如此成就，最根本的原因有两方面，一方面在于以科技创新为动力；另一方面在于夯实原料基础。

6.4.1 着力燃料乙醇的科技创新

巴西是世界上最大的甘蔗种植国，为其加工甘蔗燃料乙醇创造了雄厚的基础。经过 30 多年发展，巴西成为世界上最早和最大的甘蔗燃料乙醇的生产国和使用国。2008 年，巴西的燃料乙醇产量达 245 亿升，占当年世界总产量的比重高达 37.3%。在当今世界上，巴西已成为全球燃料乙醇第二大生产国和第一大出口国，并且是世界上第一个达到生物燃料可持续利用的国家。

从一开始，巴西就鼓励研究开发新技术，不断用新技术提高甘蔗燃料乙醇工业的生产力，并充分挖掘资源和市场潜力。2014 年 9 月，巴西生物燃料公司 GranBio 宣布，已实现了以甘蔗纤维素为原料大规模生产第二代乙醇燃料，成为拉美第一家实现二代乙醇商业化生产的科技公司。两代甘蔗燃料乙醇最主要的区别在于生产原料：第一代甘蔗燃料乙醇采用甘蔗汁为原料，由于甘蔗汁是制糖的最主要的原料源，自然就会与制糖、食品等产业争抢原料。与第一代甘蔗燃料乙醇相对照，第二代甘蔗燃料乙醇则改用甘蔗秸秆等富含植物纤维素的材料为原料。纤维素燃料乙醇的科技突破，被赞为生物液体燃料的革命。借助这一科技突破，为开发利用取之不竭的甘蔗渣纤维素原材料提供了科技手段，开创出这项新产业广阔的发展前景，解决了生物燃料"与人争粮""与相关产业争原料"的弊端。

随着燃料乙醇工业的发展，巴西在相当大程度上普及了生物燃料油的商业化利用，推进了能源结构的优化。巴西联邦政府以法律形式规定，巴西境内所有加油站销售的普通汽油，必须添加至少 25%的燃料乙醇。自 2009 年 7 月以来，巴西境内百分之百使用燃料乙醇驱动行驶的机动车已超过 800 万辆。与普通汽油比较，使用燃料乙醇可以减少近 90%的温室气体排放。

6.4.2　夯实燃料乙醇的原料基础

巴西盛产甘蔗，产量居世界首位。自开拓发展甘蔗燃料乙醇以来，科技不断突破和燃料乙醇的快速发展，更有力拉动了巴西的甘蔗种植业。从 1976 年到 2003 年的 33 年间，巴西甘蔗的年产量从 1 亿吨增长到 3.5 亿吨，增长了 3.5 倍；甘蔗单位面积产量从每公顷 50 吨提高到 70 吨，增长了 40%；每公顷甘蔗供给原料大幅增加，可制备的燃料乙醇从 2 204 升提高到 5 500 升，增长了近 150%。到 2012/2013 年度，巴西甘蔗产量增长到 5.6 亿吨；2016/2017 年度，总产量再增长到 6.57 亿吨。巴西甘蔗在制备蔗糖之后，蔗液用于加工燃料乙醇，一举两得。

为进一步夯实原料基础，巴西生物燃料乙醇科学与技术实验机构正进行一个开发新型甘蔗收割机的项目，以有效减少甘蔗收割时土壤的板结程度，从而降低对植物根茎的损害，增加甘蔗产量。传统甘蔗收割机会造成 60%的土壤出现板结，应用新机械和新技术，可使对土壤的影响降低至

10%～13%。该研究项目得到了1 600万雷亚尔（约合667万美元）科研资金。此外，在GPS技术的帮助下，新型农机还可以用于甘蔗的播种、施肥程序。传统农机完成这些作业一般会造成10%的原材料的浪费，这意味着全国甘蔗种植农场每年的损失高达3亿雷亚尔（约合1.25亿美元）。根据生物燃料乙醇科学与技术实验室的测算，随着这项新型机械化项目的推广，原材料浪费造成的经济损失下降到5%以下，每年节省费用约达1.5亿雷亚尔以上。

此外，巴西政府强制在汽油中添加甘蔗燃料乙醇的比例提高，从2007年7月起扩大到25%。这使甘蔗燃料乙醇的使用量相应增加。巴西国内市场需求的增长，有力拉动了甘蔗燃料乙醇的生产。从2004年到2008年的5年间，巴西甘蔗燃料乙醇的产量以年均16.07%的速度增长。2008年，巴西甘蔗产量增长到6.078亿吨至6.315亿吨，比上年增产8.8%～13.1%（图6-3）。其中，近55%的甘蔗用于生产燃料乙醇，44%的甘蔗用于生产蔗糖，剩下的1%用作饲料及其他方面。据巴西国家供给公司对全国361家甘蔗燃料乙醇生产企业的调查显示，2008年巴西甘蔗燃料乙醇的产量增长到264.5亿升，创历史新高。

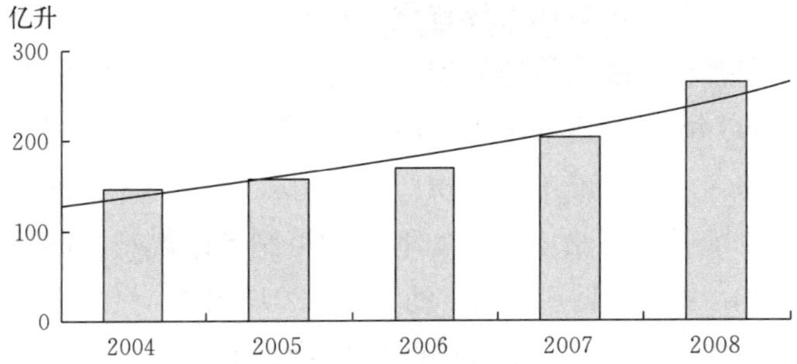

图6-3　近五年来巴西燃料乙醇产量及趋势

从巴西的资源看，该国发展甘蔗乙醇的潜力还很雄厚。更值得借鉴的是，目前巴西是世界上燃料乙醇生产成本最低的国家。1976年为了减少对石油进口的依赖，制定了“生物能源计划”，用甘蔗汁液直接生产燃料乙醇，副产品甘蔗渣用作燃料发电，为生产燃料乙醇提供廉价的电力和蒸汽。通过原料的综合利用显著降低了燃料乙醇的成本，从而提高了产品的市场竞争力。

6.4.3　发挥市场机制的调节作用

巴西快速推进甘蔗燃料乙醇产业的另一个特点，是充分利用市场机制的调节作用，包括价格改革、税收杠杆等。例如，巴西政府通过税收杠杆调节和促进生物燃料乙醇的推广利用。即：对无水乙醇和汽油重新征收PIS/Cofins 税，每升征收 0.12 雷亚尔。这意味着无水乙醇和汽油的价格比变成了 0.71，而一年前是 0.66。这样，就必然刺激广大司机转用"Gasoline-c"，即巴西的一种混配燃料油。另外，巴西早在 2001 年就已取消了对甘蔗燃料乙醇的补贴，由市场供求直接调节和配置资源。目前，巴西甘蔗燃料乙醇的价格已接近天然气，为 0.19 美元/升，性价比明显高于美国和欧盟。

6.5　欧盟调节生物燃料的经济法规手段

早在 20 世纪 90 年代初，欧盟的前身原欧洲经济共同体就采取了市场经济机制促进生物燃料的发展。当时的欧共体制定和实施一项法律，对以可再生资源为原料生产燃料的试验性项目，成员国都可采取免税政策；对包括燃料乙醇在内的生物燃料都可实行税收优惠。在税收优惠政策的推动下，法国、西班牙和瑞典等成员国开始生产和使用燃料乙醇。此后德国、荷兰等国也相继开始发展燃料乙醇工业。

6.5.1　法定再生能源比率的目标

欧盟委员会 2008 年 3 月首次公布的《可再生能源进展报告》，于 2009 年生效。该报告规定，各成员国必须将可再生能源在最终能源消费中所占的比率提高到目标值。2010 年，欧盟整体的可再生能源比率已达到 12.7%，比报告制定的 2011 年到 2012 年的 2 年平均的中间目标 10.7%高出 2 个百分点。报告还通过计算公式，分别制定了 2013 年到 2014 年、2015 年到 2016 年及 2017 年到 2018 年的 2 年平均的中间目标（表 6－3）。

表 6-3　欧盟及部分成员国的可再生能源比率

单位：%

欧盟成员	可再生能源比率			2010年比率与中期目标之差（百分点）
	2010	中期目标	2020	
欧盟整体	12.7	10.7	20	2.0
瑞典	49.1	41.6	49	7.5
爱沙尼亚	24.3	19.4	25	4.9
奥地利	30.1	25.4	34	4.7
罗马尼亚	23.6	19.0	24	4.6
西班牙	13.8	10.9	20	2.9
德国	11.0	8.2	18	2.8
意大利	10.4	7.6	17	2.8
英国	3.3	4.0	15	−0.7
荷兰	3.8	4.7	14	−0.9
拉脱维亚	32.6	34.0	40	−1.4
马耳他	0.4	2.0	10	−1.6

注：中期目标为2011年与2012年目标的平均值。
资料来源：欧盟委员会，《可再生能源进展报告》，2008年。

从欧盟现有27个成员国看，有23个国家在2010年就达到了2011年到2012年的中间平均目标值。其中，又分为三类：

第一类，瑞典最为突出，已经高达49.1%，最终能源消费的近一半已由可再生能源满足，比2011年到2012年的中间平均目标值高7.5个百分点。其次是爱沙尼亚、奥地利及罗马尼亚3国，比中间平均目标值高出4个百分点以上。

第二类，西班牙、德国及意大利等国，风力和太阳能发电装机容量居欧洲前列，在2010年，比中间平均目标值高近3个百分点。

第三类，英国、荷兰、拉脱维亚和马耳他等4个国家，在2010年未达到中间平均目标值。

6.5.2　欧盟《气候行动和可再生能源一揽子计划》

2008年12月，欧盟首脑会议通过的《气候行动和可再生能源一揽子计划》。这一里程碑式的法案的核心内容可概括为"20－20－20"行动，即：承诺到2020年将欧盟温室气体排放量在1990年基础上减少20%；设定可再生能源在总能源消费中的比例提高到20%的约束性目标；将能源效率提高20%。这一揽子计划与以前的各项能源和环保政策相比，目标更为突出：首先，加大了温室气体控制范围，扩展欧盟碳排放交易机制，从2013年开始对免费排放配额许可进行拍卖。其次，制定并实施责任分担机制。为实现可再生能源在总能源消耗中的比例提高到20%的目标，欧盟依据成员国的人均GDP，适当参考可再生能源的其他指标，将20%的目标分解给各成员国，各成员国承担的责任从10%～49%不等。瑞典最多为49%，马耳他最少为10%。再次，制定约束性可再生能源目标，强制推行生物燃料、生物柴油等生物能源。如将可再生能源在总能源消费中的比例提高到20%，包括运输部门中生物质燃料占总燃料消费的比例不低于10%。这样可以每年减少6亿～9亿吨二氧化碳排放，以及2亿～3亿吨化石燃料消耗，相当于减少支出130亿～180亿欧元。欧盟推行此项可再生能源可以增加300亿欧元的收入，提供大约35万个工作岗位。

为了实现欧盟一揽子计划所定的各项目标，除各国采取了适合本国需要的能源安全措施外，欧盟还采取了综合措施，实施能源多元化战略。欧盟各国能源安全战略体系是立足国内，开发国内能源新源勘探、开发新能源、可再生能源；实行能源多元化的战略，包括新能源的开发、可再生能源的开发（生物质能、水能等）、推动天然气为主的能源结构。多元化的核心就是发展替代能源，这是能源安全战略的一个重要内容。欧盟已做出规定，要求在2010年之前，欧盟各成员国把电力的22%和所有能源的12%改为可再生能源。欧盟全面审核了能源政策，制定了面向未来的战略规划。这些远景规划的主要方向是节能和开发替代能源。

6.5.3　生物燃料油列为政策议程的重要内容

作为世界上最大的发达国家集团，欧盟把可持续性和前瞻性的能源环保政策置于重要政策议程，把发展生物燃料作为能源环保政策的、不可或缺的有机内容。

6.5.3.1 列入政策行动计划

2006年，欧盟通过《欧盟未来三年能源政策行动计划》，要求到2020年减少能源消耗20%。与此相应，要求各成员国确定节约能源的责任目标。两年后的2008年12月，欧盟27个成员国领导人又通过了《气候行动和可再生能源一揽子计划》。这个计划的核心内容有三个方面：节约传统能源；提高效能；发展新型能源。

6.5.3.2 列入生物燃油指令范围

鉴于对进口石油的依赖，以及未能完成《京都议定书》规定的二氧化碳减排任务，2003年5月，欧盟通过了《生物燃油指令》。该指令规定：分别到2005年和2010年，欧盟生物燃料（包括生物柴油和燃料乙醇）的使用量应分别达到燃料市场的2%和5.75%比重。当时油价的高位运行，促使欧盟成员国加大促进燃料乙醇等生物燃料发展的力度。例如，法国确定比欧盟提早2年实现目标：到2008年，生物燃料的使用量占燃料总消耗量的比重提高到5.75%；2010年提高到7%；2015年提高到10%。德国也采取强制使用生物燃料的措施，要求从2007年起，生物柴油使用量占燃料总使用量的4.4%，燃料乙醇占2%，到2010年生物燃料使用量达到燃料总使用量的比重要提高到5.75%。英国确定到2010年，生物燃料占运输燃料的比重要达到5%。

6.5.3.3 颁布生物燃料减免税政策

2007年3月，欧盟制定和出台了新的共同能源政策，计划到2020年，生物燃料乙醇的使用量要占车用燃料总消耗量的10%。为促进实现这一目标，欧盟成员国先后颁布了减免生物燃料税收的政策。迄今至少有9个国家已开始实施，包括法国、德国、希腊、匈牙利、波兰、意大利、西班牙、瑞典及英国。大多数国家税收减免政策是在2005—2006年颁布的。到2006年11月，欧盟又提出加大对生物燃料作物种植的扶持力度，把对生物燃料作物45欧元/公顷的补贴政策从17个成员国扩大到所有成员国，获得直接补贴的生物燃料作物种植面积从150万公顷扩大到200万公顷。欧盟允许各成员国为多年成材的生物燃料作物提供50%的种植成本补贴，并对新加盟的8个成员国的补贴制度期限从2008年延长至2010年。采取以环保为核心的政策、税收和再生能源促进措施的结果，推动欧盟、特别是德国、法国等成员国的生物燃料成为一项广泛的行动：获得欧盟跨国政策的鼎力推动；各成员国政府的积极领导以及能源管理机构牵头；广大基础设施部门、能源企业和市民的广泛参与。所有这些因素，构成了欧盟生物能源科技创新、推广普及、持续成长的动力，促其产能稳定提高。

6.5.4　欧盟生物燃料产业长足发展

进入新世纪，欧盟生物燃料乙醇的产能取得长足发展。截至 2007 年 9 月，欧盟生物燃料乙醇的产能达到 32.76 亿升，其中法国、德国和西班牙的产能分别为 11.2 亿升、7.06 亿升和 5.21 亿升。这三国燃料乙醇的总产能占欧盟燃料乙醇总产能的 71.6%。此外，欧盟在建的燃料乙醇产能 40.16 亿升，主要集中在德国、法国、荷兰和英国，分别为 5.6 亿升、5.5 亿升、4.8 亿升和 4 亿升，四国在建产能占欧盟在建总产能的 49.6%。

但是，欧盟燃料乙醇的产量低于产能。2004—2006 年，欧盟燃料乙醇的产量大幅增长，年均增长率达到 44.5%。与燃料乙醇产能分布近似，其实际产量主要集中在德国、西班牙和法国，2006 年三国燃料乙醇的产量依次为 4.31 亿升、3.96 亿升和 2.93 亿升，占欧盟总产量的 70.4%。其中，燃料乙醇产量增长最快的是意大利和波兰，2006 年分别增长 987.5%和 151.6%。尽管产量大幅增长，欧盟生物燃料乙醇消费量依然高于产量。欧盟 2006 年燃料乙醇的消费量达到 17 亿升，供需缺口由进口来补充，主要从巴西进口，进口量为 2.3 亿升，瑞典、英国和芬兰为主要进口国。

6.5.5　法国以税收优惠刺激生物燃料发展

在欧洲诸国中，法国一直比较重视生物燃料的研发和使用，最早从 20 世纪 80 年代就开始尝试推广使用生物燃料。但是直到 90 年代、法国政府实行了高额消费税减免政策后，燃料乙醇和生物柴油的生产及应用才真正起步。

法国是全球主要甜菜和甘蔗生产国之一，以甜菜为原料的生物燃料工业迅速崛起。法国北部的皮尔卡迪大区和北加莱海峡大区是法国最大的甜菜和甘蔗产地，埃纳省的加工厂是法国最主要的乙醇汽油生产基地。在优惠税收政策的激励下，法国很快出现了生产过热的现象。鉴于此，法国政府从 2002 年开始又规定了可以享受税收减免政策的最高额度，以控制燃料乙醇的总生产量。2008 年法国燃料乙醇产量为 100 万立方米，相比之下，前两年分别为 53.9 万立方米和 29.3 万立方米。

与此同时，为了鼓励分销商销售混配燃料油，法国从 2005 年开始对燃料分销商按每立方米燃料为单位征收新的环保税，即污染物的通用税。然而，如果分销商提供证明，在其销售的燃料中混配了相应比例的生物燃料，则可减少或免征税收。

此外，法国政府还推出了两项新政策：一是，批准试用 E85 乙醇汽油和推动太阳能利用，以进一步提高绿色能源在能源总消耗中所占的比例。二是，出台一项配套计划，投资 20 亿欧元建造 16 家生物燃料工厂。政府希望通过一系列鼓励措施扩大生物燃料在法国的使用量，逐步提高生物燃料占全部燃料使用的比例，2010 年提高到 7％、2015 年再提高到 10％的目标。

6.5.6 德国以法律法规保障生物燃料发展

德国是个高度重视生态环境保护的国家，但资源相对缺乏。为摆脱能源的大量进口和对传统能源的依赖，德国政府采取了三管齐下的重要措施：一是大力节约传统能源；二是努力提高能源效能；三是着力发展新型能源。

德国发展新型能源，着力于三个领域：生物燃料柴油、甲醇汽油、生物燃料乙醇。在 2011 年，德国共消耗生物燃料油 5 200 万吨。其中：生物燃料柴油占的比例高达 58％；汽油占 36％；混配油（生物柴油＋生物汽油）占 5.6％。另外，德国为获取生物燃料建立了藻类科学中心，并于 2014 年 7 月在巴伐利亚州启动一个项目，其目的在于建设一个利用微藻生产生物煤油的试验工厂，从微藻获取燃油，以替代化石燃料。

新建的藻类科学中心共有 12 个项目伙伴，共同研究从藻类获取生物煤油的经济与环境可行性。该联合项目获得了德国联邦农业部 575 万欧元的经费支持。研究微藻作为能源与原料来源具有很多理由：相比于农业植物，其生物质产率和有价值成分的含量更高；藻类培养设备可以建在农业产量不高的贫瘠地上，故不会或是较少与粮食、饲料生产形成竞争；其生物质能量利用的 CO_2 排放呈中性，因为藻类作为单细胞或多细胞生物和植物一样吸收二氧化碳，可抵消燃烧过程中产生的排放量；化石燃料发电厂排放二氧化碳，也可通过利用藻类得到平衡。微藻油燃烧过程产生的其他有害气体也相对较少。最后值得一提的是微藻培养可以与其他农业生产程序集成，比如和沼气厂耦合而产生协同效应。

6.5.6.1　生物燃料柴油是主产品

德国发展生物燃料油大体经历了如下阶段：①甲醇燃料汽油。20 世纪 70 年代末、80 年代初，在爆发第二次石油危机后，德国开始研究甲醇燃料和甲醇汽车配套技术。但是，目前甲醇汽油已经退出德国市场。②生物燃料柴油。进入新世纪以后，德国生物燃料柴油取得长足发展。1998 年，德国的生物燃料柴油仅 5 万吨；2000 年，德国的生物燃料柴油迅增到 34 万吨；2007 年，猛增到 326 万吨。但是，自 2008 年以后，德国生物燃料柴油稳中有所下降。2011 年，德国生物燃料柴油的消耗量下降了 10 万吨，降至 243 万吨，但占生产的份额仍然高达 65%。同年，混配生物燃料柴油的消耗量为 230 万吨，占生物燃料柴油的 96%。德国制备生物燃料柴油的原材料有多种，但最主要的是菜籽油，占消耗原材料总量的 87.3%；厨房残剩油脂占 5.1%；动物油脂占 2.2%；棕榈油占 0.5%；其他原材料占 2.4%。③生物燃料乙醇。迄今，德国拥有 6 家较大型及一些小型生物燃料乙醇企业，年生产能力 100 多万吨，实际产量约 60 万吨，以甜菜和粮食为主要原料。2011 年，德国生产燃料乙醇共消耗粮食 153.3 万吨，以及甜菜和糖蜜 55 万吨。近年来德国生物燃料乙醇产销量如表 6-4 所示。

表 6-4　近年来德国生物燃料乙醇产销量

单位：万吨

项　目	2004	2005	2006	2007	2008	2009	2010	2011
生产量	2	13	34	31	46	59	60.4	57.7
销售量				46.1	62.4	90.3	116	122.22

资料来源：德国生物燃料协会。

6.5.6.2 建立生物能源的法律法规

以法律法规为保障是德国发展生物能源的一个重要特点。早在新世纪之初，政府就制定和实施了《可再生能源促进法》，以开发、促进和利用为核心推动生物能源产业，同时合理调整资助标准和税收。紧接着，联邦政府又制定了《生物能发展法规》，旨在促进提高生物能源技术和实现市场化。此外，政府还制定了多项法律法规，包括2012年生效的《生物燃油可持续条例》《能源税法》《生物燃料定额法》《联邦有害物保护法》等。这些专业法律法规，对生物燃油的原材料质量、税收优惠等做出规定。主要包括：①严格限制生物燃油温室气体排放量。自2011年起，所生产的生物燃料柴油、生物燃料乙醇和植物油的温室气体排放量，必须比化石燃料低35%；到2017年，进一步扩大到50%；到2018年，再扩大到60%。②对生物燃油建厂提供补贴。其数额依据所建工厂的规模而定，规模越大，补贴额越多。③对生物燃油提供税收优惠。在发展生物能源的初期，德国对其税收全免。2006年7月通过的《能源税法》调整为：对应用于农业方面的生物燃油，则全部免税，对作为纯燃料使用的生物甲醇，期限截止到2015年。④严控原材料来源。不允许进口来自热带雨林和湿地区域的原材料。德国对生物燃料油实行全程检测。例如，在2008年4月，德国环境部曾决定放弃一项生物燃料项目，理由是这种生物燃料对汽车发动机的腐蚀性高于传统燃油，有可能损及德国300多万辆汽车无法使用。德国生物燃料工业协会发表声明欢迎这个决定，认为德国制造的生物燃料乙醇主要从第三世界国家进口，而这导致那些地区的森林植被大面积被损毁，最终结果不利于全球范围的环境保护。

6.6 加拿大清洁能源蓬勃发展

加拿大是个人口稀少、幅员辽阔、资源丰富的大国。多年来，加拿大政府高度重视清洁能源和可再生能源的研究和开发利用，大力发展以氢能、太阳能和风能为主要代表的清洁能源技术。加拿大政府确立了总目标，到2020年，清洁能源占全国总发电能力的90%。

6.6.1　能源政策：一"加"一"减"

清洁能源是加拿大一个非常重要的行业。2013 年加拿大发电装机容量为 13 万兆瓦。其中，依托国内丰富的水资源、水力发电量占总装机容量的 63%，化石燃料发电量占 19%，核电量占 16%，其他风力、太阳能、生物质等新能源的发电量占 2%。这就是说，清洁能源占的比重高达 80% 以上。加拿大生产燃料乙醇，所用的主要原料是玉米和小麦。根据加拿大可再生燃料协会 2004 年 6 月发表的《世界乙醇与生物燃料报告》，2004 年加拿大燃料乙醇总产量达到 2.45 亿升，比 2003 年的 2.04 亿升增加了 20%。2004 年加拿大燃料乙醇产量位居世界第 14 位。

以上数据表明，除化石燃料以外的清洁能源占全国能源的比重高达 81%。全年总发电量达 5 940 亿千瓦时。如今，加拿大的可再生能源发电能力名列世界第三位。在推动清洁能源产业发展方面，加拿大可谓是"加""减"并重：一方面，持续增加对清洁能源领域的投资。2012—2013 年间，加拿大在可再生能源领域投资增加了 45%，其投资增长率在美洲国家位列第一，在 20 国集团中名列第二。2014 年，加拿大在可再生能源投资方面位列全球第六，从世界各国吸引了约 80 亿加元的投资。另一方面，加拿大政府实施严格的监管政策，以限制传统化石能源的使用量。例如，加拿大是世界上第一个禁止修建传统的燃煤发电机组的大国。以加拿大安大略省为例，该省自 2003 年以来，10 年当中已经削减了 90%的煤炭消耗量。2015 年年初，安大略省关停了最后一个燃煤电厂，做到了彻底"弃煤"。目前，安大略省有超过 80%的能源来源于清洁能源。

6.6.2　清洁能源成为投资密集型行业

由能源政策和投资收益决定，如今清洁能源行业已成为加拿大一个投资密集型行业，年投资额约为 22 亿加元。目前对该行业的投资仍在不断增长，成效显著：①扩大了就业。清洁能源行业为加拿大提供了约 25 万个就业机会，仅 2012—2013 年就吸引了 1 万名劳动者加入该行业。②扩大了出口。2013 年，整个行业的出口规模在 120 亿加元左右，与林业及食品加工业出口规模很接近。③扩大了总产值。迄今，包括应对气候变化、土壤治理、水处理，以及提高能效在内的清洁能源行业的总产值占加拿大整个 GDP 的 1.6%。

加拿大清洁能源产业的企业结构主要由中小企业组成。它们遍布全国各地，涉足多个创新领域，如发电、能源基础设施、能源效率、工业流程、生物质能和生物能源、回收和再利用，以及交通运输等。由于清洁能源技术是一个研发密集型行业，所以在加拿大有许多重要机构在推动清洁能源科技研发，主要包括国家科学与工程研究委员会（NSERC）、加拿大国家研究委员会（NRC）、加拿大自然资源部矿业与能源技术研究中心及大学和学术科研机构。目前，清洁能源公司将其营收的 12% 用于研发。加拿大国家研究委员会（NRC）是一个与私营部门开展合作的重要平台，下属 20 多个研究机构和国家重点计划。针对不同领域的重点研究计划，组织建立研究联合体，研究成本则由私营部门及政府出资共同分担。

6.6.3 清洁能源的扶植政策

加拿大政府对清洁能源制定了多项扶持政策，包括价格补贴、税收优惠、项目支持等，为全国清洁能源发展提供了重要保障。目前，加拿大多数省份提供净计量电价（Net Metering），该政策使拥有可再生能源发电设施的消费者可以将自身发的电输送给电网，再根据向电网输送的电量，从自己的电费账单上扣除一部分，即只计算“净消费”，从而使利用可再生能源发电的个人或者公司获益。以安大略省为例，早在 2009 年，该省就通过了《绿色能源及绿色经济法》，规定利用风力、太阳能等可再生能源发出的电力都可输入该省电网，省政府按输电量支付电费。同时，政府还对可再生能源上网电价实施 0.08～0.40 加元/千瓦时不等的补贴。

顺便提及，2014 年 11 月加拿大总理访问中国，中加两国企业签署了 20 项商业合作协议，其中 4 项为清洁能源技术商业协议。2014 年，加拿大向中国出口的可再生能源和能源基础设施商品总额为 2.023 亿加元。加拿大企业对中国市场充满了信心。

6.7　印度促进生物燃料发展的政策

印度是个能源缺乏的国家，70%的原油需要依赖进口。为改变这种状况，新世纪之初，印度在征求各政府部门及相关组织意见的基础上，拟制定一项综合性的国家生物燃料政策。为此，印度首先筹建国家生物燃料发展委员会，负责研究制定国家生物燃料政策。2002 年，印度开始生产生物燃料，2003 年起进行生物燃料乙醇利用的试点。当年有 12 个邦推广使用含 5%燃料乙醇的汽油（E5）。从 2006 年开始，印度在全国强制性推行使用E5 汽油，建立了 11 538 个燃料乙醇汽油加油站。从 2008 年 10 月起，把掺入燃料乙醇的比例提高到 10%。为了提高燃料乙醇在汽油中的混配量，印度政府于 2015 年宣布，将取消燃料乙醇 12.36%的消费税。这对提高印度石油公司掺配生物燃料油比例的积极性，产生了有力推动作用。

近几年，印度燃料乙醇的产量不断增加。印度是世界上第二产糖大国，产糖量接近巴西，但把丰富的原料用于生产燃料乙醇的数量远低于巴西。目前，印度计划转向开发以甜高粱为原料的燃料乙醇。为了提高燃料乙醇产量，政府还鼓励以糖蜜为原料生产燃料乙醇，并为糖厂实施燃料乙醇项目、提供项目经费 40%的贷款。糖蜜是食糖生产过程中的副产品，利用糖蜜生产乙醇的成本为 36.2 卢比/升（1 元人民币约合 10.3 卢比）。据印度《经济时报》报道，2015—2016 财政年度，全国燃料乙醇产量为 29 亿升（约合 228.8 万吨），比 2013—2014 财年的 27.2 亿升增加 1.8 亿升。

6.8　非洲大地开始萌生生物燃料

迄今，大多数非洲国家都还未制定有效的生物燃料政策，仍在以巨量资源进口本地缺乏的化石燃料。然而，非洲遍地都有发展生物燃料的资源，应加快制定有关开发政策。目前，非洲国家为摆脱花巨资大量进口化石燃料的依赖，发展生物燃料已开始萌生。

6.8.1 非洲国家蕴藏的生物能源潜力

在非洲这片大陆上，拥有广袤的土地，适宜的气候条件，还有廉价的劳动力资源，有利于种植各种生物燃料作物。举例说，未来几年，肯尼亚每年预计将花费 1 000 多亿肯尼亚先令（1 美元约合 65 先令）进口化石燃料。如果肯尼亚能利用本国生产的生物燃料满足 10%的能源需求，就能创造许多就业机会，减轻贫困。至今，在非洲地区开展生物燃料的商业化生产，还是一个新想法，有待于采取建设措施。令人高兴的是，现在一些非洲国家已开始采取实际行动。例如，莫桑比克、尼日利亚和苏丹等国家已建设生物燃料乙醇项目，在 2010 年投入生产。

6.8.2 塞内加尔是积极倡导国之一

一般而言，广大发展中国家推广生物燃料和替代能源，不仅可以促进能源来源的多样化，而且可以在当前国际能源价格剧烈变化的形势下实现自我保护、自我发展。为了减轻高油价给经济发展带来的巨大压力，不少非洲国家开始积极探索开发生物能源，并取得了一些进展。

塞内加尔是非洲生物能源最积极的倡导国之一。塞内加尔总统很重视发展生物燃料，曾经强调说：生物燃料将会在非洲大陆掀起一场新的革命。为了促进发展生物燃料，新建了一个专门致力于生物燃料和可再生能源发展的政府机构。生物燃料生产大国巴西已与塞内加尔签署生物能源合作协议。巴西将帮助塞内加尔生产甘蔗乙醇和生物柴油。借助这个合作项目，帮助塞内加尔这个贫困国家增加就业机会和提高农民收入。塞内加尔计划在东部的坦巴昆达地区种植 115 公顷可提炼生物柴油的麻风树，然后向其他地区进行大面积推广，以扩大生物燃料乙醇的原料来源。

6.8.3 积极开展与国外合作开发

在非洲大陆，经济最发达的国家南非积极开展与国外合作发展生物燃料，并作为发展可再生能源的主攻方向。南非与之合作的伙伴是世界生物燃油大国巴西。两国在农业领域拥有巨大的合作潜力，包括开发生物燃料领域的雄厚资源。巴西与南非两国在这一领域互补明显。巴西的农业生产效率位居世界前列，其中的一些成功经验是可供借鉴的。目前，南非是巴西的第三大贸易伙伴，两国之间的经贸往来十分密切。巴西和南非之间的贸易协定不仅可以促进生物燃料的进一步发展，还可以保障南非的粮食供应安全。2010 年 12 月，巴西负责外贸的官员发表声明，加强巴西与南非在生物燃料领域的合作，购买南非农业用地用作生物燃料生产基地。2013 年，南非首次使用生物乙醇生产设备，以高粱为原料生产生物燃料。南非粮食生产者协会认为，高粱燃料乙醇的提取率与玉米相同，南非不会利用玉米生产乙醇。这为农业带来希望，有助于农民增产增收。另外，南非还计划建设 7 家类似的乙醇工厂。巴西政府也热衷于与南非加强合作开发生物燃料乙醇产业。

除南非之外，尼日利亚与巴西石油公司合作发展燃料乙醇。尼日利亚是撒哈拉以南非洲地区最大的石油生产国，积极与国外合作发展生物燃料油。2005 年 8 月，巴西石油公司和尼日利亚国家石油公司就乙醇供应事宜达成协议，开启了两国在生物燃料领域的合作。巴西石油公司出资 2 亿美元，在尼日利亚建设一家生物燃料乙醇提炼厂，以满足尼日利亚对生物乙醇的需求。尼日利亚计划在巴西的技术支持下，建设 15 家生物燃料乙醇工厂。

最后，顺便提及，在非洲还有一些国家谋划开发制备生物燃料油的新资源。刚果（金）政府已建立一个特别委员会，研究以麻风树为原料生产生物燃料的可能性。此外，斯威士兰、赞比亚和津巴布韦等非洲国家，正在进行利用麻风树作原料生产生物柴油的尝试。

6.9　国外生物燃料产业的特点和趋势

当今世界上，生物燃料方兴未艾成为遍及全球各大洲的发展潮流，呈现出一些共同的、显著的特点：发展普遍性和多样性；客观必然性和必要性；调控市场性和宏观性；以及经济、社会和生态性，发展前景越来越广阔。

一是，生物燃料目标的明确性。国外发展包括生物燃料在内的生物质能源，制定明确的政策出发点和目标。主要包括：保障国家能源安全，提高能源自我供给能力；促进农业产业结构调整和农村经济发展，许多国家把发展“能源农业”作为实现农业转型和农村可持续发展的重要途径；增加新的就业机会，把发展生物质能、尤其是生物燃料看作是解决本国就业问题的一个重要手段；改进环境保护，把发展生物质能源看作减少 CO_2 排放的重要措施，以及创造和增多就业岗位。研究表明：在工业化国家，陆上石油（包括开采、冶炼和销售）每百万吨标准油的能源需要工作岗位 959 个；煤炭业为 925 个；天然气业为 430 个。而生物质固体燃料业为 3 000～5 000 个；生物燃料乙醇业为 18 000～28 000 个；生物柴油业为 29 000个；生物质发电业为 1 650 个。

二是，生物燃料品种的多样性。迄今，生物燃料在世界多个大洲都不同程度的普遍兴起，范围广大；开发生物燃料的资源多种多样，既有粮油作物，还有农产品加工副产物，更有“林下产品”等；生物燃料品种多、应用范围广。目前生物燃料的开发应用集中于气化、液化、热解、固化和直接燃烧等方面，广泛应用于汽车运输、农田耕作、锅炉燃料、工厂动力，以及发电、照明等。可以说，新兴的生物燃料已经逐步的、越来越广泛的成为化石燃气的重要替代品。

三是，生物燃料发展的集中性。包括发展地区集中、主要品种集中、使用范围集中。如前所述，迄今世界生物燃料明显形成了“三块版图”：第一块是美国和巴西；第二块是西欧；第三块是起步较晚的中国和印度等国。与此同时，世界生物燃料主要集中于生产生物燃料乙醇、生物柴油等。主产国包括美国、巴西、德国、中国、法国和印度尼西亚等国。

四是，生物燃料科技的突破性。生物燃料属于新型绿色能源，科技含量较高，必须以科技创新为动力。生物燃料最初是以谷物为原料生产的产品，不仅成本较高，而且还受粮食消费增长和土地资源紧缺的限制，致使其发展必然受到制约。完全以谷物为原料的第一代生物燃料乙醇的发展道路是行不通的。从长远的角度来看，研发第二代、即纤维素生物燃料乙醇是必由之路，潜力巨大，前途广大，是未来生物燃料乙醇产业的广阔途径。玉米生产大国的美国政府，也调整能源政策，提高生物燃料的消费比重。到 2020 年，美国消费燃料乙醇的 58.33％将来自纤维素原料。

五是，生物燃料发展的法制性。国外特别是生物能源发达国家和地区，都注重制定和实施法律法规，以保障生物燃料的顺利发展。例如在欧盟，不仅制定了适用欧盟整体的法律法规和《一揽子计划》，而且欧盟成员国政府及成员国内的州政府都制定和实施促进生物质能技术研发、投资、生产和消费的政策框架：德国、西班牙等15国对生物质发电实行保护性电价；德国、英国、芬兰、丹麦等11国为生物质供热提供投资补贴；瑞典、荷兰、意大利等4国为生物质供热免税。此外，各国地方政府也积极采取措施促进生物质能源的发展。如德国的巴伐利亚州政府制定了州生物质能发展规划和目标，把发展生物质能列为该州发展非食品农业、促进农村社会发展的重要举措；成立了州生物质能技术开发中心，为村落型生物质热电联产示范项目提供配套补贴资金。

第7章 生物柴油：绿色燃料谱新章

生物柴油最早诞生于1988年，由德国聂尔公司发明，当时是以菜籽油为原料提炼而成的洁净燃油。由于生物柴油的多种优异性能，所以它在世界上一经出现，就引起广泛关注。迄今围绕着几种主要油脂原料的主产区，已经形成三大生物柴油生产基地。

7.1 生物柴油的优良性能

系统梳理和概括前面所述，与普通柴油相比，生物柴油硫含量低，二氧化硫和硫化物的排放量相应也低。另外，生物柴油的生物降解性高达98%，降解速率是普通柴油的2倍，可大大减轻意外泄漏时对环境的污染。生物柴油的这种特性使它具有以下优良性能：①优良的环保特性。②良好的低温发动机启动性能。③良好的润滑性能。④在运输储存方面具有良好的安全性能。⑤好于柴油的、良好燃料性能。⑥通过适当形式可再收获、再获得，即可再生性能。⑦无须改动柴油机、可直接添加使用的性能。⑧降低汽车尾气排放的性能。生物柴油按照一定比例与石化柴油混合使用，能耗仅为石油柴油的1/4，可显著减少燃烧污染排放。⑨减少温室气体排放量的性能。作为生产生物柴油原料的植物，在适宜的地区种植油料作物或能源植物，一方面，可保护生态，减少水土流失，另一方面，还可将二氧化碳转化为有机物固化在土壤中。⑩巨大的“变废为宝”的性能。利用大量餐饮废油脂生产生物柴油，可有效避免有害物质污染环境或加工成“地沟油”重新进入食用油市场。

正是由于生物柴油具有的多种优良性能，加之传统化石能源供应紧张和环境压力日益沉重，因而生物柴油越来越引起全球广大地区和国家、尤其是能源贫乏国家的高度重视。

7.2　生物柴油资源的特点

资源，是生物柴油产业发展的基础，生物柴油资源具有普遍性、丰富性和多样性等特点。在当今世界各地，无不拥有生物柴油的原料资源，而且品种多样、数量巨大。生产生物柴油的原料主要包括菜籽油、大豆油、棕榈油、葵花油等植物油脂，以及民用和工业废弃油脂等。2007 年，世界用于生产生物柴油的主要植物油的构成包括四大类：菜籽油占 53%；大豆油占 18%；棕榈油占 14%；葵花籽油占 8%；其他占 7%（图 7－1）。

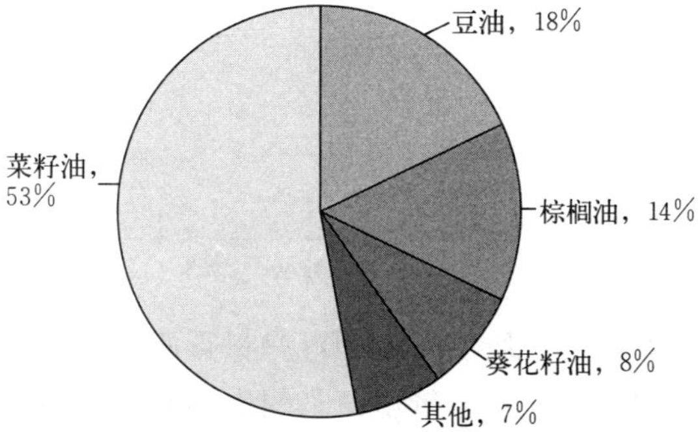

图 7－1　2007 年世界生物柴油行业原料构成

资料来源：China Venture 投资数据库 2008。

当然，不同国家环境条件各异，采用各不相同的原料制备生物柴油。除了以菜籽油、大豆油、葵花籽油等为生产生物柴油的主要原料外，还有以动物油脂、工程微藻和餐饮废油（地沟油）等变废为宝，资源化利用，开发生产生物柴油。例如，印度尼西亚、马来西亚等国采用植物油脂和棕榈；菲律宾等国用椰子；巴西用蓖麻和向日葵；泰国用麻风树；印度用棉籽。

近年来，国内许多研究者对国内外主要生物柴油生产国的原料成本进行了综合分析研究。一般说，植物油的价格占生物柴油成本的比例为 70%～80%。采用不同的原料生产的生物柴油，其价格差别甚大。例如，以菜籽油为原料生产的生物柴油产品，其成本、价格、毛利率依次是：10 800元/吨、7 000 元/吨、－3 800 元/吨。再如，以麻风树油为原料生产的生物柴油，其成本、价格、毛利率依次是：6 800 元/吨、7 000元/吨、200 元/吨。对比分析结果表明，以植物油加工副产品（植物油脚）

的成本、价格、毛利率依次是：6 400 元/吨、7 000 元/吨、600 元/吨。后者的毛利率为最高（表 7－1）。

表 7－1　不同原料生产生物柴油利润比较

单位：元/吨

原料	原料价格	产品成本	生物柴油价格	毛利率
菜籽油	10 000	10 800	7 000	－3 800
豆油	9 000	9 800	7 000	－2 800
棉籽油	8 600	9 600	7 000	－2 600
动物油	8 000	8 800	7 000	－1 800
棕榈油	7 500	8 300	7 000	－1 300
麻风树油	6 000	6 800	7 000	200
地沟油	5 400	6 600	7 000	400
植物油脚	3 500	6 400	7 000	600

资料来源：China Venture 投资数据库 2008。

业内专业研究者强调，原料资源是制约生物柴油发展的一个关键，如何获得数量充足、价格便宜的生物油脂原料，是发展生物柴油产业的决定性因素。同时，专业研究者还指出，国外经济发达国家以巨量菜籽油、大豆油、花生油等植物油作为原料生产生物柴油的道路，是完全不适应中国国情的。中国绝不可走国外生物柴油的发展道路，而必须探索和开拓适合自己特点的生物柴油产业的发展途径。

7.3　寻找和开发生物柴油的新原料

20 世纪 80 年代后，石油的需求呈现出快速增加的趋势，全世界能源短缺的问题愈发突出，开发新能源已经成为经济发展的必然趋势，来源于动植物油脂的生物柴油（脂肪酸甲酯）以其易于生物降解、可再生，以及燃烧特性得到了肯定。由于利用各种油料作物生产生物柴油，不仅生产成本高，而且大量种植油料作物会破坏农业产业结构。所以人们开始寻找和开发多种新的廉价原料。包括动物、植物加工副产品、能源作物，以及生活与餐饮垃圾等，开发出多种新的生物柴油原料资源。

7.3.1　廉价的餐饮和工业废弃油脂

利用廉价的餐饮废油、工业废弃油脂作原料制取生物柴油，不仅可以防止和避免废油脂所带来的环境污染，而且还可以减少废油脂重新进入食用油市场，同时能够显著降低生产生物柴油的成本。应用餐饮废油制取生物柴油，存在废油脂供应数量有限、成分复杂、转化成生物柴油前期处理环节多、转化成生物柴油工艺要求较高等难题。现在已研究出成功的工艺技术方法。例如：采用复合固体酸催化剂、对火锅店餐饮废油和甲醇的酯交换反应制取生物柴油；以硫酸为催化剂，采用脂交换法进行生物柴油的试验室制取等。

7.3.2　利用多种木本粮油果实资源

世界上山地丘陵面积极为广阔，适于种植多种木本粮油林，如油茶、核桃、文冠果、麻风树、乌桕、黄连木，以及茶子、桐子、橄榄仁、棕榈仁等，都含有丰富的油脂，是制备生物柴油的优质原料。据统计，在种子植物中，88%以上的是种子中含的油脂，果实、花粉、孢子、茎、叶、根等部位也不同程度的含有油脂。例如，麻风树种仁含油量高达 50%，且产量很高。乌桕种子的出油率高达 40%以上，产量也很高。用它们制备的生物柴油具有燃烧性能好，闪点好，污染低等优点。以麻风树油为原料生产生物柴油已研发出成熟的加工工艺，为实现工业化生产提供了技术条件。

7.3.3　利用微藻生物质资源

微藻是光合效率最高的原始植物之一。与农作物相比，微藻单位面积的产出率可高出数十倍。采取工程微藻法制备生物柴油，是一个变废为宝的新产业。在石油价格大幅上升，粮食短缺问题日渐突出的形势下，微藻柴油产业具有广阔的发展前景。所谓工程微藻法就是通过基因工程技术，改变微藻细胞的生理结构，制备出高产量、高含油量的工程微藻。经过采收、加工，转化为微藻生物柴油。工程微藻法的优点在于微藻生长周期短，生产能力强，油脂含量比陆生植物高；生产的生物柴油可被微生物降解，不污染环境，但目前生产成本较高，商业化开发还需要进行科技攻关。

7.4 国外生物柴油持续绿色发展

在当今世界上，欧盟、美国、巴西、阿根廷，乃至亚洲、非洲许多国家和地区，都普遍重视生物柴油的发展。国外生物柴油的迅速发展得力于拥有丰富的生产原料，包括菜籽油、大豆油和葵花籽油等。以欧盟为例，一些国家以菜籽油为原料生产生物柴油。而在美国，以大豆作为生产生物柴油的原料。像德国、法国、意大利等欧盟成员国多年来高度重视把菜籽油、大豆油、葵花籽油等植物油脂转化为生物柴油。早在新世纪之初，欧盟的生物柴油产量已经占到世界总产量的一半，尤其是德国，2006 年，德国生物柴油的总产量达到 200 多万吨，并在全国建立了 1 500 多个生物柴油加油站。为解决生物柴油的高成本问题，德国早在 2004 年就规定：对生物柴油加工企业全额免税；对混用生物柴油者，按比例减免消费税。据德国专业刊物《油世界》报道，2016 年全球生物柴油产量预测数据上调到 3 170 万吨，比早先的预测值高出 190 万吨。相比之下，2015 年生物柴油产量预测数据下调了 150 万吨。如今，欧洲已成为生物柴油的主要生产地区和消费地区。

7.4.1 国外对生物柴油资源的应用

1983 年，美国科学家首先将亚麻籽油甲酯用于发动机，并将可再生的脂肪酸单酯定义为生物柴油。1984 年美国和德国等国的科学家研究了脂肪酸甲酯或乙酯代替柴油作燃料，即采用来自动物或植物的脂肪酸单酯代替柴油燃烧。1990 年，美国开始小规模以大豆油作原料生产生物柴油，1992 年，美国能源署及环保署提出把生物柴油作为清洁燃料，进行推广应用。据美国生物柴油协会调查，到 2008 年 1 月，全国已有商业性生物柴油生产商 171 家，具有生产 22.4 亿加仑生物柴油的能力。到 2009 年，美国生物柴油生产量占世界生物柴油的比重达到 17.7%，预计 2020 年达到 64.53 亿升。

欧洲已成为全球生物柴油的主要生产地。欧盟一直是生物柴油研究和推广的主要地区（菜籽油是欧盟制备生物柴油的主要原料）。欧盟生物柴油生产目前主要集中在 3 个成员国，即德国、法国和意大利。1988 年，德国聂尔公司以菜籽油为原料制备生物柴油获得成功。到目前为止，德国已成为世界上最大的生物柴油生产国，2006 年生物柴油生产量已达 250 万吨，2010 年达到 500 万吨以上。德国国内奔驰、宝马、大众和奥迪等汽车生产厂家，生产的柴油动力汽车均可以使用生物柴油。法国、意大利、丹麦等欧洲国家也都参与生物柴油研发领域的竞争，并结合本国实际情况制定了各自的发展战略，在生物柴油研究开发和产业化方面取得了相当大的进展。

巴西发挥自己农业优势，生物质能源研发的进展很快，尤其是乙醇燃料技术的推广成绩斐然。在发展酒精燃料的基础上，巴西近几年加大了研发生物柴油的计划。巴西政府于 2004 年 12 月 6 日公布了实施生物柴油的临时法令，宣布巴西于 2007 年开始必须在矿物柴油中掺加 2%的生物柴油，到 2012 年增加到 5%。巴西生产生物柴油的主要原料是蓖麻油、棕榈油、大豆油、棉籽油等。

日本是个岛国，盛产鱼虾，日本人民喜欢吃煎炸鱼虾等食品。日本每年的食用油消费量为 200 万吨，产生的废弃油脂达 40 万吨，为生产生物柴油提供了原料。从 1995 年开始，日本研究用饭店剩余的煎炸油生产生物柴油，在 1999 年建立了用煎炸油为原料生产生物柴油的工业化试验装置，可降低原料成本。目前日本生物柴油年产量可达 40 万吨。日本市民也都积极支持这一计划，积极把废弃油脂送往煎炸废油回收站点。同欧洲国家一样，日本也对生物柴油采取零税率的政策，并对制造生物柴油的工厂予以免税，对供应生物柴油的加油站政府实行补贴。

7.4.2　欧盟沼气发展的产业化

在欧盟生物能源产业中，沼气也是不断发展的一个品种。早在 20 世纪 40 年代，在瑞典就出现沼气用作车用燃料的个案。70 年代，少数城市用厌氧发酵处理城市下水道污水无害化过程产生的活性污泥，并获取沼气用于发电。21 世纪以来，沼气利用在欧盟国家发生了重大转折，不但在世界上率先实现了产业化，而且利用的主要目的已经从以往单纯地为环保服务，转变为取得新的清洁能源、保护环境的“双赢”目的。

欧盟所生产的沼气主要用于发电和加热。欧盟生产沼气的主要原料是生活垃圾、泔水、污水污泥、玉米青储饲料及液体粪便等。目前，欧盟的沼气生产量为 496 万吨。英国和德国是欧盟最大的沼气生产国，产量分别为 178 万吨和 129 万吨。

7.4.2.1 欧盟沼气产业化的动力和目标转变

欧盟以沼气大规模替代煤和天然气直接发电和供热（热电联产，CHP），乃至以较低的成本替代天然气。其推动力有三：一是，通过扩大清洁能源的使用，特别是充分利用“生物天然气”（沼气经净化和提纯，甲烷含量≥95%），有效减轻温室气体减排效应（车用生物天然气比天然气和柴油分别减少 CO_2 排放 53%和 63%）。二是，减少对天然气进口的依赖，减小财政负担。三是，“化废为宝”，无害化处理畜禽类粪便、城市垃圾以及城市污水。无害化处理废气料，是为了缩小活性污泥的体积和避免二次污染，同时产生了沼气。为应对 20 世纪 70 年代以来多次爆发的“石油危机”，沼气终于成为一种新能源，而且实现了规模化和产业化。

联合国工业发展组织的《生物能源战略（2007）》指出，沼气可提纯为生物天然气，从而与现已存在的区域性乃至跨国的天然气管网并网；也可通过压缩（CNG）用于驱动各类汽车以至火车。报告还说，近年来，沼气早已摆脱了仅仅是对废弃物，包括饲养场厩粪和生活有机垃圾作厌氧发酵处理的形式，而且成为一个新能源产业。其净能量产出效率完全可与能源作物甘蔗与油棕媲美。

2008 年 1 月，欧盟制定了应对全球气候变化的“20－20－20”目标其含义是：减排温室气体 20%；提高能源使用效率 20%；可再生能源替代全部能源消费量的 20%。在第三个 20%目标中，交通运输燃料中要有 10%是可再生燃料，其中生物天然气要占到这个数额的一半。这为欧盟沼气成功产业化、包括原料扩充、技术创新、储运销售、完善物流基础设施，以及法律和政策的完备等起到了举足轻重的作用。

欧盟在数十年发展沼气的过程中，经历了一个根本性转变过程：从以处理生活污水无害化产生的污泥为主，到以获取优质可再生能源为主。这标志着，欧盟沼气转向能源和环保兼顾的战略性目标，原料范围显著扩大，规模迅速向产业化方向发展。

欧盟 2007 年沼气总量达到约 100 亿立方米，其中 50%来自垃圾填埋气，以英国为代表；30%来自农业废弃物和能源作物，以德国为代表；20%来自下水道处理产生的污泥，以瑞典、荷兰和丹麦为代表。当然，欧洲国家发展沼气的情况各不相同。

7.4.2.2　瑞典率先开发车用生物天然气

瑞典在全球率先开发车用生物天然气。早在 2005 年，瑞典有 233 家沼气工厂和 31 家提纯厂，主要类型为活性污泥再厌氧发酵和有机垃圾填埋产出的沼气。2006 年瑞典燃气协会宣布，全国加气站 500 个，沼气总产量的 1/4 净化提纯后作为车用燃料，其使用量已超过天然气：2009 年达到 4 400 万立方米；2010 年全国使用压缩生物天然气（Bio-CNG）的车辆达 7 万辆。2007 年，瑞典共使用车用生物天然气 2 800 万立方米，占沼气总产量的 19%，全国已有 15 个城市完全使用车用生物天然气。瑞典的大中城市主要分布在中、南部，而它们与欧洲大陆天然气管网有海洋之隔，因此在 1991 年政府决定不投资铺设连接管道后，哥德堡、林可平和乌普萨拉等大城市加速开发可替代天然气的生物天然气。沼气的主要原料仍是城市生活污水处理产生的活性污泥。首都斯德哥尔摩从 2003 年起开始使用以生物燃气为动力的公交车，目前已占到所有运营公共汽车的 1/3 以上，居世界领先地位。该市的目标是，到 2020 年和 2030 年产量分别达到 60 亿立方米和 100 亿立方米的目标。

7.4.2.3　德国沼气产业一马当先

德国的沼气产业发展很快，由 2000 年到 2010 年的 10 年间，沼气厂由 1 000 家迅增到 5 000 家，发电产能达到 2 700 兆瓦，相当于年产沼气 17 亿立方米。特别是 2000 年颁布对可再生能源发电实行补贴之后，德国在欧盟发展生物天然气中一马当先。德国农民建设沼气工程，可得到德国沼气协会从技术咨询到贷款担保的一系列服务，与沼气协会订有协议的银行和保险公司分别提供贷款和保险。为了促进车用生物天然气的发展，德国在能源消费税和 CO_2 “超排税”两方面给予优惠，使生物天然气的售价远低于汽油和柴油。

统计数据显示，2009 年 1 月，德国拥有汽车 5 195 万辆，其中用天然气作为动力的有 90 397 辆。在 860 座天然气加气站中，生物天然气加气站有 3 座，但沼气净化、提纯的厂家已有 40 家。德国规划：到 2020 年生物天然气要替代天然气消费量的 6%（60 亿立方米/年），相应需增建 1 000 座以上的沼气净化、提纯工厂和更多的加气站。其中，主要是改造使用农牧业废弃物的小型沼气厂。这主要是归功于德国政府新颁布的利用沼渣、沼液的奖励政策。更重要的原因在于，经净化、提纯后的沼气受到可并网发电的激励，致使大型沼气厂（日产沼气 6 000 立方米以上）发展迅速，最大的沼气厂日产沼气达 20 万立方米。

7.4.2.4 欧洲其他国家沼气产业发展特点

在欧洲，除德国、瑞典之外，瑞士、英国、法国等国的沼气产业的发展，也各具特点。法国政府从 2003 年开始，采取了一系列积极措施，促进开发生物能源，鼓励利用生物能源。例如，降低税收或免税；汽车发动机的设计以生物柴油发动机为主，约占法国汽车保有量的 63%。这一系列的鼓励措施有可能使法国超过德国，成为欧洲生物柴油生产第一大国。法国议会于 2010 年 7 月通过、并于 2011 年春正式生效新环保法案，强制性收购生物天然气，并对并入天然气管网的提供优惠性补贴。这个法案历时 6 年，经过建立工业标准、应用生物天然气的安全性及对人体健康影响的评估后方才通过。

瑞士是欧洲利用沼气突出的国家之一。其重要特点是以农业废弃物和沼气专用能源作物为原料，而且非常重视原料的可持续供应，同时也非常重视沼气发酵技术的研究创新和开发。2005—2008 年间，车用生物天然气加气站从 60 座增加为 100 座。瑞士燃气行业协会与沼气协会签订协议，给予生物天然气并网费用优惠。

英国现有 38 座沼气厌氧工厂，其中 11 座大型工程，使用多种物料供发酵，包括畜禽粪便、能源作物和厨房垃圾等；其余的中型工程大多建在农场。目前，垃圾填埋气占全部沼气产量的比重约达 90%，主要用于燃气轮机发电和供热，每年可处理物料 44 万吨。

意大利是一个依靠大量进口能源的国家，进口数量大约是全部能源需求量的 80%。目前，意大利的生物柴油年生产总能力为 35 万吨，生产原料主要是来自从法国、德国进口的油菜籽，还有1/5的原料来自大豆。意大利政府虽然大力支持生产生物柴油，但是，意大利政府在2005年预算法案中把每年享受减免税收的生物柴油额度由30万吨减少到20万吨。其原因有二：一方面受生物柴油原料的制约；另一方面为了保护意大利农民的利益。

从发展趋势看，欧盟的生物柴油产业仍将具有广阔发展前景。有其客观因素包括：首要的因素是，欧盟拥有雄厚的原料资源。由于欧盟为解决农产品严重过剩问题，因而普遍推行土地休耕政策，拥有大量闲置耕地。欧盟各成员国对开发闲置土地种植油菜籽抱有极大的兴趣。另一个重要因素是，随着欧盟的东扩，潜在的可利用的土地面积还将进一步扩大。由于中欧地区人均拥有的耕地约为欧盟原15个成员国的2倍以上，因此未来欧盟有望把油菜籽的种植范围扩展到中欧。这将为欧盟提供更雄厚的原料基础。第三个因素是，欧盟各国对生物柴油产销制定了扶持政策，有力促其产业化和商业化进程。

7.5　美洲地区生物柴油取得重要地位

与欧盟相对照，美洲地区主要以大豆油为生产生物柴油的原料。美国、阿根廷、巴西等国是该地区主要的生物柴油生产国。

7.5.1　美国：世界第二大生物柴油国

美国是“装在汽车轮子上的国家”，是世界能源消费量最大的国家，每年都要进口大量石油。为缓解本国能源消费过度依赖国际市场所带来的压力和环境因素，美国积极寻找各种替代能源。20世纪80年代初，美国就对利用油脂转化成为脂肪酸甲酯生产生物柴油进行了研究，但直到最近两年才逐渐形成规模，并已成为该国发展最快的替代燃油。美国是世界最大的大豆生产国，其大豆油除自用和出口外尚有剩余，而且大豆生产尚有进一步发展的余地，因此美国生产生物柴油的主要原料是大豆油。根据美国能源部的统计数据，美国2004年生物柴油产量达到9.4万吨；2005年生物柴油产量约为28.4万吨，是2004年的3倍；2006年生物柴油的产量达到94万吨，是2004年的10倍，是2005年的3.3倍。截至2006年9

月，美国全国共计有81家生物柴油生产厂，还有82个项目正在投建或扩建当中。除了丰富的大豆油资源之外，美国还成功研制出高油含量的“工程微藻”，开辟了新的生物柴油生产原料。丰富的原料资源，为美国生物柴油产业迅速发展打下了坚实基础。另外，美国政府在税收、资金补贴等方面为生物柴油产业提供了大力扶持。这些条件决定，美国生物柴油产业发展很快，目前已成为世界第二大生物柴油生产国，而且有大量出口，已经对欧盟的生物柴油产业产生了强烈冲击。

7.5.2 巴西：多措施促进生物柴油产业

位于南美的巴西，是世界第二大豆生产国。同时，巴西又是石油进口大国，为减少对进口石油的依赖，巴西政府在20世纪80年代，采取多项措施推进生物柴油的发展。例如，政府推出“生物柴油计划”。但是，当时因为生产成本过高，市场需求不旺，所以未进行大规模生产。直到2003年，巴西政府又颁布法令，重新启动生物柴油计划。从2004年开始，巴西政府实施“国家生物柴油生产计划”，该计划允许利用多种技术生产生物柴油，而且提供多项免税优惠。2005年1月，巴西颁布实施国内第一个生物柴油销售法令，要求从2008年开始，所有柴油必须添加入2%的生物柴油，到2013年生物柴油含量必须达到5%。同时，巴西政府又决定：从2008年7月1日起把柴油中生物柴油的含量从目前的2%提高到3%。巴西矿业和能源部表示，在2010年提前实现掺入生物柴油5%的目标。据统计，2007年巴西总计进口29亿升柴油，本国生物柴油年生产能力为25亿升。目前巴西每年消费柴油约400亿升。

7.5.3 阿根廷：生物柴油快速推进

与巴西接壤的阿根廷，是世界第三大豆生产国。由于阿根廷大豆油资源十分丰富，所以生物柴油产业发展也十分迅速。根据阿根廷可再生能源会议发布的、有关阿根廷生物柴油市场的全面分析的数据显示：在2008年，阿根廷已成为世界第三大生物柴油生产国，销售额超过了15亿美元。同年，阿根廷生物柴油生产设备的总生产能力比2007年增长150%。2008年，全国新增生物柴油生产能力高达84万吨，18套商业化生物柴油装置总产能高达 140 万吨。到 2009 年年底，阿根廷的生物柴油装置数量增加到 34 套。2008 年年初，Unitec Bio 的美国集团公司子公司宣布，投资 6 000 万美元用于阿根廷圣达菲省的第一个生物柴油生产厂的建设，初期年生产量达到 22 万吨，同时计划继续在现有厂址上再新建 3 个工厂，使生物柴油年产量最终增加到 100 万吨。阿根廷政府规定，将在 2010 年开始执行混配入 5%生物柴油（B5）的指令，届时生物柴油国内市场消费量将达到 62.5 万吨。

7.5.4　加拿大：利用亚麻子精炼柴油

位于北美的加拿大规定，2012 年，国内柴油燃料和取暖用油中的可再生生物柴油含量不得低于 2%。这是加拿大投资 3.45 亿加元（约 3.1 亿美元）促进生物质能源研发项目的一部分。随着这一计划的实施，加拿大生物柴油需求量将会飙升，将会使加拿大每年减少 400 万吨温室气体的排放量。

在加拿大，生物柴油一般是用动物脂肪、烹调油、大豆和菜油炼制。目前加拿大年生产量约为 2 亿升生物柴油，而现在每年大约需要生产 5.5 亿升才能满足的配额规定。加拿大在开发生物柴油中，注重研究创新。能源创新公司在第一大城市多伦多建造年产量 1 000 万升的生物柴油厂，使用含油量 40%的亚麻子炼制生物柴油，制备生物柴油后的其他成分仍可用作生产食物或饲料的原料。能源创新公司还计划推出食用高蛋白、亚麻子粉等产品。2006 年以来，加拿大能源创新公司又在安大略省运营了生产能力为 320 万升的试验工厂，现在又开始着手实施新的计划，筹集了公司的研发资金和 100 多万加元的发展基金，在安大略省开办 8 个工厂。与前面的大型加工厂相比，新开建的工厂规模较小，是为了确保当地农民能够提供足量的亚麻子原料。加拿大的能源创新公司除利用亚麻子生产清洁燃油、食品和饲料之外，还研发出一种利用咖啡残渣提炼生物燃料的技术，其生产过程中能产生多种有用的副产品。

7.6　东盟国家生物柴油产业后起直追

随着车辆用油柴油化的发展，及循环经济理念的普及，以及人们环保意识的增强，有力推进生物柴油替代燃料的发展的步伐，盛产棕榈油、椰子等热带油料树木的东盟国家，也由此加大了生物柴油的开发力度。客观说，东南亚地区生物柴油的生产起步较晚，但发展速度较快，并取得了明显进展。

7.6.1 东盟国家发展生物柴油的特点

从东盟国家发展生物柴油的情况看，有以下三个特点：一是依靠本国的资源和技术。由于目前发展生物柴油的主要问题是成本高，原料价格占成本的70%，东盟国家发展生物柴油主要是依靠本国的资源。马来西亚和印度尼西亚是世界上最大的两个棕榈油出口国，而椰树是东南亚最普遍的植物。新加坡缺乏资源，但它拥有雄厚的技术资源。二是不占用耕地。棕榈、椰树、木薯、蓖麻等原料在东南亚的丘陵地带均可种植，而不像大豆和油菜那样需要占用耕地，这就保证了在发展生物柴油的过程中，不会出现“与农争地”的现象。三是导向明确。东盟已经确定，要通过加强对再生能源系统的有效扶持，提高再生能源的生产和使用水平，同时增加再生能源的供应比例，以实现未来能源的可持续发展。除上述三国外，越南、泰国和文莱都在生产和销售方面制订了相关政策，以鼓励生物柴油的生产和推广。泰国为鼓励更多的汽车用户使用生物柴油，制订了相关政策，把生物柴油与柴油间的差价进一步上调至1泰铢，以此促进替代能源销售量的提高。

随着车辆柴油化的发展及人们环保意识的增强，有力推进生物柴油替代燃料的发展步伐，东盟国家也由此加大了生物柴油的开发力度。客观说，东南亚地区生物柴油的生产起步较晚，但发展速度较快。该地区生产生物柴油主要以棕榈油为原料。其中，盛产棕榈油的马来西亚和印度尼西亚是东南亚地区生物柴油发展最快的国家。两国的粗棕榈油总产量大约占到全球总产量的85%。2016年，印度尼西亚、马来西亚和泰国的生物柴油的产量依次为36.56亿升、8.33亿升、12.40亿升。与此相应，分别投入棕榈油336.3万吨、34.1万吨和92.0万吨。由此计算，三国的棕榈油生物柴油年消费量达到400万吨。三国生物柴油的生产出口及消费因国情不同，各具有不同特点。

7.6.2　印度尼西亚：生物柴油政策的转变

印度尼西亚是全球最大的棕榈油生产国，也是棕榈油生物柴油的重要生产大国。在东南亚的三大棕榈油生产国中，印度尼西亚的棕榈油生物柴油的总产量占比高达64%，棕榈油生物柴油投入量占比高达73%。棕榈油生物柴油的发展为生物柴油的消费创造了基础条件。

早在2010年，印度尼西亚政府就决定实行生物柴油的B2标准，并计划到2025年实行B5标准。2007年印度尼西亚将投产19家生物柴油厂，生产能力达到175万吨。同时，印度尼西亚政府鼓励使用生物柴油，从2006年8月开始，雅加达地区的加油站都替换成混合柴油，即由95%的柴油和5%的生物柴油混合而成的油品。但在此过程中，2013年发生了欧盟对印度尼西亚棕榈油生物柴油反倾销制裁，对印度尼西亚生物柴油出口造成重大打击。此后，印度尼西亚转变政策思路，把发展生物柴油产业由出口导向型转变为国内消费拉动型。2015年下半年，印度尼西亚政府实施棕榈油生物柴油支持项目，建立棕榈油生物柴油基金，其来源是出口关税收入，利用这一基金对国内消费者给予传统柴油与生物柴油的价差补贴，以鼓励国内增加生物柴油消费。2016年，印度尼西亚政府实行了B10计划，把生物柴油掺混率从2015年的3.2%提高到10.2%，极大地促进了国内消费。以此为契机，印度尼西亚的棕榈油生物柴油成功地由出口导向型转变为国内消费拉动型。2016年，印度尼西亚棕榈油生物柴油国内消费量占总产量的比重高达82%，预计2017年将超过95%。这一转变实现了三大目的：一是削减原油进口量，因而减轻财政负担；二是减少温室气体排放量，有利于保护环境；三是开拓消费市场，扩大生物柴油的需求量。印度尼西亚2015年生物柴油消费量为150万吨，如果将该国柴油消费总量计算在内，混配合的比例约为7.5%。

从原料棕榈油投入和产能利用率分析，印度尼西亚仍具有巨大的发展潜力。2016年，印度尼西亚生产生物柴油消耗的棕榈油为336.3万吨，仅占产能的33.5%，未来增长空间还很大。

7.6.3　马来西亚：实行生物柴油发展计划

在2016年的棕榈油生物柴油生产中，马来西亚产量的占比为14%，棕榈油投入量占比7%，总体占比较小。马来西亚2008年宣布了生物柴油发展计划。当年，马来西亚共有20家生物柴油工厂，年生物柴油总产能达到28.8亿升，但是产能利用率很低，只有6.5%。为增加棕榈油消费以降低国内棕榈油库存，马来西亚从2010年6月起，开始执行“B5计划”。该计划在2014年得到全面实行，随后在2015年初开始、又实行“B7计划”，把生物柴油掺混率由5%提高到7%。

迄今，马来西亚生物柴油的生产保持平稳态势，生物柴油加工厂仍为20家，产能没有扩大，但产能利用率则有所提高，从2008年的6.5%提升到2016年的28.9%。生物柴油总产量约100万～150万吨，加工成本约为100美元/吨，但是有望减少50%。马来西亚生物柴油出口量不大，2006年为4.8万吨；2007年，增长到9.5万吨，近年来一直维持在2亿升左右。马来西亚从2016年12月1日起，对运输及工业领域实行更高的生物柴油强制掺混率。马来西亚棕榈油局（MPOB）的文件显示，“B10生物柴油计划”要求运输行业的生物柴油强制掺混比例提高至10%，该计划分阶段实施，在2016年第四季度前推行新标准。

7.6.4 泰国：生物柴油主要用于国内消费

泰国受棕榈油原料供应的局限，生物柴油产量的增长一直保持平稳、缓慢的态势，生产的生物柴油主要用于国内消费，出口量很少。2016年，泰国棕榈油生物柴油生产中，本国产量占比为22%，棕榈油投入量占比20%。泰国从2010年开始实行“B2计划”，2011年实行B3、B4、B5标准。2016年，泰国棕榈油生物柴油年产量约为12亿升，用于生产生物柴油投入的棕榈油约为92万吨，但相应的生物柴油加工厂产能的利用率已超过60%。总的看，泰国生物柴油的发展潜力受到资源条件的局限。

泰国生产生物柴油的主要原料是棕榈油和椰子油。泰国政府计划从2011年起，在柴油中混配入5%的生物柴油（B5），使生物柴油的日消耗量增至300万升。泰国计划在2012—2016年期间，把在柴油中混配入的生物柴油增至10%，成为B10生物柴油，该计划有助于提高生物柴油的日需求量，增至450万升。

7.6.5　新加坡：靠进口原料发展生物柴油

新加坡是一个资源匮乏的国家，但在裕廊岛上兴建起世界上最大的生物柴油厂。该厂由澳大利亚再循环能源公司投资 1.3 亿美元建设的，建成后生物柴油年产量高达 180 万吨，相当于 21 亿升的生物柴油。该厂第一阶段在 2007 年年底完工，生物柴油年产量达 60 万吨，到 2012 年全部竣工。另外，新加坡万德厚公司也投入 1.2 亿新元兴建 2 座生物柴油厂。由于看好清洁能源这个新兴领域的增长潜能，新加坡宣布：5 年内将投入 3.5 亿新元，推动新加坡成为全球清洁能源的枢纽。新加坡生物柴油制造厂所采用的原料为棕榈油，依赖从周边国家马来西亚、印度尼西亚、巴布亚新几内亚等国进口的棕榈油。另外，大豆也可作为生物柴油的生产原料，以减少对棕榈油的过度依赖。

新加坡从 2008 年下半年开始，为柴油动力汽车提供的生物柴油燃料，是从餐馆收集的大量废弃食用油加工制成的。新加坡研发的生物柴油完全不含硫，无需与任何矿物柴油混合就可使用。这在世界上是突出的一点。

7.6.6　菲律宾：以椰子为原料生产生物柴油

菲律宾最大的生物柴油公司（Chemrez 技术公司）已开始向德国出口生物柴油产品。该公司以椰子为原料生产生物柴油，产品最大特点是在寒冷气候下仍具有稳定性。棕榈油类的生物柴油一般在温度较低时易产生凝固现象，而该生物柴油在水的冰点时仍为液态。从椰子油中提炼的生物柴油还具有独特的性能，如帮助清洁燃油系统、提高发动机功率、减少一氧化碳排放量等。考虑到生物柴油强劲的市场需求，Chemrez 技术公司准备在未来两年内投资 20 亿比索，再建两座生物柴油厂，其生产能力将是现有生产厂的 3 倍。

7.7　国外生物柴油的生产技术标准

国际上技术先进国家，在发展一个新兴产品、推进一个新兴产业的时候，往往首先制定技术规范、产品标准，以及相关的配套政策等。生物柴油的发展也不例外。尤其，西方经济技术先进国家为发展生物柴油，在行业规范和技术标准制定等方面都捷足先登，提供了借鉴。

7.7.1 研发生物质转化生产柴油新技术

柴油是一种优质、用途广泛的液体燃料。然而，由于生物质原料短缺和价格高（像菜籽油、大豆油等）而制约了生物柴油生产的发展和应用。为了解决生物质原料缺少的问题，人们开展第二代生物燃料的探索和研究，其重点在于开发生物质原料资源，像木质纤维素、动物脂肪、城市固体废物、污水和餐饮废料等。同时，各国大力攻克另一个技术难关，即研究和发展新的生物质转化技术。目前，欧美正在研究开发的新技术是应用化学法从生物质原料中生产生物柴油，其中包括 3 种方法，即生物质汽化再经 F-T（Fischer-Tropscher）合成生物柴油，生物质热分解 TDP（Thermal Depolymerization）生产生物柴油，生物质催化裂解 CDP（Catalytic Depolymerization）生产生物柴油。其中，TDP 技术是把生物质原料通过快速热解生产液体燃料技术，一般包括预处理、热解、分离和收集等 3 个过程，最终把生物质转变为生物柴油。据报道，美国已建立了 1 座采用 TDP 技术，以有机废物生产生物柴油的中间试验厂，还投资 2 000 万美元建设 1 座采用 TDP 技术、日处理 200 吨火鸡加工废弃物、生产 274 桶生物柴油的加工厂。在 2006 年，CDP 生物质催化裂解技术问世。它是在 TDP 技术的基础上的改良技术，具有生物质液化反应温度和压力显著降低、改进油品质量等优点。然而，由于液体产物收率低、成本高等原因，推广 CDP 生物质催化裂解技术尚有困难。

7.7.2 国外生物柴油生产的技术标准

由于生产生物柴油原料的不同、工艺技术各异，因此必须制定和实施统一到标准。欧洲、美洲等许多国家对生产的生物柴油产品制定了各不相同标准。另外，各国对混配入矿物燃料的生物燃料的比重也制定了不同标准和规定。生物柴油标准的出台可以为产业的健康发展提供依据，为完善生物柴油的产业化创造条件。

德国首先制定了生物柴油标准 DIN14214“柴油发动机用机动车燃油中脂肪酸甲基酯的规范及其测试方法”，并于 2003 年上升为欧洲标准 EN14214，在欧洲推广普及。EN14214 分别对生物柴油的 25 个技术指标：产品的脂含量、密度、黏度、闪点、硫含量、残碳、十六烷值、硫化灰分、水分、总杂质、铜片腐蚀、氧化稳定性、酸值、碘值、亚麻酸甲基酯、多不饱和甲基酯（≥4 个双键）、甲醇含量、甘油一酸酯含量、甘油二酸酯含量、甘油三酸酯含量、游离甘油、总甘油、碱金属含量、碱土金属含量、磷含量等，对这 25 项指标全部或部分做出了界定。目前，奥地利、捷克、法国、德国、意大利、瑞典、欧洲等国家都使用欧洲标准 EN14214—2003 生物柴油标准。

美国材料协会早在 1996 年就出台了美国材料协会标准 ASTM - D - 6751“柴油机中馏程燃料调和用生物柴油的技术规范”，并分别在 2000 年、2006 年颁布了修订版。2006 年的第三版修订稿 ASTM - D - 6751 - 03a 分别规定了两个规格的生物柴油：S15 级和 S500 级；规定了 16 个技术指标，分别是：闪点、水分和沉淀物、黏度、硫酸化灰分、硫含量、铜片腐蚀、残碳、酸值、游离甘油、总甘油、碘值、磷含量、碱金属含量、碱土金属含量、90％回收温度等。有关人士估计，新标准的“高门槛”将迫使目前的生物柴油生产企业面临抉择：或者改进工艺技术，提高油品质量；或者被淘汰退出市场（表 7 - 2）。

表 7 - 2　生物柴油的欧洲标准、美国 ASTM 标准和中国拟定标准

指标及衡量单位描述		欧　盟	美　国		中　国	
		EN 14214	ASTM 6751 - 03A		BD - 100 国家标准	
		脂肪酸甲酯（FAME）	FAAE		—	
			S15	S500		
15 ℃时的密度	克/立方厘米	0.86～0.90	0.875～0.90		0.82～0.90	
40 ℃时的运动粘度	平方米/秒	3.5～5.0	1.9～6.0		有规定	
闪点	℃	120 min	130 min（闭杯法）		130 min（闭杯法）	
硫含量	毫克/千克	10 max	0.0015 max	0.05 max	500 max	50 max
残炭	％质量分数	0.3 max（10％蒸馏残余）	0.050 max（100％）		有规定	

（续）

指标及衡量单位描述		欧　盟	美　国	中　国
		EN 14214	ASTM 6751-03A	BD-100 国家标准
冷滤点（CFPP）	℃	不同国家 不同标准	春天：0 夏秋：−10 冬天：−20	报告形式
硫酸灰分	%质量分数	0.02 max	0.020 max	0.02 max
水分	毫克/千克	500 max	0.050 max 体积百分比	500 max
总杂质	毫克/千克	24 max	20 max	有规定
铜带腐蚀（50℃，3小时）	级别	1	3	不大于1级
氧化稳定性，诱导期110℃	hrs	6 min	—	6.0 min
十六烷值		51 min	47 min	49 min
酸度值	毫克 KOH/克	0.5 max	0.80 max	0.80 max
甲醇含量（质量分数）	%质量分数	0.20 max	0.3 max	—
酯含量	%质量分数	96.5 min	—	—
甘油一酯	%质量分数	0.8 max	—	—
甘油二酯	%质量分数	0.2 max	—	—
甘油三酯	%质量分数	0.2 max	—	—
游离甘油	%质量分数	0.02 max	0.020 max	0.02 max
总甘油	%质量分数	0.25 max	0.240 max	0.24 max
碘值	克/100克	120 max	115 max	—
亚麻酸甲酯	%质量分数	12 max	—	—
多不饱和甲基酯（≥4个双键）	%质量分数	1 max	—	—
磷含量	毫克/千克	10 max	1 max	—
碱金属含量（Na，K）	毫克/千克	5 max	—	—
碱土金属含量（Ca，Mg）	毫克/千克	5 max	—	—
浊点	℃	—	0.050 max	—
90%回收温度	℃	—	360 max	—

7.8　国外发展生物柴油的优惠措施

世界上发展生物柴油的国家，基于不同的经济发展水平和原料的丰贫状况，对生物柴油的生产和消费，各个国家都在行业规范和政策方面采取了不同的、积极的促进措施。主要包括资金补贴措施、税收优惠措施、金融支持措施，以及鼓励消费和强制提高生物柴油混配比重等多个方面。

一是金融信贷支持措施。这是为振兴生物柴油注入“血液”、并增强其“造血功能”的重要措施。由于当前生物燃料的生产成本普遍高于普通燃油，为了保证该产业有利可图，各国政府向生物燃料产业提供资金补贴，包括补贴加工企业、技术研发和原料开发等。发达国家每年在这方面的支持力度约为130亿～150亿美元。例如，德国农民种植生物柴油原料的油菜籽可获得1 000马克/公顷补贴，并对制造生物柴油予以免税。除了直接对燃料作物的种植和加工等生产环节进行补贴之外，一些国家还对购买可通用普通和生物燃料的交通工具进行补贴，以期鼓励生物燃料的使用。欧盟继《2000：新纪元》纲领性改革之后，于2003年又采取了新的农业改革方案：向种植能源作物的农民提供名为“碳信用”的补贴，其标准为：45欧元/公顷。2005年，欧盟能源作物的种植面积达到280万公顷，约占欧盟耕地总面积的3%。2007年，欧盟享受“碳信用”补贴的总面积达到200万公顷。

各国在发展生物柴油中还采取非经常性的补助金、贷款保证、贴息贷款等金融措施，在政策上向生物燃料产业倾斜。2007年5月，美国国会共批准20亿美元，以贷款保证金的形式，指定援建其国内的生物炼油项目。加拿大政府于2007年年初划拨了1.9亿美元贷款，支持可再生能源的项目建设。

二是税收优惠支持措施。这是为振兴生物柴油减轻企业负担、减低生产成本的有力措施。不管在欧洲、美洲，还是在东盟，税收减免政策是各国广泛采用的支持措施之一。例如，虽然巴西的生物燃料产业的竞争力相当强，无需直接补贴，但为了推动该产业的进一步发展，巴西政府在税收上仍然坚持实行优惠政策，免征生物燃料消费税、降低加工商的收入税等，免征税款总额高达10多亿美元。与巴西相对照，德国对每升汽油征收矿物油税高达65.4欧分，每升柴油征收矿物油税为47欧分，二者相差18.4欧分。各国制定和实施的生物柴油税收优惠政策，都有效鼓励人们使用生物柴油，减少消耗化石燃料。

印度尼西亚政府在发展生物柴油的过程中，曾为应对欧盟的反倾销制裁做出一个重要决定，把发展生物柴油产业由出口导向型转变为国内消费拉动型。2015年下半年，印度尼西亚政府实施棕榈油生物柴油支持项目，建立棕榈油生物柴油基金，其来源是出口关税收入，利用这一基金对国内消费者给予传统柴油与生物柴油的价差补贴，以鼓励国内增加生物柴油的消费，发挥积极作用。

三是促进鼓励消费措施。欧美许多国家实行鼓励生物燃料的消费政策。他们结合本国特点都制定了生物柴油发展纲要，在其推广使用上出台了相关的优惠政策，积极组织生产生物柴油；在公共区，严格限制机动车辆有害气体的排放量，有力推动了生物柴油首先在公共区的使用。德国、法国、意大利、奥地利、比利时、美国、马来西亚等国家对投放市场的生物柴油都采取了免税政策和低税率政策以鼓励民众推广和使用生物柴油，保护生态环境。欧盟允许各成员国降低对生物燃料的消费税。尤其是德国，率先在欧盟利用减税措施促进生物燃料消费。从2006年6月开始，德国对部分生物燃料实施免税。德国农民建设沼气工程可得到德国沼气协会从技术咨询到贷款担保的一系列服务，与沼气协会订有协议的银行和保险公司分别提供贷款和保险。

在鼓励国内消费的同时，有的国家还制定了相应的进出口政策：一方面对进口的生物燃料实施关税、进口配额等限制性措施，以保护国内相关产业；另一方面，实行出口鼓励政策，以扩大“国外消费”。阿根廷等主要出口国对生物燃料的原料农产品，如大豆、菜油的出口征收出口税，但生物柴油的出口税率很低。例如，阿根廷对豆油出口征收32%的出口税，而生物柴油的出口税率仅为5%，而且还享受2.5%左右的出口退税。这意味着生物柴油的出口税比豆油低约29.5个百分点。阿根廷实施这项支持措施，有力推动了本国生物柴油产业发展，扩大国际市场份额。

四是采取提高混配比措施。提高生物柴油对柴油的混配比重，几乎是每一个生物柴油生产国采取的措施。为了扩大生物燃料的应用，许多国家提高强制性生物柴油混配比例，要求出售的燃油中必须按规定配入一定比例的生物燃料。例如，2008年1月1日起，巴西政府规定全国所有加油站停止供应普通柴油，所有出售的柴油中均需含有2%的生物柴油。此后，巴西政府又宣布，自2008年7月1日起将柴油中生物柴油的配入量从2%提高到3%，并将继续加大生物柴油的推广力度，2013年将柴油中生物柴油的比例提高至5%。

五是实施以法兴业措施。世界各生物燃料（包括生物燃料乙醇和生物柴油）生产国，无不建立健全法律法规，强制性提高柴油中生物柴油的配入比例。2008年1月，欧盟提出新议案，到2010年要求欧盟成员国的燃料消费市场的生物柴油消耗量必须达到10%。而早在2006年8月，欧盟成员国德国政府已批准了一项立法，要求从2007年1月起，生物燃料必须占到柴油销售量的4.4%，以及汽油销售的2%。相关法律还规定，2009年生物燃料的配入比例要达到5.7%，到2010年至少达到6%。另外，阿根廷于2007年通过了一项法令，规定到2010年所有在本地销售的汽油和柴油均必须分别配入5%的乙醇和生物柴油。

迄今，世界许多国家和地区都积极发展生物液体燃料产业，积累了有实践意义的经验。这些经验表明：发展生物能源离不开政府强有力的支持，需要政府制定明确的生物燃料发展路线；发展生物能源离不开发挥市场机制的重要手段，必须发挥市场配置资源的决定性作用；发展生物能源离不开制定明确的生物能源发展目标；发展生物能源离不开有力的法律保障和必要的行政干预，以及有效的经济刺激政策、生物能源技术研发和创新、形成比较完善的产业服务体系。这些对于生物能源产业发展具有至关重要的作用。

第8章 国外生物能源的法律法规建设

由于世界化石能源大量消耗、资源将趋向枯竭，又由于大量消耗化石能源导致环境污染和气候恶化，所以人类开始探索新兴的生物能源的新途径。在生物能源产业中，生物燃料乙醇和生物柴油作为新兴的高新技术产业，在世界范围内迅速崛起。正是为了促进和保障这项新产业、新措施、新途径和新技术的发展，国外经济科技发达国家制定了一系列法律法规，其做法和经验值得借鉴。

8.1 欧盟一贯注重生物能源立法

欧盟是世界发展生物能源最早、最发达的地区之一，目前是世界最大的生物柴油生产和消费地区，至今仍呈持续增长势头。与生物能源生产和消费发展相适应，欧盟一直注重生物能源法制建设。通过法律法规和指令等措施，以鼓励和支持生物能源产业的持续发展。

早在1997年，欧盟就制定和公布了《欧盟战略和行动白皮书》。这部具有法律性质的白皮书，规定到2010年，欧盟可再生能源的消费量要由1997年的6%提高到12%。5年后的2001年，欧盟又发布了《促进可再生能源电力生产指导政策》，要求到2010年欧盟电力总消费的22%来自可再生能源发的电，而且还规定了各成员国必须达到的目标：德国为12.5%；丹麦为29%；瑞典为60%；意大利为25%。2003年和2005年，欧盟又先后制定和实施了两个指令，其中体现了欧盟关于生物燃料的最新政策。

欧盟的第一个指令是Directive 2003/30/EC。该指令要求，到2020年，欧盟20%的汽车燃料必须由生物燃料、天然气、氢气和其他替代燃料供应。为实施第一指令，在 2003 年，欧盟发布了《欧盟交通部门替代汽车燃料使用指导政策》，同年 5 月又通过了《在交通领域促进使用生物燃料油或其他可再生燃料油的条例》。该条例规定了生物液体燃料（包括生物燃料乙醇和生物柴油）在汽车燃料消费中的比例：2005 年达到 2%；2010 年达到 5.57%；2015 年达到 8%。

欧盟的第二个指令是 Directive 2003/96/EC。该指令规定了生物燃料的税收方式。依据这个新指令，混配入液体生物燃料的燃料可免除欧盟的最低消费税，适用期为 6 年。

综合分析欧盟成员国，以及其他国家制定的各项法律法规条例，可以看到其明显的出发点和归宿点，即鼓励和支持本地区生物能源的生产与消费。其主要方式包括四种：

一是减免税费。在欧美各国范围内，凡利用可再生能源都免征各类能源税。欧盟对生物液体燃料采取的最重要的支持措施就是免征燃料税。其中，对生物燃料柴油采取差别税收政策，对菜籽原料生产给予补贴。这些税费减免政策措施，提高了生物柴油对石油柴油的竞争力。欧盟一些成员国对燃料乙醇消费税减免额度见表 8－1。

表 8－1　欧盟一些成员国对燃料乙醇消费税减免额度

单位：欧元/1 000 升

国家	芬兰	法国	德国	意大利	西班牙	瑞典	英国
减免额度	300.0	370.0	630.0	230.0	420.0	520.0	290.0

资料来源：《中国可再生能源发展战略研究丛书　生物能源卷》，中国电力出版社，2008 年。

二是实行补贴政策。欧盟成员国促进生物能源开发利用的措施主要是提供 3 种补贴：对能源农业进行补贴；对生物燃料和转换技术研发及商业化前期技术示范项目进行补贴；生物能源生产企业投资补贴。例如，对种植能源植物（即可作物生产生物燃料的林木或作物）的土地每公顷提供补贴 45 欧元。在《欧盟 2000 年议程》中，也规定对能源植物提供补贴，种植时间越长补贴越多。

三是高价或加价收购。欧盟成员国为促进可再生能源发展采取高价或加价收购办法。这是一个共同的、有效的做法。这个方法也称为“购电法”。它通过立法的方式，强制电网企业按照确定的电价全额收购再生能源。所谓确定的电价是指确定的合理的可再生能源的上网电价。

四是实行配额。这是指欧盟对电力生产商和电力供应商实行的配额制度，规定他们在电力生产或供应中必须有一定比例的电量来自可再生能源的发电。通过实行配额制，强制燃料油生产商或供应商在其生产或销售的油品中必须有一定比例来自生物燃料。

8.2 欧盟成员国制定自身需要的法律法规

欧盟成员国除了执行欧盟制定的共同法律法规之外，还根据自身的实际需要，制定本国的关于再生能源的法律法规。

8.2.1 英国发展生物能源的法律法规措施

英国政府确定，21 世纪能源政策的取向为能源安全、能源多样化、提高能源效率，以及具有竞争力价格的能源可持续供应。2003 年 2 月英国贸易工业部（DTI）出版白皮书《能源未来——创建低碳经济》，提出了面向 21 世纪的“低碳经济”及其相关的新能源和可再生能源发展战略。随后，英国政府多个部门和研究理事会陆续出台相关法规、政策和研究开发指南，搭建发展可再生能源所必须的法律框架、政策环境和创新平台。其中，生物能源作为可再生能源战略的重要组成部分，受到了政府部门、研究理事会和企业界的高度关注。基于保证能源安全、降低温室效应、解决社会问题和执行欧盟政策等原因，英国通过国家立法和财政补贴，积极鼓励发展生物能源。

8.2.1.1 国家立法和财政补贴措施

通过立法加大投资力度和财政补贴，促进开展国际合作。尽管发展生物能源的社会效益巨大，但是仅仅从经济成本核算，还无法与传统化石能源进行平等竞争，必不可少地需要政府提供政策支持和财政补贴。英国的生物能源发展就建立在可再生能源发展的大框架之中。1988 年，英国政府构建了以《非化石燃料义务》（Non-Fossil Fuel Obligation，NFFO）为核心的法律框架，支持可再生能源的开发利用，但是并没有收到预期的效果。为了完善激励机制、促进可再生能源的更大发展，英国政府2002年推出《可再生能源义务》（Renewables Obligation，RO）替代《非化石燃料义务》（NFFO），要求电力供应商在其供应的电量中，必须有一定比例来自可再生能源。电力供应商可以自行投资可再生能源项目，也可以从具有可再生能源义务资格证（Renewable Obligation Certificate，ROC）的发电厂购买，并限定价格供应消费者。同时开征以工业、商业和公共等耗能部门为对象的气候变化税，所得税收将用来补足国家减免的企业雇员的国家保险金，以及支持可再生能源发展和热电联供项目（Combined Heat and Power，CHP）。这些意味着，在新的支持机制中，政府不再扮演交易员角色，可再生能源由供应方向需求方转变，使可再生能源市场更加符合市场理念；可再生能源义务的赎买措施，有利于通过价格手段调节生产；企业雇员的国家保险缴款减免，有助于减轻企业负担，促进就业。

8.2.1.2 成立专门机构加强组织协调

为组织协调跨部门、跨行业的再生能源的研发活动和产业化，英国成立了专门机构，组织和资助众多科研机构和大学进行可再生能源方面的研究工作。英国可再生能源发展的投入呈现多渠道的特点，政府部门主要是贸工部（DTI）、环境食品和农村事务部（Defra），另外还有生物技术和生物科学研究理事会（BBSRC）、工程与物理科学研究理事会（EPSRC）等。为了加强可再生能源研究开发和示范计划的综合协调，由DTI和Defra牵头成立了可持续能源政策网络（Sustainable Energy Policy Network，SEPN），制定可再生能源的发展战略，并进行实施监督、评价和修订。此外，英国在内阁科学技术办公室（OST）首席科学家倡导下，还成立了“英国能源研究合作论坛”（UK Energy Research Partnership，UKERP）和“英国能源研究中心”（UK Energy Research Centre，UKERC）。该研究中心负责集合英国各个领域的能源精英，协调和强化政府、工业界和研究机构的建设性关系和合作研究，促成跨学科技术的集成创新，是英国能源研究的数据中心、培训中心和国际合作的窗口。而环境食品和农村事务部发起的“生物能源研发投资论坛”（Bioenergy R&D Funders Forum，BEF），成员包括贸工部、交通部、苏格兰执行环境与农村事务部、北爱尔兰农业农村发展部、威尔士农业部、环保署、林业委员会，以及研究理事会（BBSRC，EPSRC），具体负责在政府层面上生物能源研究，确保各个部门之间的密切合作、优势互补，实现不同项目之间的协同效应。

8.2.1.3 加大对基础研发和产业化投资的力度

为了加快可再生能源的发展速度，英国政府加大了投资力度。贸工部（DTI）“新能源和可再生能源项目”（New and Renewable Energy Programme）每年投资250万英镑，以建立用能源作物和农林废弃物为原料的燃料供应体系，同时贸工部的“生物能源资金拨款计划”（Bioenergy Capital Grants Scheme）筹集6 600万英镑巨资支持生物质热电项目、能源作物发电和小规模生物质热电联供项目。环境食品和农村事务部（Defra）在“生物能源作物研发项目”投资90万英镑，研究能源作物的基因改良和农村环境保护。除了政府项目之外，研究理事会提出了投资2 800万英镑的“面向可持续能源经济”计划（Towards a Sustainable Energy Economy，TESC），旨在系统地研究国家能源发展，其中1 350万英镑用来建设英国能源研究中心。工程与物理科学研究理事会（EPSRC）与其他研究理事会共同提出SPERGEN计划，投资2 500万英镑支持一系列的可再生能源研究。其中，350万英镑用来支持英国可持续氢能项目，290万英镑支持生物质和生物能源项目。生物能源研发的巨大投入，促进了英国生物质发电和生物燃料生产的快速发展。英国生物燃料公司在Seal Sands建成欧盟最大生物柴油厂，年产量达到25万吨。另外，还建立1座稻草发电厂，可以提供6万多户的电力用量。目前，绿能公司（Greenergy）还启动建造一家10万吨/年生物柴油工厂，英国糖果公司（British Sugar）建设用干草制备生物乙醇的工厂。来自工业界的旺盛需求反过来也推动着生物能源研发，并吸引包括壳牌石油公司（Shell）、英国石油公司（BP）在内的企业巨头积极参与生物能源的研发工作。鉴于英国生物能源研发基本上以接近商业的应用研究为主，生物技术与生物科学研究理事会决定，将工作的重点转向光合作用中“碳固定与分离”的机理研究，以及生物质加工的热能提取效率。

8.2.2 德国建立较完备的法律法规体系

为鼓励和促进发展生物能源，德国制定了多个相关法律和法规，形成了较完备的法律法规体系。主要包括《再生能源使用资助指令》《农业投资促进计划》《农业领域生物动力燃料资助计划》《复兴信贷银行降低二氧化碳排放资助计划》和《再生能源法》（EEG）等。在上述法规中，《再生能源法》对生物能源的资助做了更全面的规定，用生物能源发电可获得补偿及多种补贴。

8.2.2.1　对再生能源发电新设备的投资补偿

按照《再生能源法》，德国政府对再生能源发电新设备提供投资补偿，其补偿幅度是以设备投产的年度确定的，补偿期限为 20 年。设备的功率和所使用的原料及技术性能（发电和供暖）决定补偿幅度。小型设备的补偿较高，这是为了鼓励大众使用再生能源。为了鞭策企业不断创新，提高设备利用率，降低成本，补偿幅度每年降低 1.5%。再生能源发电新设备投资补偿主要标准如下：生物质发电设备补偿 3.9～21.5 欧分/千瓦时；垃圾填埋、阴沟和坑道气发电设备补偿 6.65～9.67 欧分/千瓦时；太阳能发电设备补偿 45.7～62.4 欧分/千瓦时；水力发电设备补偿 3.7～9.67 欧分/千瓦时；地热发电设备补偿 7.16～15 欧分/千瓦时；陆地风能发电设备补偿 8.7～5.5 欧分/千瓦时（起始阶段和结束阶段的补偿标准）；近海风能发电设备补偿 9.1～6.19 欧分/千瓦时（同样为起始阶段和结束阶段的补偿标准）。

8.2.2.2　对生物能源、混合能源和技术创新补偿

除了补偿外，德国政府还对使用生物原料和技术创新发电，以及发电—供热联合设备给予补贴。补贴具有能源政策的导向功能，它不是采用递减方式，不同类型的补贴可以累加。为鼓励多用能源植物和森林木材，政府给予用生物原料发电的 500 千瓦以下设备每千瓦时（下同）6 欧分的生物能源补贴，500 千瓦以上至 5 兆瓦以下的发电设备给予 4 欧分的补贴；木材发电的设备补贴额为 2.5 欧分；20 兆瓦以下的发电—供热联合设备可获 2 欧分的混合能源补贴。此外，混合能源如使用特别新颖和有创新的技术，将获得 2 欧分的技术创新补贴。此外，还鼓励新建沼气设备和利用植物原料，原则上小型沼气设备和植物原料设备能获得较高的生物能源补贴。

8.2.2.3　对生物能源的税收优惠

目前德国对动力燃料征收较高的矿物油税，每升汽油的矿物油税高达

65.4 欧分，每升柴油的矿物油税为 47 欧分。为鼓励人们使用生物动力燃料，德国对生物动力燃料免征矿物油税，该优惠措施实行到 2009 年为止。为保护国内生物柴油的发展，德国对国外进口的生物动力燃料征收进口关税。例如，曾使巴西等国低廉的生物动力燃料难以进入德国市场。德国对生物能源的税收优惠措施，使得生物能源的技术得到提高。目前，德国可供出口的生物能源技术有多种，主要有家用小型生火炉、功率强大的生物柴油生产设备等。推广利用这些先进技术设备，有利于改善德国、欧盟，乃至世界混合能源的生产、供给和消费结构。

8.2.3 欧盟其他成员国也积极建规立法

除了德国、英国之外，欧盟其他成员国也制定和实施了不同的生物能源法规。例如，瑞典、法国、丹麦、西班牙、挪威等成员国，以及东欧的欧盟新成员国等，都从本国实际需要出发制定各种法律法规，支持生物能源的科技研发和创新，补贴生物能源新建项目的投资，以及对生物能源用户提供补贴。

8.2.3.1 瑞典的减税、免税及补贴

瑞典政府通过财政支持和补贴，加强生物能源产业的科技支撑，促进本国生物能源产业的发展。一是，从 1995 年开始，瑞典每年从政府预算中专列 3 600 万欧元，补贴生物质燃烧与转换技术研发和商业化前期技术的项目。二是，从 1997 年开始，对生物质发电实行补贴，其办法是，市场价格之外再加上每千瓦时 0.9 欧分的补贴。三是，从 1997 年到 2002 年，对生物质能热电联产项目提供 25%的投资补贴。四是，从 2004 年到 2006 年，瑞典政府对户用生物质能取暖系统（使用生物质颗粒燃料），每户提供 1 350 欧元的补贴。瑞典政府对生物能源科技研发投入给予特别支持。2002 年，瑞典对能源科研方面的总投入为 8.53 亿瑞典克朗，其中，生物能源领域的科技经费投入占 16%，居世界前列。

8.2.3.2 法国的振兴生物规划

早在 20 世纪 80 年代初，法国政府就推出一项宏大的振兴生物能源产业的规划。其所定目标是：在 2007 年之前，把法国生物燃料的产量提高 3 倍，并促使法国的生物能源产量最终超过德国，跃升为欧洲生物燃料生

产的第一大国。与实施规划相适应，法国政府通过和实施了有关促进消费生物燃料的法规。该法律规定，在特种汽油中混配入生物燃料的数量必须达到3%到15%的比重（3% 的燃料乙醇或15% 的ETBE）。1982年，法国政府又发布了一项法规，免除生物燃料乙醇汽油的消费税。

8.2.3.3 丹麦的“收购与补贴”相结合的法规

丹麦政府制定和实施了不同于其他国家的办法，对生物质发电采取“收购与补贴”相结合的法规。其基本点是：生物质发电的上网电价为每千瓦时4.1欧分，在此基础上再给予每千瓦时1.3欧分的补贴。此外，丹麦还制定了另一项计划，从1983年开始，每年对生物能源生产企业提供400万欧元的投资补贴。

这里，顺便对西班牙等其他欧盟成员国关于生物能源的立法作一简述。西班牙政府于2002年12月30日颁布法令，对生物质燃料全部免征特别税。同时，按照石油产品和生物燃料的生产成本的变化进行调整。挪威政府的法规包括两种措施：一种是对可再生燃料领域的研发及可再生燃料的首次商业应用提供资助；另一种是对生物燃料免除燃料税。意大利实行的是免税、补贴和配额制度相结合的政策措施。

此外，在中东欧如波兰、匈牙利、保加利亚、罗马尼亚等国，对生物燃料都实行优惠税收和补贴。但是，各国的标准具有很大差异。其补贴幅度是：每升生物燃料柴油为0.41～0.75欧元之间；每升生物燃料乙醇为0.36～0.6欧元。

8.3 美国促进生物能源的法律法规

美国是生物燃料大国，与此相应，美国对生物能源的生产供给和需求都建立了比较完备的法律法规。

美国发展燃料乙醇的主要原因在于，实施石油替代战略和减轻环境保护压力。当然，土地资源丰富是美国发展生物燃料乙醇的基础条件；以法案形式确立政策措施，则是重要保障。美国政府利用财政补贴、减税、直接投资、研发资助和贷款担保等多种手段支持生产企业成为产业发展的主体；以补贴、消费税减免和关税保护等手段鼓励本国消费本国产的乙醇汽油；以扩大玉米种植面积和减少玉米出口保障原料供应。美国生产燃料乙醇原料的95%来自玉米。此外，美国积极推动纤维素乙醇商业化。

20世纪70年代的世界石油危机和1990年11月通过的《清洁空气法修正案》，是美国燃料乙醇发展的两个主要时期。美国政府自20世纪70年代末决定推动燃料乙醇产业发展，推广燃料乙醇的普及应用。在美国这种发达的市场经济国家，促进某一产业发展主要依赖私有企业的积极参与。为此，就必须以政策措施保证燃料乙醇生产的财务可行性，使其有利可图。美国政府制定的燃料乙醇相关的法律法规、政策和措施，都是围绕这一思路制定的。

8.3.1 制定生物能源长期发展战略

确定能源战略是发展生物燃料乙醇产业的前提和重要保障。具体的政策措施都是围绕长期战略制定和实施的。自开始发展生物燃料乙醇以来，美国主要制定了两项大战略。在发展战略指导下，政府制定了计划和政策，通过支持研发和减免税收鼓励企业积极参与，推动产业发展。

一是，以生物乙醇部分替代石油战略。1979年，为减少对进口原油的依赖，美国联邦政府制定了"乙醇发展计划"，开始实施以乙醇部分替代石油的战略。政府制定了相关法律和扶持政策，对车用乙醇汽油的生产和使用给予财政补贴，大力推广使用含10%燃料乙醇的生物混合燃料。联邦政府实施补贴措施取得积极效果，许多地区都能购买到燃料乙醇汽油，价格比无铅汽油还低。其后的数十年里，美国燃料乙醇产业呈现出持续发展的势头。进入21世纪以来，这项新产业发展速度更加迅猛，年均产值增长率大幅度超过了上个世纪。

二是，振兴纤维素燃料乙醇战略。尽管美国玉米产量巨大，但是毕竟大规模生产燃料乙醇耗掉了大量的玉米，抬高了成本。同时，由于很多国家一直依赖美国出口的玉米，因此发展燃料乙醇造成的玉米价格上涨不仅对美国本土的燃料乙醇生产企业有很大影响，而且也引起了其他国家的不安和不满。为此，不以粮食为原料的纤维素燃料乙醇技术成为美国、乃至世界燃料乙醇产业的未来发展方向。2006年1月，美国总统的国情咨文宣布实施"先进能源计划"，旨在通过技术创新，建立一个利用基于生物技术的先进能源社会，从而解决对石油能源的过度依赖。该计划要求在 10 年内使美国的汽油消费量减少 20%，故又称作“10—20 计划”，在 6 年内使纤维素乙醇具备商业化使用条件。按照该计划，美国政府将投入巨额资金支持纤维素燃料乙醇研发和科技攻关，并继续进行税收减免。其目的就是在较短时间内，使纤维素燃料乙醇具有与化石燃料同样的竞争力，成为有竞争力的汽车燃料。

8.3.2　以立法形式保障新能源的发展

美国在发展燃料乙醇的过程中，多次出台法案，甚至总统亲自发布法令。这创造了美国生物燃料乙醇产业经济的长期稳定发展的环境，也降低了企业界参与的风险。其中，比较重要的法案包括四项：

一是，1978 年的《能源税收法案》。这项法案第一次提出生物燃料乙醇汽油的概念，定义为至少含有 10v%（是指体积百分比，下文中的“m%”是指质量百分比）的生物燃料乙醇的汽油。还强调规定，这里的乙醇不能是从石油、天然气和煤炭在提取的。政府为鼓励和推广生物燃料乙醇汽油的使用，免除其 4 美分/加仑的消费税。

二是，1990 年的《空气清洁法修正案》。该修正案要求从 1992 年冬季开始，美国 39 个一氧化碳排放超标地区必须使用含氧量不大于 2.7m% 的含氧汽油——相当于在普通汽油中添加 7.7v% 燃料乙醇。此外，从 1995 年开始，美国 9 个臭氧超标地区，开始推广使用新配方汽油。

三是，1992 年的《能源政策法案》。这项法案针对另外两种燃料乙醇汽油（5.7v%和 7.7v%）做出了相关规定。将含有 8.5v% 比例以上的燃料乙醇的调和燃料定义为交通运输替代燃料。根据美国运输部和环保署的资料，目前美国有 400 多万辆汽车既可燃烧普通汽油，也可使用 E8.5，要求特定车队购买可以燃烧 E8.5 的车辆，并规定购买和改装使用替代燃料的车辆，以及零售替代燃料的企业都可享受联邦政府的税收减免政策。

四是，2005 年的《新能源法案》。该法案鼓励使用生物燃料乙醇类能源，还包括一个总额为 180 亿美元的能源税收减免计划。这项计划提出，到 2012 年要使每年利用生物燃料乙醇或其他生物燃料的数量达到 75 亿加仑。同时提出，为防止地下水污染，自 2015 年起禁止在汽油中添加甲基叔丁基醚（MTBE）。

8.3.3 以政策工具支持燃料乙醇生产企业

美国政府对两类生物燃料企业加大提供支持：一类是生物燃料乙醇生产企业；另一类是玉米原料生产企业。对于前者，政府加大直接投资的力度；对于后者，为燃料乙醇原料生产企业提供贷款担保。

（1）对生物燃料乙醇生产企业。2007 年 4 月，美国能源部宣布，在 4 年内为 6 家生物燃料精炼厂提供 3.85 亿美元的政府投资。这一举措，成功地吸引了工业界的参与，政府和工业界投资的总额超过 12 亿美元。同时，州政府对生物燃料乙醇产业也提供了支持。例如，俄勒冈州政府宣布，将自筹 45 万美元，以政府投资方式支持 5 个生物燃料项目。

（2）对玉米原料生产企业。在美国生产燃料乙醇的原料中，有 95% 的原料是玉米。虽然美国是玉米生产大国，但是玉米燃料乙醇的成本一直较高。与巴西用甘蔗作原料生产乙醇的成本相比较，美国的玉米燃料乙醇每升的生产成本要高出 50%以上。如何解决生物燃料乙醇生产的财务可行性，吸引企业进入燃料乙醇产业，是摆在美国政府面前的一个关键问题。联邦及各州的政府部门采取了多种方式支持生物燃料乙醇生产企业，取得了显著成效。

为鼓励小型农场主增产玉米，以保障生物燃料乙醇企业所需要的玉米原料，对小型企业均减免所得税：生产能力保持在 3 000 万加仑/年（相当于 9 万吨/年玉米左右）以下的小企业，每年每加仑可享有 10 美分的所得税减免，但每年每个企业最高减免额为 1 500 万加仑；每年产量超过 1 500万加仑的企业，每年最高减免 150 万美元的所得税。目前，美国政府正计划制定新立法，将最高补贴规模扩大到 6 000 万加仑/年（相当于 18 万吨/年玉米左右），税收最高减免幅度增加到 3 000 万加仑，即最多每年可减免 300 万美元的所得税。

另外，政府为玉米种植企业提供贷款担保。1980 年，联邦政府颁布的《能源安全法案》中提出，为小型生物燃料乙醇原料生产企业、即农户玉米种植企业（年产量小于 100 万加仑）提供贷款担保，每个项目的担保额度为 100 万美元。同年，联邦政府又宣布，为攻破第二代生物燃料乙醇的科技难关，为研发生产纤维素乙醇的企业，提供总额为20亿美元的贷款担保。

（3）对新建生物燃料乙醇企业的补贴。从2000年开始，美国联邦政府对新建生物燃料乙醇企业提供一次性补贴。2003年，美国财政拨款额达1.155亿美元；2004—2006年，财政拨款额达1.5亿美元。这些拨款均用作新建生物燃料乙醇生产企业的专款补贴。对于生产能力在6 500万加仑/年（相当于消耗20万吨/年玉米左右）以下的燃料乙醇生产企业，在投产当年按生产能力计算，每消耗2.5单位原料，可得到政府1单位原料费用的补贴。对生产能力在6 500万加仑/年（相当于20万吨/年玉米左右）以上的生物燃料乙醇生产企业，在投产当年，每消耗3.5单位原料，可得到政府1单位原料费用的补贴。

8.3.4　创造和扩大燃料乙醇的需求市场

发展生物燃料产业，必须创造两个前提条件：一方面是“供给侧”生产出充足的生物燃料乙醇产品，扩大供给量；另一方面是“需求侧”开辟广大的消费市场。客观而言，使用生物燃料乙醇汽油，自然会给用户带来一定的直接成本和交易成本，因此许多用户对使用生物乙醇汽油并不积极，束缚了生物燃料的消费市场。为消除这一束缚，美国政府采取了许多鼓励和刺激需求的政策措施，以扩大其消费市场，推广生物燃料乙醇汽油的广泛使用。

8.3.4.1　联邦政府对使用乙醇汽油减免消费税

自20世纪70年代末起，美国的法案中相继定义了不同配合比例的燃料乙醇汽油，并继而制定了相应的乙醇汽油标准，这是推广使用乙醇汽油的最基础条件。近期，美国国会通过的法案中又提出了可再生燃料标准（RFS）的概念。RFS要求在汽油中加入特定数量的可再生燃料，而且需要每年递增。RFS要求接近50%的燃料汽油必须配入生物燃料乙醇，调入量为10%。美国政府为鼓励生物乙醇汽油的使用，自1978年起开始免除生物燃料乙醇汽油的消费税（4美分/加仑）。此后，联邦政府对乙醇汽油消费税的减免一直保持在4美分/加仑到6美分/加仑之间。

8.3.4.2 对配入生物乙醇的汽油提供滚动补贴

随着生物燃料乙醇生产规模的扩大，大型的厂商会取得规模效益，从而实现利润增长。但是由于原料价格变动等因素的影响，利润率也会出现一些波动。美国政府根据市场形势的变化，对生物燃料乙醇进行有限期的滚动补贴，补贴数额随着产业的景气情况的变化而变化。1978 年，美国国内汽油价格为 0.65 美元/加仑，按照配入 10%比例的燃料乙醇计算，1 加仑乙醇汽油补贴为 4 美分，约占汽油价格的 6%。如果生物燃料乙醇配入比例为 80%，则补贴额为 32 美分，占到汽油价格的 50%。1980 年后，美国汽油价格逐渐从 1.3 美元/加仑上涨到目前的 2～3 美元/加仑，甚至更高。需要说明的是，这种补贴并不补给生产企业，而是补给分布在各大城市的生物燃料混配中心。其原因是，美国政府认为，补贴到流通环节比直接补给生产企业更有利于加快燃料乙醇进入市场的过程。

8.3.4.3 禁用 MTBE 使燃料乙醇获益

美国燃料乙醇产业近年来得到发展，其中一个重要的政策因素就是淘汰原汽油配方中添加的甲基叔丁基醚（MTBE，一种汽油抗爆成分，可能会污染地下水）。1999 年，美国加利福尼亚州空气资源委员会规定，从 2002 年 12 月 31 日起（后来推迟一年，到 2003 年 12 月 31 日），禁止加州新配方汽油中使用 MTBE。纽约州也签署法案，规定从 2004 年 1 月起禁止使用 MTBE。2010 年全面禁用 MTBE。至今，美国已有 18 个州禁止使用 MTBE。与此相对照，生物燃料乙醇作为替代品扩大了市场消费。

8.3.4.4 利用关税壁垒保障国内生物燃料市场

由于原料等因素，巴西出口到美国的燃料乙醇、比美国本土生产的燃料乙醇更具市场竞争力。因此，1980 年美国国会提出对巴西燃料乙醇征收进口关税。目前从巴西进口的生物燃料乙醇，每加仑要征收 54 美分的关税。2007 年 3 月，美国和巴西签署了两国生物燃料乙醇合作备忘录，决定建立战略联盟，寻求建立燃料乙醇的全球生产标准，共同推动生物燃料乙醇在国际市场上的推广和应用。

8.3.5 政府加大对研究开发项目的投入

目前世界上，许多国家都把纤维素燃料乙醇的研发作为重大的攻关课题。美国政府把发展纤维素燃料乙醇确立为长期战略，使之具有可与石油竞争的能力。

由于纤维素乙醇与实现商业化应用之间还有很大距离，企业界虽然关注、但对无利可图的投入是不感兴趣的。在这种情况下，美国政府决定加大对纤维素乙醇研发的资金支持力度，以帮助实现技术突破，早日进入规模化、商业化生产应用阶段。2007 年 1 月，美国农业部宣布，作为政府 2007 年“农场法案”的一部分，计划投资 16 亿美元开发可再生能源，主要用于纤维素乙醇的研究和生产。同年 2 月，联邦政府又要求国会在 2008 财年的政府预算中追加 44 亿美元用于高技术领域，其中 1.79 亿美元用于研究以木屑和柳枝为原料生产纤维素燃料乙醇。与此同时，各州政府也有一定的积极性，印第安纳州政府宣布将拨出 200 万美元专款、推动纤维素燃料乙醇生产技术的研发，以攻破第二代生物燃料乙醇的科技难关，为研发生产纤维素燃料乙醇的企业，提供总额为 20 亿美元的贷款担保。2012 年，美国能源部资助建立了 3 个新的生物能源研究中心和 6 家生物燃料乙醇精炼厂，以加大纤维素燃料乙醇和其他生物燃料的基础研究力度。在此后的 5 年中，这些研究中心将分别获得政府 1.25 亿美元的研究资金。

8.4　巴西促进生物能源的法规措施

英国“全球数据”公司的最新调查报告显示，新兴市场国家的可再生能源项目正以 2 倍于发达国家的速度增长，近期调研的包括中国、巴西、南非等在内的 55 个国家。数据显示，2008 年至 2013 年，这些国家的可再生能源项目总体增长了 143%，达 1 420 万千瓦。而在发达国家，这一增长数据为 84%，达到 2 130 万千瓦。“全球数据”公司的调查报告还显示，虽然目前在生物能源的利用方面，美国仍然居于全球领先地位，但巴西有可能超越美国成为世界上最大的生物能源市场。该公司预计，巴西到 2018 年的生物质发电装机容量将从 2013 年的 1 151 万千瓦上升到 1 710 万千瓦，从而超越美国，成为全球首屈一指的生物能源市场。巴西生物能源迅速扩张与巴西政府的大力推动有着很大的关系。数十年来，巴西在政策与法规中确定，发展生物能源是巴西经济的长期发展战略。这是巴西发展成为世界上最早和最大的甘蔗乙醇生产国和使用国的保障因素。

8.4.1 多管齐下促进生物燃料产业发展

盛产甘蔗的巴西，早在30多年前就开始以甘蔗为原料，发展生物燃料乙醇作为石油的替代品。从甘蔗中提取生物燃料乙醇，以及从蓖麻、向日葵与废弃油脂中提炼生物柴油，是目前巴西主要的两大类生物燃料。如今，巴西生产生物燃料的技术在全球名列前茅，是世界上重要的生物燃料使用国和出口国。据统计，由于使用生物柴油，巴西2007年少进口110亿升石油产品，相当于为国家节省9.76亿美元的外汇支出。巴西对生物能源的研发能力相当强。截至2009年，巴西可再生能源占全国能源消耗比重的47.2%，其中包括18%的甘蔗生物燃料产品和10.1%的传统生物能源产品。同时，由于乙醇燃料的推广，巴西是目前世界上对化石能源依赖度最低的国家之一。

巴西为扩大生物燃料的生产和消费，从汽车车型和税收优惠等方面采取了多项有效措施。

在生物燃料乙醇的原料方面，巴西政府和私营部门共同投资扩大甘蔗种植面积，兴建大批以甘蔗为原料的燃料乙醇加工厂。为鼓励农民种植甘蔗，政府为农民提供了法定的农业专项低息贷款。与此同时，巴西政府还注重引用外资，吸引国外大型金融机构在当地设立分支机构，让农民从国际金融机构得到贷款。到20世纪80年代中期，生物燃料乙醇在巴西的应用已达到高于世界其他国家的水平。

在汽车的车型方面，巴西政府鼓励发展采用配合入生物燃料的汽车，民众购买可以使用生物燃料汽油的汽车，能享受减税优惠。早在15年前，巴西每年生产的大约80万辆汽车中，有四分之三以上的车辆使用生物燃料乙醇发动机。目前这种汽车在巴西已经相当普遍，年销售的新车中有87%都属于这种车型。

在扩大生物燃料消费方面，巴西采取了多项减征或免征税收的措施。通过补贴、设置配额、统购生物燃料乙醇，以及运用价格和行政干预手段等鼓励使用生物乙醇燃料。从1982年开始，巴西对使用生物燃料乙醇的汽车减征5%的工业产品税；对使用生物燃料乙醇的残疾人交通工具和出租车免征工业产品税；部分州政府对使用生物燃料乙醇的汽车减征1%的增值税。此外，在使用生物燃料乙醇汽车销售不旺时，曾全部免征增值税。

8.4.2　以立法手段扩大生物燃料的消费

巴西生物能源产业之所以能够取得今天的成就，巴西历届政府功不可没。40多年前，巴西还是一个严重依赖进口石油的国家，90%的石油消费需要进口。为了减少对进口石油的依赖，1975年，巴西政府利用行政命令启动了生物燃料乙醇发展计划，以消费为动力拉动生物燃料乙醇的不断发展。

早在20世纪20年代初的时候，巴西就在汽油机上使用过100%的燃料乙醇。此后，又不断通过立法，引导和推进生物燃料乙醇的消费。1931年，巴西提出推广乙醇燃料的首部法规及首部乙醇燃料生产技术标准，要求民众在汽车上使用生物乙醇含量为5%的汽油，而政府用车则要求使用生物燃料乙醇含量为10%的乙醇汽油。1977年，政府规定，汽车必须使用至少含生物燃料乙醇20%的混合燃料，并要求机动车发动机做出相应调整。此后在1980年，巴西法律规定将生物燃料乙醇比例提高到22%，现在又提高到25%。1999年，巴西政府鼓励20万辆出租车和8万辆政府用车采用100%的生物乙醇作为燃料，并对生产和消费生物燃料乙醇给予一定补贴。

如今，在巴西全国各地，石油公司的每一个加油站，都能看到甘蔗和蓖麻的图案，分别代表国家大力推广生物燃料乙醇和生物柴油。按照巴西政府的指令，全国加油站所售汽油中的生物燃料乙醇的配合比例，从2007年开始由23%提高到25%。为使中小农业企业受惠于生物燃料产业，巴西又发展以蓖麻、大豆为原料生产生物柴油。巴西政府另规定，从2008年开始，柴油中也必须添加2%的生物柴油，到2013年这一比例必须提高到5%。

多年来，巴西油价在国际市场动荡中一直保持稳定，与巴西长期大力发展生物能源生产与广泛使用有直接关系。2008年上半年，国际油价屡创新高。与此相对照，巴西的油价基本维持在每升 2.7 雷亚尔（按现行汇率计算每升约为 1.17 美元），与目前的价格相差无几。巴西油价能在国际市场动荡中保持稳定，无疑归功于巴西长期大力发展和广泛使用生物燃料。目前，巴西已有一半以上的汽车使用价格稳定、便宜的生物燃料乙醇。

8.4.3 不断强化生物能源的科研创新

巴西在振兴生物能源产业的过程中，高度重视创造科技和研发的良好环境，以强化生物能源科技创新。2008 年 4 月，时任总统卢拉宣布，到 2010 年，巴西将向农业科研领域增加投资 5.65 亿美元，以增强巴西包括甘蔗在内的农业竞争力，进而支持扩大生物燃料乙醇和生物柴油的生产，并增强其市场竞争力。

巴西的生物能源机构一直重视开展相关研发工作，以使自身的生物能源技术走在世界前列。创立于 20 世纪 70 年代的、巴西圣保罗州蔗糖技术中心，一直在开展提高燃料乙醇生产效率的科研项目，包括与甘蔗有关的基因技术和萃取技术研究等。除甘蔗、蓖麻等常见油料作物外，动物脂肪和植物纤维素等也都被巴西研究者用作开发新型生物能源的原料。巴西最大的甘蔗燃料乙醇生产集团“德蒂尼”宣布，他们已掌握了从植物纤维素中提取燃料乙醇的技术，从 2012 年起正式利用植物纤维作原料生产燃料乙醇，在 5 年内具备日产 5 万升植物纤维素燃料乙醇的能力。

巴西在发展生物能源的过程中，注重保护生态环境。从 2007 年 9 月开始，巴西农牧业调查公司开始实行生物燃料“生态证书”制度，通过评估发展生物能源给环境和粮食生产带来的影响和冲击，保证其可持续发展。如果生产生物燃料的企业对森林乱砍滥伐或对土地使用不当，那么就无法获得“生态证书”。根据巴西农业部的最新数据，巴西全国现有 8.5 亿公顷土地，其中 4.44 亿公顷可用于农业生产，而甘蔗和大豆的种植面积只占可耕地的 5%，因此巴西生物能源的发展空间还很广阔。

8.4.4 积极扩大生物能源国际合作

巴西在发展生物能源的进程中，广泛开展国际合作，把本国先进的技术与他国的资源结合起来。巴西和中国签署的《中巴联合公报》中写道，两国在能源领域的合作潜力巨大。双方在矿产能源领域合作取得的长足进展，并进一步深化在电力、能源装备、和平利用核能以及包括生物燃料在内的新能源的合作。此外，巴西与多个拉丁美洲和非洲国家签署协议，由巴西提供技术，共同发展生物燃料。2008 年，巴西举办了国际生物燃料大会，共有来自近 100 余个国家的代表团参加了会议。在 2008 年 7 月，巴西和印度尼西亚双方签署了有关生物乙醇技术合作的协议，以加强在生物能源领域的合作。印度尼西亚是世界主要的生物能源生产国之一，生物燃料乙醇年产能为 1.92 亿升，2010 年达到 40 亿升。印度尼西亚在 2008 年 10 月实施一项法案，要求生产企业在能源消耗中使用生物燃油量至少达到 2.5%，以减少对石化能源的依赖。

8.5　亚太地区一些国家生物能源立法

亚太地区的生物能源产业起步较晚，但是近年来也取得明显进展。尤其是中国在较短时间内迈入世界生物能源大国行列。这一地区的相关国家，也都制定了政策法规，对促进本地区的生物燃料产业发展起了积极作用。

8.5.1　日本制定和实施《日本生物质能源综合战略》

日本政府从资源贫乏的国情出发，把发展生物能源产业提高到国家战略的高度。日本政府认为，要构筑资源循环型社会，必须搞活生物能源（生物质）产业。日本在 2002 年 1 月颁布了《新能源利用促进特别措施法》，把生物质能列入新能源的范围中。此外，日本在《经济财政运营和结构改革基本方针（2002)》中，把有效用于能源的农林水产资源赋予重要的产业地位。2003 年，日本又进一步制定和实施了《能源法案》。日本 2002 年 7 月 18 日公布的《日本生物质能源综合战略》，提出了生物能源发展的主要框架：①全面宣传生物能源利用与国民生活的密切关系；②构筑从生产到收集、转移直至利用的有机结合的循环系统；③环境 NPO、“产学官”协作等相关人员的任务分担和协调；④对刚起步的生物质产业，创造援助创业等竞争条件；⑤研究各种生物质的标准化、识别标志制度等；⑥实施各种生物质的风险评价、示范性利用验证。

针对现实的需要，日本采取了针对性措施：充实有助于国民理解的宣传教育和示范展览；示范地区资源循环型社区建设；各种生物质有效生产收集的系统构筑；对先导设施进行技术、系统等方面的援助；生物质相关技术的开发和实用化援助；扩大通过政府等公共机构率先引进的需求；各种生物质标准化、识别标志设定等的研究；各种生物质的风险评价、示范工程利用验证的实施。

尽管日本正在确立生物质发电等技术，但由于费用效果之比悬殊的“壁垒”，因此造成推广的困难。例如，日本1年产生的食品废物为2 000万吨左右，其中约90%通过焚烧和填埋处理。另外，农业村落废水污泥每年产生约62万吨，其中78%被焚烧或填埋，几乎都未实现资源化利用。

目前，日本国内包括森林在内的生物质资源约有5 000万吨，假如其中的30%得到利用，换算成石油则相当于500万吨的生物能源。根据《京都议定书》的要求，日本应减排温室气体6%，这大体相当于减少101万吨的石油消耗。如果生物质资源能够得到充分利用，那么只此一项就可以解决上述问题。因此，日本这项战略的制定，必将对日本的能源结构产生较大的影响，并有助于日本实现在《京都议定书》中承诺的减排温室气体6%的目标。

8.5.2 印度尼西亚实施“五大举措”

面对国际油价高位振荡、国内需求增长带来的能源供应不足的压力，印度尼西亚政府出台了一系列举措，在大力发展以核能和蒸汽为主的发电厂的同时，积极振兴以蓖麻、棕榈加工为主的生物柴油，以及木薯和甘蔗加工为主的燃料乙醇等生物能源产业。目前，印度尼西亚国营电力公司对传统燃油的使用量已下降了25%，而使用柴油机的发电也已减少了16%。这表明，印度尼西亚的生物能源市场已渐成规模。

概括起来，印度尼西亚政府为发展生物能源采取了五大措施：

一是，制定扶植生物能源的政策。为减少对化石能源的依赖，印度尼西亚制定了专门的能源政策，规定自2005年起每年减少20%的化石能源的使用量，并出台生物柴油及生物乙醇的标准条例，在全国 14 个省区投资种植优良作物。同时在全国倡导节约能源文化，并细化技术运用和推广方案，对推动和发展生物能源提供了便利。

二是，为农民提供贷款等优惠措施。为吸引农民种植生物能源所需的蓖麻、棕榈、木薯和甘蔗等优质原料，由当地银行向农户提供低息或无息贷款，由厂商向农户提供免费种子和化肥，而农民只需准备土地来种植作物。另外，由于种植木薯等作物受自然灾害影响的风险非常小，作物的收购价格也提前通过合同订购的方式确定下来，可以确保农民的收益。此举深受农民的欢迎。

三是，积极发展甘蔗农业种植园。生产生物能源的公司，原料不仅有农民种植的，还有自己的农业园种植供应的。如 RNI 公司拥有 10 家制糖厂，公司的农业园每年为自有的白糖加工厂提供大量的甘蔗，仅在西爪哇岛上建立的 5 家制糖厂每天就加工 1.5 万吨甘蔗，产生出的甘蔗渣通过再加工制成生物燃料乙醇。RNI 公司 2008 年与英国 BRONZEOAK 公司合作，兴建年产量达 300 万吨的生物燃料乙醇加工厂，并新建以甘蔗燃料乙醇企业的副产物甘蔗渣为燃料、生产能力达 20 兆瓦的发电站，总投资约为 4 000 万美元。

四是，积极发展新原料蓖麻。在发展甘蔗种植园的同时，印度尼西亚还大力发展新原料蓖麻。2007 年，RNI 公司只有 0.3 万公顷蓖麻种植面积，约能生产 1 800 升蓖麻油。到 2008 年，RNI 公司新增加蓖麻种植面积 2.5 万公顷，约能生产 76.6 万千克的蓖麻籽，而蓖麻油的产量提高到 20.5 万升。据估计，RNI 公司每年消费的柴油约为 1 650 万升。上述生物燃料的生产使得公司降低了 650 万升的矿物燃油。此外，印度尼西亚政府投资 165 亿盾，在苏南省建成两座日产 6 吨的蓖麻油加工厂，每天压榨 12 吨蓖麻，然后再将蓖麻油加工成为生物柴油。印度尼西亚政府计划再新建 2 座同等规模的蓖麻油加工厂，在全国发挥示范带动作用。为让生物能源公司稳定得到充足的、廉价优质的原料，政府对农民种植蓖麻积极进行引导和扶持。

五是，政府介入推销生物汽油。2006 年 12 月 11 日，印度尼西亚政府开始在雅加达出面推销高级生物汽油。这种生物汽油由高级汽油和燃料乙醇以一定比例配合而成，目前销售的生物汽油的配合比例为：燃料乙醇5%、高级汽油95%。在首都销售成功的基础上，把混合比例提高为：燃料乙醇15%、高级汽油85%，并逐步推广到全国各大城市。

8.5.3 亚太地区其他国家生物能源的立法

亚太地区生物能源资源丰富，涌现了多个生物能源大国，像美国、中国等。此外，还有些国家也从自身情况出发，积极发展生物能源，与此相应，像泰国、澳大利亚等国都制定了政策法规，对生物燃料实行税收优惠、生产补贴措施。例如，澳大利亚的政策法规规定：燃料乙醇的配合比例最高为10%，同时继续执行生物燃料的国内生产补贴。按照2003年7月确定的标准为0.1美元/升。此项补贴将一直实行到国内生产能力达到3.5亿升为止。

泰国则采取了一揽子税收激励措施，以扩大生物燃料的消费。包括免除机器进口税和为期8年的公司税。对广大消费者，泰国财政部只征收名义上的消费税，每升生物燃料乙醇仅收0.02～0.03美元。

缅甸地处中南半岛西北部，发展农业所需的光、热、水条件十分充足，具有发展生物燃料油资源的优势条件。近年来，缅甸大力发展生物能源及其原料。在目前已发现的40多种能够生产“石油”的植物中，膏桐是其中的佼佼者，也被称为“生物柴油树”，宜于生长在南亚热带半湿润地区。每亩膏桐树可产300千克干果，3吨果籽可榨取1吨原料油，经甲酯化反应进一步加工，1吨原料油可转换成约0.98吨生物柴油。缅甸第一工业部要求全国大力种植膏桐。在这一发展计划下，膏桐种植面积迅速扩大，目前总面积已达327.67万公顷。生物柴油的研发、推广使用也随之加快。缅甸的相关企业一方面加强对外出口生物柴油的准备，另一方面加大宣扬力度，推广生物柴油的使用。近年来，新加坡、韩国等企业分别与缅甸签订了《膏桐种植和加工合作协议》，加快了缅甸生物能源开发的步伐。与此同时，缅甸第一工业部和第二工业部的下属工厂研发出使用生物柴油的火炉，商业部门对售出的生物柴油火炉提供保修服务，以促进生物柴油火炉的应用。缅甸地处中国、东南亚、南亚3大市场交接处，具有良好的合作发展的地缘基础和优势。

第9章 中国生物能源发展方略

研究和制定一个科学的、中国生物能源发展方略，是攸关其发展的根本性、全局性、长远性大事，也是攸关其进退、兴衰的根本性命运。因此，从“顶层设计”的高度出发，拥抱新时代，勇踏新征程，引领新常态，把握新理念，制定生物能源发展方略，是贯彻落实“五位一体”建国总布局、还自然以宁静、和谐、美丽的客观需要和必要措施。

9.1 以科学思维方式制定科学发展方略

谋划中国生物能源的发展方略，必须运用科学思维方式。包括运用宏大的战略思维、严密的辩证思维、强烈的创新思维、整体的系统思维、清醒的底线思维和规范的法治思维。战略思维谋全局，辩证思维增智慧，创新思维强动力，系统思维聚合力，底线思维定边界，法治思维强保障。

基于战略思维，在当今竞争激烈的市场经济时代，要振兴中国生物能源产业，惟有创新方能进，惟有创新方能强，惟有创新方能者胜。必须在战略上判断得准确、谋划得科学，才能赢得战略主动。要进行科学谋划，必须做到：在时间维度上进行长远考虑，在空间维度上进行全局谋划，在系统维度上进行整体布局，跳出局部从整体上布局各个阶段、各个部分的发展，努力占据发展的制高点，从整体上把握生物能源产业的发展趋势和方向，发展重点和关键。还要遵循客观规律，驾驭生物能源的战略发展步骤，稳中求进，持续、健康发展。

基于系统思维，要把发展生物能源产业当作一个系统工程。系统是由相互联系、相互作用和相互依赖的若干要素结合而成的具有特定功能的有机整体。基于系统的理念，要注重生物能源新产业的整体性、层次结构性，以及动态平衡性、开放性和时序性等特征。在制定我国生物能源发展方略中，必须深刻认识和把握：它既是一项涉及多部门、多领域、多学科、多层次的系统工程；又是一项关系整个国民经济改革和发展、经济体制和运行机制的重大改革；还是攸关生产、流通和专业化服务的创新工程，以及深刻涉及经济发展方式和民众生活方式的一场大变革。

基于创新思维，对作为新能源的生物能源，必须以创新为强大动力，进行新谋划，确立新思路，实施新调整，建立新结构，开创新产业，提升新水平。在当今竞争激烈的市场经济时代，要振兴中国生物能源产业，更要把创新摆在国家发展生物能源全局的核心位置。大量实践表明：惟有创新方能进，惟有创新方能强，惟有创新方能胜；要把理论创新、制度创新、科技创新、文化创新等各方面的创新，贯穿到生物能源发展的全过程。尤其是，当前我国能源产业进入转型升级的关键期，面临着从结构到技术、从管理到体制机制的一系列重大挑战，应对挑战的根本举措和动力就是勇于能源科技创新。

基于底线思维，就是要有居安思危的忧患意识，要树立问题意识、危机意识、效果意识和边界意识，正视问题和挑战。当前，要正视能源安全和环境保护面临的问题。自世界工业革命以来，化石能源过度的消费导致全球气候变暖，严重自然灾害频仍，普遍性面源污染，对各国各地区构成了严峻挑战，成为全球必须共同应对的时代性大课题。要在这个大局面前，人类成为命运共同体，必须协同应对，趋利避害，有守有为，努力争取最好结果。底线思维蕴含着积极有为的态度，要求人们积极寻求合适的方法，推动目标尽快实现；牢牢掌握主动权，努力争取成功地通达顶线。

总之，基于科学思维方式，制定中国生物能源的科学发展方略，必须包含以下主要内容包括：确立正确发展战略；择取科学发展路径；转变发展方式；创新体制机制；强化保障机制。

9.2 我国生物能源的发展规划

国家能源局于 2016 年 10 月制定《中国生物质能发展“十三五”规划》（以下简称“《规划》”），阐明了我国生物质能产业发展的指导思想、基本原则、发展目标、发展布局和建设重点，提出了保障措施，是“十三五”时期我国生物质能产业发展的基本依据。

9.2.1　指导思想

发展生物能源的指导思想。坚持中央关于经济工作一贯的指导方针，坚持创新、协调、绿色、开放、共享的发展理念，紧紧围绕能源生产和消费革命，主动适应经济发展新常态，按照全面建成小康社会的战略目标，把生物质能作为优化能源结构、改善生态环境、发展循环经济的重要内容，立足于分布式开发利用，扩大市场规模，加快技术进步，完善产业体系，加强政策支持，推进生物质能规模化、专业化、产业化和多元化发展，促进新型城镇化和生态文明建设。

9.2.2　基本原则

在“十三五”期间、我国发展生物质能源的基本原则包括：①坚持分布式开发。根据资源条件做好规划，确定项目布局，因地制宜确定适应资源条件的项目规模，形成就近收集资源、就近加工转化、就近消费的分布式开发利用模式，提高生物质能利用效率。②坚持用户侧替代。发挥生物质布局灵活、产品多样的优势，大力推进生物质冷热电多联产、生物质锅炉、生物质与其他清洁能源互补系统等在当地用户侧直接替代燃煤，提升用户侧能源系统效率，有效应对大气污染。③坚持融入环保。将生物质能开发利用融入环保体系，通过有机废弃物的大规模能源化利用，加强主动型源头污染防治，直接减少秸秆露天焚烧、畜禽粪便污染排放，减轻对水、土、气的污染，建立生物质能开发利用与环保相互促进机制。④坚持梯级利用。立足于多种资源和多样化用能需求，开发形成电、气、热、燃料等多元化产品，加快非电领域应用，推进生物质能循环梯级利用，构建生物质能多联产循环经济。

9.2.3　主要目标

发展生物质能源的主要目标。到 2020 年，我国生物质能源基本实现商业化和规模化利用。生物质能年利用量约 5 800 万吨标准煤。生物质发电总装机容量达到 1 500 万千瓦，年发电量 900 亿千瓦时，其中农林生物质直燃发电 700 万千瓦，城镇生活垃圾焚烧发电 750 万千瓦，沼气发电 50 万千瓦；生物天然气年利用量 80 亿立方米；生物液体燃料年利用量 600 万吨；生物质成型燃料年利用量 3 000 万吨。到 2020 年，生物质能基本实现商业化和规模化利用。生物质能年利用量约 5 800 万吨标准煤。生物质发电总装机容量达到 1 500 万千瓦，年发电量 900 亿千瓦时，其中农林生物质直燃发电 700 万千瓦，城镇生活垃圾焚烧发电 750 万千瓦，沼气发电 50 万千瓦；生物天然气年利用量 80 亿立方米；生物液体燃料年利用量 600 万吨；生物质成型燃料年利用量 3 000 万吨（表 9－1）。

表 9－1 “十三五”生物质能发展目标

利用方式	利用规模		年产量		替代化石能源
	数量	单位	数量	单位	万吨/年
1. 生物质发电	1 500	万千瓦	900	亿千瓦时	2 660
2. 生物天然气			80	亿立方米	960
3. 生物质成型燃料	3 000	万吨			1 500
4. 生物液体燃料	600	万吨			680
生物燃料乙醇	400	万吨			380
生物柴油	200	万吨			300
总计					5 800

资料来源：国家能源局，《中国生物质能发展“十三五”规划》，2016 年 10 月。

9.2.4 实现车用乙醇汽油全覆盖

迄今，我国生物燃料乙醇年消费量近 269 万吨，产业规模居世界第三位。全国已有 11 省（区）全面试点推广乙醇汽油，其消费量已占同期全国汽油消费总量的五分之一。在我国进入建设生态文明的新时代，党和政府加大了生物燃料、特别是生物液体燃料的推广的力度。2017 年 9 月初，国家发展和改革委、国家能源局、财政部等 15 部委联合印发了《关于扩大生物燃料乙醇生产和推广使用车用乙醇汽油的实施方案》。根据这一方案，到 2020 年，在全国范围内基本实现车用乙醇汽油全覆盖。到 2025 年，力争纤维素燃料乙醇实现规模化生产，先进生物液体燃料技术、装备和产业整体达到国际领先水平，形成更加完善的市场化运行机制。按照 15 部委的联合实施方案，我国将全面推广 E10 乙醇汽油，也就是在汽油中加入 10%的变性燃料乙醇，配合成环保汽油。

根据最新官方数据，截至 2015 年年底，我国燃料乙醇由 7 家定点企业生产，合计产能约 249 万吨，这些企业大多是以玉米和木薯为原料生产"1 代""1.5 代"燃料乙醇。随后在国家政策的鼓励和扶持下，我国燃料乙醇产业快速扩大。目前在建和规划中的新增产能合计约为 160 万吨，并且在新建产能中不再主要以粮食为原料的"1 代"燃料乙醇，均向着以木薯和纤维素为原料的方向发展。2016 年我国汽油消费量约为 1.2 亿吨，当含乙醇 10%的车用乙醇实现完全覆盖时，总需求量约为 1 200 万吨，仍有 800 万吨的供需缺口。可以预料，未来若干年内是燃料乙醇产能建设密集期，且主要向二代燃料乙醇发展。

这次出台的实施方案，是我国政府根据全国玉米供需新形势采取的一项重大措施。一直以来，我国从确保粮食安全的战略思想出发，不断调整燃料乙醇发展政策：①2007 年，为保障国家粮食安全，国家收回玉米燃料乙醇项目审批权，不再新增玉米燃料乙醇产能。②2008 年，国家对东北三省和内蒙古东部地区实行玉米临时收储政策，以保护农民生产积极性。③2016 年，实施玉米收储制度改革，取消东北地区玉米临时收储政策，代之以实行"市场收购＋补贴"新机制。④2017 年，中央决定适当扩大东北地区燃料乙醇生产规模，研究布局新生产基地。随后，国家发展改革委等 15 部门联合印发了《关于扩大生物燃料乙醇生产和推广使用车用乙醇汽油的实施方案》。我国将全面推广 E10 乙醇汽油，也就是在汽油中加入 10%的变性燃料乙醇，配合成环保汽油。与此相应，到 2020 年我国生物燃料乙醇的年利用量将达到 1 000 万吨，乙醇汽油的使用就基本覆盖全国。

9.3　科学发展方略的丰富内涵

能源足，经济兴，国力盛。面对中国能源消费持续快速增长、国际能源市场竞争激烈，以及低碳经济时代正大步走来的新形势，中国必须高瞻远瞩，高屋建瓴，从顶层设计出发，赋予生物能源产业经济以丰富内涵：①以“绿”为核心。发展绿色能源，促进绿色产业，发展绿色经济。②以“新”为动力。强化创新，建立新结构，新体制，新机制，新体系。③以“技”为关键。推动科技革命，技术领先，占领制高点。④以“转”为主线。大力推进以“供给侧”结构性改革为主线，推动能源转型升级，转变发展方式，转变消耗结构。⑤以“安”为目标。从国家安全战略出发，建立能源风险防范体系，确保国家能源安全。

9.3.1 遵循发展新思路

基于能源需求庞大性和能源资源稀缺性的矛盾，以及基于对化石能源的过分依赖度和伴生的环境污染的严重度，必须认知和确立振兴生物能源产业经济的战略地位。它是贯彻落实“五位一体”建国方略、“五大新发展理念”的必要途径，也是应对和消除气候变暖、治理和保护生态环境的必要举措，还是增强经济发展新动能，促进产业提质增效的必要方式。制定国家经济社会发展规划和能源产业经济发展规划，必须把发展生物质能源作为重要战略内容和战略重点。尽管迄今生物质能源在中国、乃至在世界能源消费结构中所占的比例都还有限，化石能源的主体地位在可以遇见的未来也还是难以根本转变。但是，必须在发展战略上把发展生物质能源作为替代化石能源的重要新能源产品。

战略地位决定战略思路。在发展生物质能源的过程中，要始终注重遵循发展新思路，即：给发展能源产业注入现代文明，做到“五坚持”：一是坚持为“三农”谋利的战略原则，工农结为一体，振兴生物能源，点燃农村经济新增长点。二是坚持确保国家粮食安全的基本方针，在坚持“不与人争粮，不与粮争地”的政策下，适量利用玉米的粮食作物发展生物能源产品，并且对玉米资源进行综合开发利用。三是坚持可持续发展的道路，生态举步先行，推进低碳经济革命，有效保护生态环境，致力于建设“两型社会”。四是坚持统筹兼顾、因地制宜的策略，多元开发，突出重点，务求实效。五是坚持自主创新，包括创新生物能源发展理念、发展方式、流通方式，以及创新生活方式。

从这些新思路出发，要切实做到以下“六个加快”：加快建设以低碳为特征的工业、农业、建筑业和交通运输体系；加快能源结构转变和转型，促进生产和消费结构优化；加快发展生物能源，促进可持续发展；加快传统能源的开发、生产、利用技术转变为现代开发、生产、利用技术；加快推进生物能源运行市场化，健全完善生物能源营销市场体系，以及加快形成低碳生活方式和低碳消费模式。

9.3.2　遵循发展新途径

方向决定道路，方向正确，事业就会从胜利走向胜利；方向偏差，事业就会陷入倒退。只有沿着正确方向奋力前行，才能把振兴中国生物能源的愿望变成现实。由中国自然资源、市场需求、科技水平等各种条件决定，中国发展生物质能源的方向应该集中于“三农”，即面向广阔的农村、众多的农民和博大的农业，面向大力开发尚在沉睡中的宝贵资源，或者说至今还在粗放化利用、导致严重浪费的自然资源。包括边际性土地、能源林木、农作物秸秆及农产品加工副产物等。变粗放化为集约化利用的基本途径在于，以现代科技、特别是现代生物科技为武器，把取之不尽、用之不竭的生物材料无害化、资源化，转化为各种生物能源产品。在多种多样的生物能源产品中，中国的最佳技术路线应该是发展液体生物燃料，即选择生物燃料乙醇和生物柴油作为最重要战略产品。其中，又以纤维素燃料乙醇为重中之重的产品。实施这一最佳技术路线必须夯实原料基础，主要包括：一是大力开发广袤的、还在沉睡中的边际土地，种植能源林木，建立纤维素燃料乙醇的稳定的原料基地。二是尽量利用部分农作物秸秆和农业加工副产物，建立稳定的供应渠道。开辟以上两条广阔的途径，就可以开发和增产取之不尽的生产生物燃料乙醇的原料。

在狠抓生物能源重点战略产品中，要选择三条战略途径：

第一，积极拓宽解决农村能源的途径。农村能源是一个短板，必须要因地制宜，多能互补，积极探索和拓宽解决农村能源的途径。这里强调提出三种具有普遍意义的重点生物能源产品：一种产品是沼气。要普遍推广利用秸秆、粪便等原料发展生物气体燃料。要在全国农村继续推广“一池三改”（沼气池、改圈、改厕、改厨），扩大沼气产量。另一种产品是秸秆汽化。即利用先进技术把农作物秸秆汽化集中供气，或燃烧发电。还有一种产品是生物材料成型燃料。即大力开发利用秸秆和森林废弃物压缩成型燃料，用于取暖和烧锅炉等用途，可以替代油、气和煤等燃料。

第二，适当发展粮食燃料乙醇。在坚持非粮生产生物燃料的基本方针下，适度开发利用玉米、木薯、甘薯和马铃薯等粮食原料生产燃料乙醇，既具有积极意义，又是可行的。这里特别提醒，甘薯、马铃薯和木薯等“三薯”也是粮食作物，其资源如同玉米资源一样，虽然数量丰富，但也是有限度的，而且还必须兼顾其他必要的用途。因此，对于发展以玉米、“三薯”为原料的燃料乙醇都必须加强宏观调控，坚持实行统筹兼顾的产业政策，稳步推进、适度发展，不可盲目乱上项目，避免出现“无米之炊”，酿成重复建设和浪费。

第三，以发展循环经济为动力。制备生物能源的原料大都是收集来的废油、植物油料和木本油料加工副产品。前者如大豆油、棉籽油、菜籽油等；后者如麻风树、黄连木、石栗树、甜高粱、蓖麻、漆树等，以及油茶子加工副产品。这些农产品加工副产物含有多种有用成分，通过采用循环经济的技术工艺和设备，对各种废弃物经过无害化处理使之资源化，进一步制备生物燃料。如此变废为宝，生产生物燃料的原料便会源源不断而来，也源源不断加工出市场需求的绿色生物能源。

9.3.3 大力建好“绿色能源库”

为了形象而简明地表示出中国中长期生物能源经济发展的战略目标和重点领域，这里提出一个新名称，即建立“绿色生物能源库”。即把生物燃料乙醇、生物柴油、农村沼气、工业沼气、秸秆成型燃料等相关替代化石能源的生物能源统一包含在这个新能源库中。下面，对建立“绿色生物能源库”分别进行简述：①到 2020 年，中国生物燃料乙醇产量增长到6 000万吨，其中，玉米燃料乙醇占 600 万吨；木薯、甘薯和木薯乙醇占1 300万吨；甜高粱乙醇 600 万吨；纤维素乙醇占 3 500 万吨。②2020 年，中国生物柴油产量增长到 500 万吨，其中，以木本油料生产的生物柴油产量占 300 万吨；以废弃油生产的生物柴油产量占 200 万吨。③2020 年，中国沼气生产量达到 300 亿立方米，其中使用沼气农户达到 9 000 万户；

大中型养殖场沼气工程达到10 000处。另外，还可根据条件积极发展沼气发酵集中供气工程。④2020年，城市生活垃圾污水净化沼气池达到25万个，生产沼气25亿立方米。据测算，我国城市垃圾量将不断增加，到2020年，城市垃圾量将达到2.1亿吨。假如利用其中的60%生产沼气，就可实现上述目标。⑤2020年，中国秸秆致密成型燃料达到5 000万吨，其中颗粒状燃料1 500万吨，棒状燃料3 500万吨。此外，还要根据需要发展秸秆炭化加工工程。

以上各项生物能源产品按照相关系数折算，2015年，上述各种生物能源产品可替代6 058.17万吨标准煤。2020年，按照相关系数折算，上述各种生物能源产品可替代11 012.1万吨标准煤（表9-2）。不言而喻，这意味着减“碳”量达到5 300多万吨。这对改善和保护环境是巨大的贡献。

表9-2　2015年、2020年各种生物能源产品的产量及可替代标准煤数量

单位：万吨

生物能源	2015			2020		
	产量	折算系数（%）	标准煤（万吨）	产量	折算系数（%）	标准煤（万吨）
燃料乙醇（万吨）	3 000.0	0.910 3	2 730.9	6 000.0	0.910 3	5 461.80
生物柴油（万吨）	200.0	1.457 1	291.42	500.0	1.457 1	728.55
农村沼气（亿立方米）	200.0	0.714	1428.0	300.0	0.714	2 142.0
工业沼气（亿立方米）	15.0	0.714	107.1	25.0	0.714	178.5
成型燃料（万吨）	3 000.0	0.500 3	1 500.75	5 000.0	0.500 3	2 501.25
合　计			6 058.17			11 012.1

资料来源：笔者按照上述规划计算所得。

如果以形象的比喻方式解读：①假若把生物燃料乙醇和生物柴油比作“绿色油田”，2015年，生物乙醇和柴油产量达到3 200万吨，折合标准煤3 022.32万吨；2020年，生物乙醇和柴油产量达到6 500万吨，折合标准煤6 190.35万吨。②假若把农村沼气和工业沼气比作“绿色气田”，2015年，生物气体燃料产量达到215亿立方米，折合标准煤1 535.1万吨；2020年，生物气体燃料产量达到325亿立方米，折合标准煤2 320.5万吨。③假若把秸秆成型燃料比作“绿色煤田”，2015年，成型燃料产量达到

3 000 万吨，折合标准煤 1 500.75 万吨。2020 年，成型燃料产量达到 5 000.0 万吨，折合标准煤 2 501.25 万吨。综合上数据，2015 年，生物能源可替代标准煤 6 058 万吨；2020 年，生物能源可替代标准煤 11 012 万吨。这意味着，到 2020 年，中国将把广袤的、不毛之地的边际土地变成生郁郁葱葱的“绿色油田”；把粗放利用、甚至严重浪费的生物材料变成重要资源，建立起一座亿吨级“绿色生物能源库”。

9.4 加强创新驱动，强化科技攻关

振兴生物能源这个新兴产业经济，至关重要的关键因素是，大力推进科技进步和加强创新驱动。为此，要推动科技和生物能源经济紧密结合，真正把创新驱动发展战略落到实处。发展新兴生物能源产业，技术的成熟性和经济的合算性是至关重要的两大关键因素。如前述，第一代生物燃料乙醇，即以粮食为原料的生物燃料成本高，威胁粮食安全，商业化推广受到局限。于是，当今世界上专家、企业家，乃至政治家们都把注意力聚焦到“第二代生物燃料乙醇”，即纤维素燃料乙醇上。然而，迄今在其进程中既存在技术上的难题，也遇到经济性问题，解决这两大难题的关键在于狠抓科技创新和攻关，占领科技制高点。通过科技自主创新，解决研究开发生物能源产业所急需的关键技术设备，研究取得高效纤维素酶菌株，攻破第二代生物燃料乙醇前进的难关，开辟其发展新前景。

9.4.1 集中力量，攻克“瓶颈”

发展纤维素乙醇，生产的技术工艺更加复杂和更加有难度。它必须把植物中的纤维素、半纤维素转化为糖，然后再转化为醇，而更难转化的木质素必须进一步采用物理、化学方法脱除。这意味着，目前在原料处理过程中必须尽快攻克两个科技难题：一是，尽快研究制取出高效纤维素酶菌株；二是，研发出能够同时高效代谢戊糖和己糖的发酵菌株。尤其是第一个难题，是目前发展纤维素乙醇的“瓶颈”，严重制约了中外纤维素生物燃料乙醇的商业化进程。当前，只有集中优势力量，攻破这个世界性的难关，才能打通纤维素生物燃料发展的道路。

此外，还必须大力提高和优化木质纤维素预处理技术。由于天然纤维素的结构复杂的特性，使其纤维素、半纤维素和木质素三者不能有效分离，加之，还伴随产生一些中间副产物，这些物质抑制酵母的生长和代谢，最终影响生产燃料乙醇的产出率。此外，由于纤维素乙醇成熟醪酒度较低，而纤维素乙醇废液的可利用价值又较低，故耗水量巨大造成成本较高。一般说，纤维素乙醇成熟醪酒度为3%～4%，较高水平者可达到6%，生产1吨纤维素燃料乙醇需要消耗30～60吨水，意味着产生几乎同样数量的废液，是目前技术比较先进的生产木薯燃料乙醇技术耗水量的5～10倍。要指出的是，纤维素乙醇废液的可利用价值较低，污水处理与木薯及玉米乙醇相比，处理成本要高得多。解决巨量耗水问题，是必须解决的另一个“瓶颈”问题。

9.4.2　创造必要条件 加强支持力度

如今，已形成普遍的共识，解决纤维素酶法生物转化的“瓶颈”问题，是世界性的难题，已成为发展第二代生物燃料乙醇的绕不过去的“坎”。我国必须有力加强支持和扶持力度，攻下这个科技难关，占领技术制高点。当前，急需采取两项措施。

第一项是，加强组织机构建设。这是加强生物能源科学研究的组织保证。因此，要尽快建立和加强生物能源专业科研机构，即成立“国家生物能源经济技术研发中心”，作为隶属国家能源局的事业机构。该中心的主要职能是发挥“智库”作用：组织研究适合生物能源产业改革和发展规律的新体制新机制；组织研究生物能源资源优化配置的决定性手段与宏观调控的必要作用有机结合形式；组织研究生物能源产业的战略性、前瞻性和全局性的重大课题，特别是关键技术设备；组织研究生物能源领域的产品链、产业链、价值链、供应链等“四链”相互结合的产业化组织经营形式；要在吸收和消化国外研究成果和先进技术装备的基础上，大力开展自主集成创新，形成具有中国特色、符合本国需要的生物能源技术装备体系，为新兴的生物能源产业经济提供现代科技支撑，在国际竞争中取得领先地位。

第二项是，设立“生物能源专项科研经费”。这是加强生物能源科学研究的资金保证。由于生物能源产业是一项紧密涉及“三农”的、探索开拓性的新兴产业，因此加大国家财政对生物能源产业经济的先期投入，特别是对科学研究的支持是必不可少的，对其扶持应该实现财政化、制度化和机制化。鉴于此，国家公共财政应建立“生物能源专项科研经费”并列入预算中。这对支持、引导与保障关键技术装备的研发具有重大意义。当然，还必须创新生物能源产业科研的多元化投入和融资体制机制，特别是要鼓励、吸引民间资本流入和投入新兴生物能源产业，例如，采取必要措施，鼓励相关企业积极对发展生物能源增加科技投入。

9.4.3　实施人才战略，造就高素质专业队伍

如同振兴任何一项新产业一样，振兴创业阶段的生物能源产业经济，人才是第一要素，需要对人才培养、吸引和使用做出重大的、宏观的、全局性构想与安排。其核心是根据本产业需要，培养人、吸引人、使用人、保护人、发掘人，即育才、识才、引才、用才和护才，造就生物能源产业经济所需要的复合型人才：具有积极进取、创新开拓精神；具有高度事业心和责任心；具有在激烈的竞争中有较强适应能力和创造能力；具有扎实丰厚的专业知识和科技知识；具有经营管理能力和协作交往能力。

根据贯彻落实“五位一体”建国方略和发展生物能源的需要，以能源产业结构调整为导向，通过多条途径、多种形式培养造就专门人才，包括：①充分发挥高校和科研机构的优势，调整和创建生物能源新学科，建立专业人才培养和培育基地；②相关企业按照自身需要，以多种形式加强人才引进和培训，形成企业专业技术队伍；③建立“产、学、研”相结合的专业人才培养、利用机制，加速出成果和出人才；④加强人才流动。包括专业人才从其他产业、从经济发达地区，以及从其他科研部门流入生物能源领域；⑤加强国际生物能源科技合作，引进本国需要的高新技术和专门人才。通过多项切实措施，培育和造就一支符合上述标准的、高素质的、雄厚的生物能源产业经济的科研技术力量，形成多种资源开发、新技术和新装备研发、新产品质量检测、各类企业经营等门类齐全的专业技术队伍结构。造就出一支世界一流的生物能源专业队伍之日，就是中国生物能源振兴之时。

9.5　勇于探索，创新市场营运体系

振兴生物能源，是适应新时代需要开拓和开辟的一项新兴的产业经济，从一开始就需要立足创新、锐意创新，勇于探索生物质资源优化配置的手段，以及探索创新适应中国需要的生物能源产业经济运行的市场化新体制和新机制。

9.5.1　坚持以市场为主要手段

发挥市场配置资源的决定性作用，同时又要更好发挥政府作用。按照现代市场经济的理念，发展生物能源产业经济，必须更新观念，变以生产方为中心以消费方为中心。前者的实质是生产方生产什么，消费方就消费什么；后者的实质是消费方需要什么，生产方生产什么。这种实质性转变要求，必须以市场为优化资源配置的决定性手段，以市场需求为导向安排生产，当前，必须抓紧以能源“供给侧”结构性改革为主线，调整为能源生产结构。

市场方向正，生物能源兴。遵循市场导向的理念，生物能源产品的研发、生产和基地建立，以及产品链、产业链和供应链等都要以市场为导向，做到以下基本要求：资源配置和生产安排都要以市场需求为出发点；生产的各种生物能源产品都要以满足市场需求为归宿点；能源产品要建立健全以市场为主形成价格机制的核心点；各类企业都要把降低成本、提高效益、加强市场竞争能力作为生命点；生物能源产业的各个产业链，包括原料供应、能耗物耗、产品运销等，都必须接受市场检验和按照市场经济规律进行运营为关键点。

实际上，我国从发展生物燃料的初始就明确以市场化为方向，以市场机制为配置资源的主要手段。在发展新型产业之初，国家提供一定的补贴是必要的，而且起到了积极作用。然而，从一开始，国家就明确：对燃料乙醇补贴标准不断下降直至降为零。自 2009 年开始逐步往下减少，从最高补贴额 2 056 元/吨起，到 2013 年降至 500 元/吨以下。再到 2016 年，国家完全取消了玉米燃料乙醇补贴（图 9－1）。与第一代燃料乙醇相对照，以木薯和植物纤维素为原料生产的燃料乙醇的补贴标准保持稳定。其中，木薯燃料乙醇的补贴额保持500元/吨，纤维素燃料乙醇的补贴额为800元/吨。对生物燃料补贴政策的倾斜，对生物能源企业技术提升和产能扩张产生了有力的引导和推动作用。

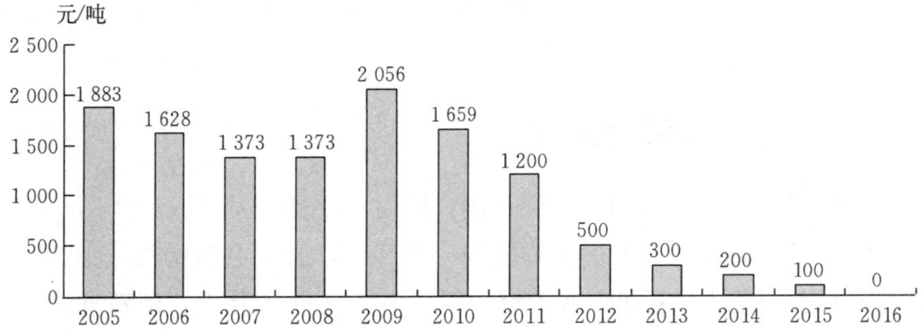

图 9-1　第一代燃料乙醇补贴标准不断下降直至取消

资料来源：公开资料整理。

9.5.2　健全创新市场体系

现代市场经济具有统一性、开放性、竞争性、灵活性与多变性的特点。它没有完成时，处在不断发展和完善中。现代市场经济是以现代市场体系为载体的。当今，现代市场体系不仅包括消费品和生产资料等商品市场，而且还包括资本市场、劳动力市场、技术市场、信息市场等要素市场；不仅包括有形市场，而且还包括无形市场。其中，商品市场、资本市场和劳动力市场是现代市场体系的核心。发展生物能源产业经济，只有建立和创新完整的现代市场体系，才能有效地配置资源和正常运营。为建立和创新生物能源市场体系，必须采取三项措施。

其一，要彻底转变政府职能、简政放权、规范政府行为。要进一步打破行政垄断和地区封锁，以消除和避免对市场体系的人为分割和扭曲，以及消除影响生物能源资源的配置效率。为此，要建立和健全市场制度，包括界定政府在市场准入方面的权限，提高市场准入程序的公开化和准入透明度；还要制定和完善保护和促进公平、公开竞争的法律法规制度，保障各类市场主体获得平等的市场准入机会。

其二，要健全和提升传统的商品市场体系。主要包括：①生物能源原料市场，即包括能源植物、农作物秸秆、农业加工副产与有机物垃圾等各种原料的收集、集中、预处理市场；②生物能源产品市场，即各种生物能源产品，包括生物燃料乙醇、生物柴油、沼气与成型燃料等的储存、供应、销售市场；③生物能源技术市场，即生产生物燃料能源的新技术、新装备、先进科技成果，以及相关专利的转让、有偿使用、交易市场；④生物能源服务市场，即与生物能源相关的信息传递、原料收集和供应、专业技术培训等服务市场。通过健全和完善相关措施，有效提升生物能源实体市场的统一规范、灵活有序的水平。

其三，要积极创新“互联网＋”新模式和现代新业态。2015 年李克强总理在政府工作报告中提出“互联网＋”的概念。以此为契机，“互联网＋”上升为国家战略，各行各业都掀起了以“互联网”为工具的行业变革与转型升级的潮流。互联网、移动互联网、云计算、大数据等已深入社会各领域。在“互联网＋”的时代，在生物能源新产业经济振兴过程中，不只是单一的技术革命或新产业的诞生，也更多表现为新业态和新模式的创立，并带来传统产业的生产与消费模式的转变。在“互联网＋”的市场新格局中，通过智能化的技术共享、用户共享、内容共享、商品共享、商业价值共享，实现跨界融合与分享经济。为不同用户提供双生态、双引擎、多平台、多入口、多用户、多资源的移动互联网解决方案，加速了企业和企业，企业和消费者之间的信息沟通与需求传递，构成生物能源融合现代网络购物的新商业模式。传统企业借助互联网插上腾飞的翅膀、迈入互联网时代，成功实现了转型，促进有条件的大型生物能源企业整合上下游资源，打通由生产方到消费方的供应服务链条，减少中间环节，大幅提质增效。

9.5.3 健全完善价格体系

只有在更大程度上真实反映生物能源产品的稀缺性及其价值，才能发挥价格杠杆的宏观调控作用。健全完善我国生物能源价格体系必须采取两项关键措施。

措施一，改革和转变生物能源价格形成机制。这是关键的一步。要以市场为主形成生物能源价格机制，即发挥市场配置资源的决定性作用，由市场供求关系决定价格。也就是说，生物能源产品价格要由政府定价转变为以市场定价为主，使市场竞争机制充分发挥配置资源的作用，使价格更真实反映生物能源产品的价值。

措施二，建立和健全生物能源价格体系。要建立由生物能源原料价格、成品价格、服务价格、批发价格与零售价格构成的价格体系。同时，国内生物能源产品（如成品生物燃料乙醇和生物柴油等）价格与国际能源价格实现接轨，国内能源市场价格随国际市场价格而联动。同时，还要建立和实行保护价格。建立生产者价格和消费者价格，在必要时采取保护价格。

9.6 探索生物能源产业化新形式

一定意义而言，生物能源产业经济就是农业能源功能属性的发现和开发。发展生物能源产业经济与“三农”息息相关。要把发展生物能源产业的过程当作振兴“三农”的事业，探索出一条精准扶贫的途径，开拓出“以工补农，以城带乡”的产业化组织、经营新形式。

9.6.1 探索产业化经营的新途径

所谓生物能源产业化经营，既是生物能源产品经营方式的改革，又是资源优化配置方式的创新。其基本做法是建立和壮大生物能源产业化经营企业，及采用产业化经营形式。

一是，建立新体制新机制，实行一体化经营。生物能源企业要扬弃传统的、各产业链互相孤立、分割的发展模式，采取各个产业链有机结合、与农民结为利益共同体的生物能源产业经济发展新模式。通过产供销一体化组织经营体制和机制，不仅使农民成为发展生物能源产业的主体，而且还要使农民成为新兴生物能源产业经济的受益者，合理分享工商利润，提高农民的积极性。

二是，增强竞争力，带动生物能源产业持续发展。生物能源加工企业要采取全新的发展思路，即依靠科技创新、采用现代先进技术装备提高市场效率和效益，并降低成本。这就是在不增加要素投入的条件下，提高全要素生产率，提供适应市场需求的各种生物能源产品，带动相应地区和农民开展生物能源植物原料的生产、收集和供应，带动相关服务行业兴起，带动农业和农村开辟新的经济增长点。

三是，推广新经营方式，与农民开展“订单生产”。生物能源企业要彻底转变传统运营方式，与农民开展“订单生产”，即按照市场的实际需求与农民签订包括生物能源原料的品种、数量、质量的合同，既引导农民按照市场需求生产，又规避农民可能遭遇到的生产和市场风险。这是以市场为导向引领生物能源产业发展的一种新形式。

9.6.2　发展专业合作社组织

鉴于生产生物燃料的原料分散在广大农村，收集难度很大。由此导致产生生物能源工业生产的集中性和连续性，与原料的分散性与季节性之间的普遍矛盾。解决这个矛盾的根本途径在于提高农民的组织化程度，其最佳形式就是建立生物能源原料专业合作社。这种新型农村合作制的基本要素包括：

（1）专业合作社的性质。生物能源产销专业合作社组织由农民自愿组织、并选举出精干管理机构，政府给予积极引导、大力扶持，支持其为农民开展各项服务活动。生物能源原料专业合作社是真正农民的合作社，完全是“民办、民有、民享”。也就是说，广大农民社员是合作社的真正主人，它由农民自己组织兴办、为农民所有、归农民享用。

（2）专业合作社的方针。生物能源原料专业合作社实行“自主、自治、自助”的“三自”方针。所谓自主，就是合作社自我决策；所谓自治，就是合作社自我管理；所谓自助，就是合作社社员间自我互助。通过实施“三自”方针，不断增强生物能源原料专业合作社的内生力，促进走上自我发展、自我壮大、自我完善的康庄之路。

（3）专业合作社的宗旨。生物能源原料专业合作社的唯一宗旨在于为农民服务，包括信息传递、专业技术、原料收集、集中供应等各种农民所需要的社会化服务。例如，在纤维素燃料乙醇原料收集、预处理、糖化、发酵和精馏等各个环节中，都还存在着制约纤维素乙醇实现大规模工业生产的原料收集的障碍。通过专业合作社加强社会化服务，可有效克服这些障碍，促进我国纤维素燃料乙醇持续、快速发展。

（4）专业合作社的原则。建立生物能源原料专业合作社必须坚持自愿原则，即农民入社自愿，退社自由；民主原则，合作社领导机构由社员选举产生，各项重大决策都由社员代表大会决定；互助原则，合作社内部团结互助，“大家为我，我为大家”。实施这样的原则，体现一种团结友爱的先进文化，开拓一条适合广大农村实际情况和实际需要的、收集供应生物燃料原料的新型合作之路。

9.7 加大扶持力度，创造良好政策环境

发展生物能源，既是我国一项刚起步的新兴产业，又是一项涉及“三农”、改善生态环境、促进农业可持续发展的战略之举。鉴于目前中国生物能源原料基础薄弱、生产成本较高、销售市场不畅、技术标准不全，尤其必须集中优势力量攻克科技难关等问题，所以从新产业起步到产业成长、形成、乃至发展的整个过程，加大国家公共财政扶持力度和税收优惠政策，以创造良好的政策环境，是迫切需要的。特别是要对原料生产、企业加工、科技研发、市场流通等环节给以扶持和补贴更是必要的。

9.7.1 对各种原料生产和利用提供扶持

鼓励和扶持发展生物能源原料生产，不仅为振兴生物能源产业夯实了基础，而且还为促进农业和农村经济发展点燃了新增长点，更为经济欠发达地区开辟了精准扶贫的一条有效的途径。当前，采取如下举措一定会大有作为：一是，开发利用广袤的边际土地资源。根据中国农业大学生物质工程中心的研究，在我国利用边际性土地资源种植能源作物生产生物乙醇的潜力巨大，从长期看其总生产潜力在7 400万吨以上，约为我国目前年汽油消费量的1.4倍。中短期看，仅利用集中连片的边际性土地资源，就可生产生物乙醇2 170万吨。二是，建立生物能源原料供应基地。提供资金扶持，要采用“基地种植、产品加工、市场销售”相互结合的机制，建立现代生物能源

原料供应基地，是一项必要的基础工作。三是，大力开发和多形式利用农作物秸秆等资源。我国农作物秸秆、农产品加工副产品数量大、范围广，是用之不竭的资源。为解决收集运输难的问题，应采取奖励、补贴和免除税收的措施。四是，对地沟油、有机垃圾等废弃物收集利用提供奖励或补贴。通过这些措施，既有利于开发和保障生物能源生产原料的稳定供应，又有利于减轻污染、保护环境、改善农业生态环境、促进农村经济可持续发展，乃至建设新农村和美丽中国，都意义巨大。

9.7.2　对相关产业实行“定点企业”补贴

借鉴国际上发展生物能源产业的经验，在生物燃料乙醇、生物柴油、秸秆成型燃料、沼气等生物能源产品发展的初期和中期，对其生产和商业销售企业，有必要提供财政补贴，以及实行信贷和税收优惠政策。主要包括：对定点燃料乙醇、生物柴油生产企业，在一定年限内进行专项补贴；对经营这些产品的经销商实行财税优惠措施；对推广农村沼气继续提供资金扶持；对于国内发展生物能源产业需要的关键技术设备的进口关税可适当降低。此外，这里再次强调，国家对生物能源新技术、新设备和新产品的研发和加速新成果的使用转化，以及生物能源专业合作社建立原料基地和开展专业化服务等都需要实施财税优惠政策措施，并且在一定期限内扶持政策要保持财政化、机制化、法制化、稳定化和持续化。

9.7.3　大兴生态能源现代服务业

现代社会的一个显著特征就是建立发达的现代服务业，在一个国家进入工业化中后期时服务业就会上升为主导地位。近年来，我国现代服务业方兴未艾，服务内容不断扩大，新业态推广运用，网络化、融合化、产业链、供应链层出不穷等新服务方式。可以说，现代服务业成为现代各种产业经济发展的重要条件。

智能化、网络化、融合化、多形式一体化时代，我国振兴生物能源产业，同样需要有发达的农村现代服务业，为其提供社会化服务。当前，可供选择的措施有四项：一是如前述倡导建立生物能源专业合作社。通过这种形式普遍提高农民的组织化程度，对发展生物能源提供各种自助式服务。二是建立多形式的中介服务平台。例如，建立农作物和农业副产品收集供应服务站，常年开展综合化服务，包括生物能源原料的收集、储存和供应等，以及对农民开展沼气专业技术培训服务。三是培育农村经纪人队伍。鼓励和支持他们开展相关服务，包括生物能源原料（农作物秸秆、农产品加工副产品等）的收集和供应。要为农村经纪人创造宽松的环境条件，促其成长为农村一支稳定的中介服务力量。四是建立健全销售体系。就如同现有的石油销售服务网络一样，建立生物能源产品销售体系，促使生物能源产品货畅其流，甚至开拓国际市场。

9.8 建立健全生物能源法律法规体系

鉴于发展生物能源涉及多部门、多领域、多产业、多学科，为给各方面提供保护合法权益、处理纠纷的准绳，促进生物能源健康、顺利地可持续发展，迫切需要建立和完善其法律法规体系。迄今，中国已经初步形成能源法律法规的基本框架，对能源开发、利用和保护发挥了重要作用。然而，中国能源立法、特别是生物能源法律法规还较薄弱，结构不完善，有的专门法仍然缺位，需要进一步健全完善。

9.8.1 确立健全完善法规指导思想

发展生物能源是关系经济、社会和生态文明建设的一个大行业，包括能源资源基地建设与开发、原料收集与供应、能源产品加工与销售、贸易与消费、资源利用与节约，以及两种资源与两个市场等，存在着复杂多变的利益关系，必须通过健全完善生物能源法律法规，进行妥善协调处理，保障各方合法权益。健全完善生物能源法律法规应该遵循如下指导思想：在“以人民为本体”和“五大新发展理念”的统领下，遵循调整经济结构、转变经济发展方式、建设“资源节约、环境友好”型社会的战略部署，始终贯穿“保障能源安全、完善能源结构、提高能源效率、注重能源环保”的核心理念，强化对生物能源开发、利用与保护的宏观调控和监督管理，赶上低碳经济的时代潮流，规范生物能源开发、利用与管理的行为，为实现开源节流、立足国内、依靠科技、改善环境、加强国际互利合作的能源产业经济发展提供法律法规保障。

9.8.2 坚持健全完善法规基本原则

依据立法的基本价值、本质、宗旨和指导思想，同时又从生物能源产业经济本身的特点出发，健全完善生物能源法律法规应该遵循如下六项原则：

一是，有利于“三农”原则。生物能源产业除了一般性优点之外，还具有一个更本质的特点，就是与“三农”息息相关，不可分离：农民是其主体，农业和农村是其载体，即原料基地和广阔市场。“三农”强盛，生物能源产业就兴盛；“三农”繁荣，生物能源产业就有生命。鉴于此，健全完善生物能源法律法规体系和制度，必须坚持有利于发展绿色农业，把振兴绿色农业融入现代农业，使之成为现代农业的组成部分。归根结底，健全和完善生物能源法律法规，必须以有利于“三农”为原则，以“三农”的利益为福祉，以对“三农”的责任为本位，使“三农”受益，促“三农”振兴。

二是，有利于可持续发展原则。能源的可持续发展是一个世界性的永恒课题，更是生物能源产业发展战略的精髓和核心。欲谋求生物能源产业的可持续发展，除了有力加强科技支撑之外，一个先决条件就是必先实现“三农”的可持续发展。基于这一理念，在构建生物能源法律法规体系及其制度的过程中，应该开阔视野和思路，从构建全社会的公平与正义、协调与和谐的总目标出发，高度重视处于弱势地位的“三农”的利益，让生物能源公共产品与服务更多地进入农村，促进农业，惠及农民，改善环境，弥合能源消费及服务领域方面的城乡“二元结构”的差距，尤其让广大农民从发展生物能源产业经济中有更多获得感，增强促进“三农”的可持续发展。

三是，有利于体制机制创新原则。振兴我国生物能源产业经济，是在充分发挥市场配置资源决定性作用和更好发挥政府作用的条件下进行的，创新体制和转变机制是前提条件。要通过深化改革和创新，促进生物能源产品市场经济体制的培育和成长，采取融合化、产业化的现代组织经营形式，促进市场经济机制在更大广度和深度上发挥资源配置的决定性作用，并把生物能源市场运行纳入竞争有序的法制化轨道。

四是，有利于适应本国国情原则。健全完善生物能源法律法规体系和制度，是中国特色能源法律体系的重要组成部分，必须以国情为基础，以适应本国需要为出发点。中国幅员辽阔、自然条件差异巨大，能源资源分布具有区域性特征，其类型、数量、开发利用方式也各具特色。适应这种普遍性、区域性，乃至行业性的实际情况，既要制定全国统一的法律法规体系，又要相应加强地方性和行业性生物能源法律法规体系和制度。当然，在建立健全生物能源法律法规体系和制度过程中，借鉴国外能源立法的经验也是不可缺少的。

五是，有利于保障能源安全原则。能源安全已经成为整个国家安全的重要组成部分，必须置于重要战略地位。健全完善生物能源法律法规体系和制度，必须对国家能源安全保驾护航，有利于调整和改善能源结构，有利于国家掌握能源主动权。特别是在开展生物能源国际合作、利用两个市场和两种资源中，要为扩大能源合作领域和范围、丰富贸易手段和方式、最大限度地利用国际能源资源和市场，以及在制定国际能源规则中提高话语权，提供法律保护武器，营造良好的法律法规环境条件。

六是，有利于统筹协调规划原则。从生物能源立法的法律自身逻辑体系出发，对相同性质的问题做出统一的、无冲突的规定。振兴生物能源产业涉及各种主体、各类资源、各个地域、各种用途等，需要统筹兼顾，协调发展。健全完善生物能源法律法规体系和制度，要为其统筹规划、整体部署、分类指导、突出重点、逐步实施、协调发展提供法律法规保证。

9.8.3 健全完善法规的主要框架

我国已经颁布和实施了《可再生能源法》和《节约能源法》等全国统一的法律。前一部法律涉及农村能源的多方面内容，主要有生物质能、小型风能以及能源作物等。其中，生物质能属真正的可再生能源，国家应该大力发展此类生物能源及其利用。从目前世界能源的消费情况来看，生物质能是四大能源之一，而且生物质能的比重将逐年增加。专家预测，不远的将来生物能源有可能达到世界能源消费的40%左右。生物能源包括农业资源（秸秆、粪便、能源作物）、林业资源、生活污水和工业有机废水、城市固体垃圾等。我国农村能源主要以推广沼气等生物质资源转化为主。我国的农村户用沼气技术处于国际领先地位，具有核心技术和自主知识产权；大型沼气工程技术比较薄弱，主要依赖国外先进的技术和设备。

砥砺五年，我国生物能源产业经济取得长足发展：既有新成就和新经验，也有新情况和新问题，还有新需要和新挑战。鉴于此，制定专业的生物能源法律法规很有必要性。

根据实际需要，当前制定和健全生物能源法律法规主要包括如下内容：振兴生物能源产业经济的战略地位和主旨；生物能源原料资源的开发利用与保护；各类生物能源产品的生产加工与企业；各类生物能源成品的市场销售与服务；各种生物能源产品的消费与节约；生物能源产业的财政扶持，以及融资优惠措施；生物能源产业的可持续发展与“三农”；生物能源产业的国际合作与贸易等。与制定国家统一的专门的《生物能源法》相配套，各地可以根据情况制定地方性生物能源法律法规、条例和制度。